켄지 요시노
김현경 한빛나 옮김
류민희 감수

Covering:
The Hidden Assault on
Our Civil Rights

커버링

민권을 파괴하는
우리 사회의
보이지 않는 폭력

민음사

부모님께

자신에게 가해진 낙인을
(많이 알려졌거나 금방 눈에 띄기 때문에)
받아들이기로 결심한 사람들도 사실은
그 낙인이 두드러져 보이지 않도록
많은 노력을 기울이고 있다.
이러한 과정을 커버링이라 부르고자 한다.[1]

머리말

누구나 커버링을 한다. 커버링이란 주류에 부합하도록 남들이 선호하지 않는 정체성의 표현을 자제하는 것이다. 점점 다양화하는 사회에서 우리는 모두 어느 정도 주류에서 벗어나 있다. 하지만 사회생활을 하다 보면 주류로 보여야 하는 경우가 많다. 지금 이 책을 읽는 독자들도 의식적으로든 무의식적으로든 커버링을 해 왔고, 개인적으로 큰 희생을 감수한 적도 있을 것이다.

유명한 커버링 사례들은 넘쳐 난다. 영화배우 라몬 에스테베스(Ramón Estévez)는 마틴 신(Martin Sheen)으로 개명해서 자신의 민족적 배경을 커버링했다.[1] 영화배우 크리슈나 반지(Krishna Bhanji) 역시 같은 목적으로 벤 킹슬리(Ben Kingsley)로 개명했다.[2] 마거릿 대처(Margaret Thatcher) 영국 수상은 발성 코치에게 목소리 음색을 낮추는 훈련을 받음으로써 여성이라는 성별을 커버링했다.[3] 코미디언 로지 오도넬(Rosie O'Donnell)[4]과 딕 체니 미국 부통령의 딸 메리 체니(Mary Cheney)[5]는 자신들의 동성 파트너를 대중 앞에 나서지 않게 한다. 둘 다 레즈비언으로 오래전에 커밍아웃했지만, 여전히 커버링하고 있는 것이다. 영화배우 이수르 다니엘로비치 뎀스키(Issur Danielovitch Demsky)는 커크 더글러스(Kirk Douglas)로 개명하여 유대인이라는 사실을 커버링했고,[6] 코미디언 조지프 레비치(Joseph Levitch)도 같은 이유에서 제리 루이스(Jerry Lewis)로 개명했다.[7] 프랭클린 델러노 루스벨트(Franklin Delano Roosevelt) 미국 대통령은 항상 각료 회의 전에 휠체어를 책상 뒤에 숨겨 놓는 방식으로 장애를 커버링했다.[8]

이들 중 커버링이 좋아서 한 사람은 아무도 없을 것이다. 낙인 찍힌 정체성으로 살아가려면 그 정체성의 표현을 자제하라는 부당한 현실 앞에 무릎을 꿇어야 했을 터다. 마틴 신은 '상업적으로 일하기 위해 대중이 발음하기 쉽고 친숙한 이름을 쓸' 필요가 있었다고 말한다.[9] 그러나 지금은 그 결정을 후회하면서 아들 에밀리오(Emillio)와 찰리(Charlie)에게 본래 성(姓)을 사용하라고 간곡하게 부탁했다. 두 아들 중 한 명은 아버지의 조언을 따르지 않았다. 커버링을 강요하는 힘이 여전하다는 것을 보여 주는 장면이다.[10]

이른바 계몽됐다는 이 시대에, 이러한 커버링 요구가 지속되는 것은 수수께끼다. 오늘날의 미국 연방 민권법들은 인종, 출신 국가, 성별, 종교, 장애를 모두 보호하고 있다.* 성적 지향을 민권법에 포함시키는 주와 지방도 차츰 늘어나고 있다. 확신의 정도에는 차이가 있지만, 미국인들은 인종, 성별, 장애, 종교 등이 다르다는 이유로 차별을 받아서는 안 된다는 합의에 도달했다. 하지만 이 합의는 차이의 표현을 자제하라는 요구를 받는 개인들까지 보호하지는 않는다. 왜 민권 혁명이 커버링 앞에서 멈추었는지에 대한 해명이 필요하다.

커버링은 동화(assimilation)의 한 형태로 강하고 끈질기게 생명력을 이어 왔다. 적어도 크레베쾨르(Hector St. John de Crevecoeur)가 1782년에 『어느 미국 농부의 편지(Letters from an American Farmer)』를 출간한 이후부터 미국은 동화주의가 서로 다른 배경을 가진 미국인들을 '하나의 새로운 인종으로 녹여 낼' 방법이라고 홍보해 왔다.[11] 1908년 이즈리얼 장윌(Israel Zangwill)의 연극 「용광로(The Melting Pot)」가 상연될 즈음에, 이 단어는 미국적 이상이라는 영광을 얻었다.[12] 이 이상에 조직적인 방식으로 이의를 제기한 움직임은 1960년대 민권 운동에 이르러서야 시작되었다. 이 운동은 '용광로 넘어서기'를, 그리고 '다양성 찬양하기'를 요청했다.[13] 이러한 문제 제기에도 불구하고 동화주의는 미국적 상상력을 잃지 않았다. 오히려 사회가 다원화되면서 용광로 이상이 부흥기를 맞이하는 것을 목격했다. 미국인들이 여러 집단으로 쪼개져서 서로 적대시하고 있다는 두려움에 아서 슐레진저(Arthur Schlesinger) 같은 자유주의자들

★ 2017년 현재 미국 연방평등고용기회위원회는 민권법 7장의 성차별이 성적 지향과 성별 정체성의 차별까지 보호한다고 보며, 이에 따르는 연방항소법원 판례들도 나오기 시작했다.

까지 나서서 다시 용광로 윤리에 헌신할 것을 촉구했다.[14] 산업화된 다른 민주주의 국가들과 마찬가지로, 미국에서도 '동화주의의 귀환'을 볼 수 있다.[15]

나는 동화주의의 가치를 인정한다. 동화(同化)는 매끄러운 사회적 상호 작용과 평화로운 공존을 위해 중요하고, 심지어 차이가 가치 있게 여겨지는 대화를 나누기 위해서라도 필요하다. 그 때문에 이 책은 단순히 순응에 반대하는 장광설이 아니다. 다만 나는 미국에서의 동화주의 부흥에 대해 비판적으로 접근해야 한다고 주장한다. 우리는 동화주의의 어두운 측면, 특히 오늘날 우리에게 요구되는 동화주의의 가장 일반적인 형태인 커버링의 어두운 면을 이해하려고 노력해야 한다.

커버링은 민권에 대한 보이지 않는 공격이다. 커버링은 동화주의라는 상냥한 언어로 포장되어 있기 때문에 잘 보이지 않는다. 하지만 찬찬히 살펴보면, 오늘날 많은 집단이 커버링을 통해 억압받는다는 것을 알 수 있다. 인종적 소수자들이 '백인처럼 행동'하도록 압박받는 이유는 백인 우월주의 때문이다. 여성들이 직장에서 양육 책임을 부각시키지 말라는 소리를 듣는 이유는 가부장제 때문이다. 그리고 동성애자들에게 '티 내지' 말라고 하는 이유는 동성애 혐오 탓이다. 이러한 커버링 요구가 계속 존재하는 한, 미국의 민권은 완성될 수 없다.

안타깝게도 법은 아직 커버링을 위협으로 인지하지 않는다. 현대 민권법은 피부색, 유전자, 타고난 성적 지향 등 일반적으로 개인이 바꿀 수 없거나 바꾸기 어려운 특질만을 보호한다. 즉 커버링 요구는 개인적 특질의 행동 측면을 겨냥하기 때문에, 현행법은 대부분의 커버링 요구에 대해 우리를 보호하지 않을 것이라는 의미다. 우리 모두가 커버링 때문에 희생을 강요당하는 것이 엄연한 사실인데도 말이다.

그런데 커버링 요구가 보편적이라는 점은 민권 옹호자들에게 아주 요긴할 수도 있다. 세분화된 여러 집단들이 각자 국가적, 사회적 배려를 요구하는 현재의 관행이 나 역시 우려스럽다. 집단에 기반을 둔 낡은 정체성 정치학에 집중해서는 진전할 수 없으리라 생각한다. 무엇이 우리를 산산이 쪼개는가보다는 무엇이 우리를 하나로 묶는가에 대한 새로운 민권 패러다임을 세워야 한다. 커버링은 우리 모두에게 적용되기 때문에, 우리가 공동의 목적을 향해 함께 나아갈 수 있는 논점을 제공한다. 공동의 목적이란 진정성에 대한 욕망이며, 비합리적 순응 요구에 방해받지 않고 스스로를 표현하고자 하는 인간의 공통된 소망이다.

이러한 주장을 정치 용어로만 도배해서 펼쳐 보이겠다고 생각한 적이 있었다. 나는 법학 교수라 법의 몰인격적 논조에 익숙하다. 하지만 나의 진정성을 보이지 않고는 인간적 진정성의 중요성을 주장할 수 없다는 것을 깨달았다. 그래서 이 책을 쓸 때 더욱 내밀한 목소리를 냈고, 주장에 회고를 섞었다. 동화주의의 이해관계를 생생하게 설명하기 위해, 나는 게이 남성으로서의 정체성을 자세히 보여 주고자 했고, 미흡하나마 아시아계 미국인으로서의 정체성도 보여 주고자 했다.

그러나 이 책은 일반적인 '커밍아웃' 서사나 동양인의 회고록이 아니다. 이 책에서 나는 한 인간의 삶이 충분히 구체적으로 묘사될 경우, 그 속에서 보편성이 자연스럽게 드러난다는 낭만주의 문학가들의 믿음을 이어 간다.[16] 흥미롭게도 나와 다른 사람들의 이야기에서 인간이 보편적으로 사력을 다하는 그 무언가가 표출되는 모습은 너무나 닮아 있다. 그것은 바로 우리 모두의 마음속에서 끓어오르는 인간 해방에 대한 열망이다.

들어가는 말: 드러난 자아

일본 속담 중에 "자식을 사랑한다면 여행을 보내라."라는 말이 있다. 그래서일까? 우리 부모님도 내가 열세 살이 되자 기숙 학교로 보냈다. 곁에 두고 싶으면서도 지나친 애정이 오히려 독이 될까 봐 걱정하시는 것을 느낄 수 있었다. 나이에 비해 작고, 조용하다기보다는 아예 말이 없었던 나는, 이즈음 사춘기의 문턱을 서성이고 있었다. 노래하는 내 목소리가 천상의 보이 소프라노에서 지상의 바리톤으로 변하는 것이 제일 큰 고민거리였다.

나는 그렇게 기숙 학교로 떠났고, 완전히 다른 사람이 되었다. 홀로서기가 필요했기에 스스로에게 의지할 수 있는 사람으로 다시 태어나야 했다. 그곳에서는 아무도 나를 몰랐으니 생기발랄한 내 모습이 진짜인지 의심하는 사람도 없었다. 나는 하룻밤 사이에 말 많고 붙임성 있는 아이로 변했고 그 어느 때보다 잘 먹고 열심히 공부했다.

하지만 신체적으로는 여전히 작고 까무잡잡한 꼬마였다. 축구 시간이면 나도 타고난 근육질이었으면 좋겠다고 생각했던 기억이 난다. 금빛 솜털이 반짝이는 남학생들의 다리가 허공을 가르는 모습을 보고 있으면 내가 큰 벌을 받고 있는 느낌이 들었다. 축구공이 골대로 미끄러지듯 날아갈 때, 그 아이들의 몸은 나와는 다른 파장을 뿜어냈다. 내가 미적분과 셰익스피어를 아는 것처럼, 그 아이들의 몸은 다른 아이들의 움직임을 간파해 냈다. 목덜미에서 찰랑거리는 머리카락의 경쾌한 리듬 속에서 그 지식이 자랑스럽게 나부꼈다.

나는 게이이고 다른 친구들은 이성애자라고 정확하게 말할 수는 없었다. 나에게 요구되는 것은 단 하나, 본연의 내 모습대로 살지 않아야 한다는 것뿐이었다. 이 요구에 부응하지 못하면 나는 이해받을 수 없고, 내 미래는 생각조차 할 수 없게 된다. 세월이 흘러 나와 남들의 차이가 차츰 사라지기를 바랐지만, 아마 그 반대가 되리라는 것도 알았다.

운명을 피해 보려고 여자 친구를 사귄 적도 있다. 기숙사 앞 계단에서 있었던 일이 기억난다. 그곳에서 남자 아이들은 통금 시간 전에 기숙사로 들어가는 여자 친구에게 굿 나잇 키스를 한다. 나는 맨 아래 계단에 서서 여자 친구를 내려다보았다. 필리핀계 아이였고, 나보다 한 살 많았다. 유창하게 구사하는 프랑스어에서 세련됨이 묻어나는 아이였다. 그 아이의 얼굴은 당연히 이어질 달콤한 사건을 기대하고 있었지만, 그 위로 일렁이는 내 그림자는 동요하고 있었다. 다른 사람들에게는 너무나 자연스럽게, 무심결에 일어나는 일인데, 내 뇌는 심장에게 맥박의 속도를 높이라고, 집중하라고 외치고 있었다. 이보다 더 비참할 수 있을까.

물론 그 아이의 입장이라고 좋을 건 없었다. 그러나 내가 키스의 상대방에 대해 깊이 생각해 본 것은 이로부터 수년이 지나서였다. 커밍아웃을 하고 나서야 나는 게이들의 안타까운 사연을 들었다. 어떤 이들은 싸움을 걸어서 아내와의 섹스를 피해 보려 했고, 어떤 이들은 해 질 녘이 되면 여자 친구가 피자로 변했으면 좋겠다고 했다. 커밍아웃을 하지 않은 동성애자, 즉 클로짓 게이를 사랑하는 사람들의 시련은 아직 알려지지도 않던 시절이다. 당시에는 나도 거기까지는 생각할 엄두도 못 내고 있었다.

커져 가는 불안은 나의 다른 영역에 무한한 생명력을 주었다. 생물학 실험실에서 머리가 뾰족한 물벌레를 관찰했던 적이 있다. 이 벌레도 불가사리처럼 잘린 부분이 다시 자라나서 심지어 여러 마리로 복제되기까지 했다. 미끄러지듯 움직이는 이 생명체를 보면 나 자신을 보는 것 같았다. 화살 모양으로 생겼으면서도 원래 가고 싶어 했던 곳에는 결코 도달하지 못했다. 하지만 잘려도 다시 자라났다.

고등학교를 졸업하고 대학교에 입학하면서 더욱 쉴 틈 없이 할 일을 만들었다. 이런 방식으로 세상 사람들이 내게 다가오는 것을 막았다. 하버드 재학 중에는 한 학기에 대여섯 과목을 수강하고, 가능한 한 많은 특별 활동을 하면서 생각할 시간도, 숨 쉴 시간도 없게 만들었다. 친구들은 내가 여호수아를 가로막은 예리코 성처럼 사방에 벽을 치고 있다고 불평했다. 그러나 침묵 속에서도 나는 말하고 싶은 욕구에 시달렸기에 어린 시절부터 열망했던 시를 정식으로 배우기 시작했다. 생각보다는 드러나 있지만 산문보다는 비밀스러운 시라는 언어에서 위안을 찾으려 했던 것이다. 나는 영문학 전공으로 졸업하기 위해 분석적인 논문을 쓰는 대신에 자작시를 엮어 만든 시집을 제출하겠다고 신청했다.

시를 쓰는 일은 전에 했던 어떤 일보다 즐거웠다. 처마 밑에 매달려서 작고 투명하게 끝을 다듬는 고드름, 경첩이 포개지면서 삐걱거리는 부서진 문, 레몬의 속살에서 별처럼 흩어지는 쌉싸래한 과육. 그해, 만물이 존재하는 이유는 오로지 시가 되기 위해서였다. 시는 나의 매개자였고, 그 시를 쓴 사람처럼 융통성 없고, 형식적이고, 알기 어려웠다. 토요일 밤이면 나는 시멘트 벽돌로 지은 기숙사 방에, IBM 컴퓨터에서 반사된 초록빛으로 얼굴을 반짝이며 앉아 있었다. 여자나 남자 때문이 아니라, 어디에서 줄을 바꿔야 할지를 놓고 고민하며 행복하다고 생각했고, 어떤 면에서는 행복한 게 맞았다.

시집을 읽은 사람들은 나만큼이나 나를 잘 이해했다. 한 채점자는 있는 그대로 믿어 주며 이렇게 말했다. "네가 보았던 것을 볼 수 없지만, 네가 보았다는 것만은 알겠구나." 다른 채점자는 짜증을 내며 문인이 되는 길은 "점점 더 많은 것에 대해서 점점 덜 당황하는 것"이라는 마빈 벨(Marvin Bell)의 대사[1]를 인용했다.

두 채점자 모두 이 시집이 읽기 힘들다고 한 이유는 단 하나,

그것이 고통으로 가득하다는 것이었다. 이 시집은 위기 상황에서 끝난다. 마지막 시 「유아 살해된 나의 소명들(The Infanticide of My Professions)」은 우리가 청년기에 죽여야 했던 자아에 대해 말한다. '프로페션(profession)'이라는 단어에는 허울(façade)과 직업(occupation)이라는 두 가지 의미가 담겨 있다. 이 시는 내가 그저 되고 싶어 하는 척하는 자아들을 죽이고, 타고난 소명을 지닌 자아만 남겨지기를 원하는 바람을 표현했다. 이 바람은 억눌렸다. 어쩌면 내가 진짜 자아를 죽일지도 모른다는 두려움, 아니면 진짜 자아가 비극적인 자아일지도 모른다는 두려움 때문이었다. 이 시는 지금도 읽기 힘들다.

그러나 그 시를 쓸 당시, 나는 무엇을 하든 다 성공할 것처럼 행동했다. 미친 듯이 여러 과목을 수강하고 특별 활동을 하다 보니 영국으로 가는 로즈 장학금을 받게 되었다. (클로짓 게이 학생들은 이런저런 장학금 신청을 못하게 해야 할지도 모르겠다. 그들은 토요일을 고스란히 공부하는 데 쓸 수 있으니까.) 그러나 장학금을 받았을 때, 혈관에 흐르던 짜릿함은 기쁨이라기보다는 안도감이었다. 나의 뒤처짐을 상쇄하는 새로운 성취를 얻었고, 이렇게 사회적 받아들여진 덕분에 나는 삶을 거부하지 않을 수 있었다.

나를 꿰뚫어 본 사람이 한 명 있었다. 논문을 지도해 주었던 시작문 교수님인데, 라파엘전파가 그린 작품에 나오는 인물 같았다. 바싹 마른 몸으로 줄담배를 피웠으며 적갈색 머리카락을 허리까지 길렀고, 눈썹은 억양 부호처럼 날카로운 모양이었다. 그분은 내가 만났던 교수님 중에 최고였는데, 시를 제출하면 세 가지 색깔로, 그러니까 한 번 읽을 때마다 다른 색깔로 코멘트를 달아서 돌려 주었다. 교수님은 내게 별명도 붙여 주었다. 순진 찬란이었다. 자정 즈음에 파라디소 카페에서 우연히 마주치면 "순진 찬란, 에로틱한 세상으로 들어가 보긴 한 거야?"라며 말을 걸곤 했다. 졸업식 때 교수님이 준 편지에는 비행기의 비상구 바로 옆 좌석에 앉았던 이야기가 적혀 있었다. 비상구 손잡이 위로 둥근 띠 모양의 호가 그려져 있었는데 양쪽 끝에 각각 주황색 글씨로 '연결(Engage)'과 '분리(Disengage)'라고 표시되어 있었고 그 손잡이는 '분리'에 놓여 있었다. 교수님은 이것을 보고 나를 떠올렸다고 했다.

그 일이 벌어졌을 때 나는 아무런 준비도 되어 있지 않았다. 그때까지의 나는 일본인도 아니고 미국인도 아닌, 시인도 아니고 실용주의자도 아닌, 이성애자도 아니고 동성애자도 아닌, 그야말로 모호한 존재였다. 그런데 그해에는 이 모든 애매함을 해결해야만 할 것만 같았다. 나는 시민권을 선택해야 했다. 붉은색의 일본 여권과 푸른색의 미국 여권, 내 몸에 흐르는 두 가지 색의 피 가운데 하나를 선택해야 했다. 문학과 법학 중에서 진로도 결정해야 했다. 무엇보다도 성 정체성을, 당혹스럽게 시작된 사랑으로 그해 여름의 수면을 휘저었던 그것을 선택하거나 인정해야 했다.

일본어에서는 에로틱한 욕망을 나타내는 글자[色]와 색깔을 나타내는 글자[色]가 같다. 누군가는 그 이유[2]가 욕망도 색깔처럼 속세의 것에 마음을 쏠리게 해서 깨우침을 방해한다는 부처의 가르침 때문이라고 한다. 브라이언을 만났을 때, 이 세상의 무색 파도가 형형색색으로 변하며 내 위로 부서졌다. 졸업 후 여름 학기 동안 우리는 함께 살았다. 브라이언은 의대 진학을 위한 필수 과목을 수강하기 위해서, 나는 영국 유학 준비를 하기 위해서였다. 브라이언은 가족 중 처음으로 대학에 진학했고, 나처럼 자신의 역량을 증명해 보이려고 발버둥치고 있었다. 하지만 나와는 달리 그 치열함을 외부로 발산하면서 학부 생활 내내 끊임없이 봉사 활동을 했다. 이런 면이 나를 감동시켰다.

어느 눈부신 오후에, 우리는 찰스강을 따라 걸었다. 일요일이었다. 강변 도로 양옆으로 톱질 작업대가 차에 바싹 붙어 세워져 있었다. 자전거를 타는 사람들이 바람을 가르며 달렸다. 강물 위에 빛으로 자수를 놓은 것 같은 광경에 감탄하던 나는, 그 장면을 바라보는 브라이언을 쳐다보았다. 브라이언의 속눈썹이 창유리에 드리워진 차양처럼 그의 눈동자에 비치는 것을 보았다. 그 모습을 이해하려고 애쓰다가 내가 브라이언에게서 눈을 떼지 못하고 있다는 것을 깨달았다. 브라이언의 홍채는 오렌지 빛이 도는 갈색이었고, 동공 주변에 조금 더 밝은 빛의 반점들이 있었다. 나는 갈색 점들에 휩쓸려 정신을 잃을까 두려워졌고, 따라서 보는 것만큼이나 안 보는 것이 중요해졌다.

브라이언이 이성애자인 걸 알았지만 그건 문제가 되지 않았다. 나는 그를 향해 욕망을 느꼈고, 그것은 많은 남성들에게 피할 수 없는 욕망이자, 억눌린 욕망이었다. 두개골보다 뇌가 더 큰 느낌이랄까, 나의 욕망도 내 육신의 둘레를 심하게 넘쳐 나는 것만 같았다. 내가 느끼는 감정의 강도를 브라이언도 느끼게 할 수 있다면 그도 항변하지 못할 것이라고 생각했다.

어떤 의미에서, 나는 딱 맞는 남자를 골랐다. 브라이언은 연민을 가지고 응답했다. 하지만 나의 욕망은 좌절되었을 뿐만 아니라 노출되기도 했다. 브라이언은 내가 알고만 있던 것을 인정하도록, 그리고 나 자신을 인정하도록 만들었다. 나는 내 외피로 돌아왔다. 내 안에서 금고처럼 견고한 무언가가 날카로운 소리를 내며 깨지는 것을 느꼈다. 마치 금고가 한 번의 채찍질에 부서지듯이.

———

옥스퍼드는 음산했다. 악마의 형상을 한 석상들은 긴 손가락을 뺨에 괸 채 억지웃음을 짓고 있었다. 내 방에서 보이는 공원의 사슴은, 교내 시인의 시구를 빌리자면 "공기 감식가"였다. 다정다감한 교수님들은 잔에다 클라레(보르도산 포도주)를 넘치도록 따라 주면서 "관절을 좀 쓰라."라고 바람을 넣었다. 그런데 나는 첫해 내내 침대에 파묻혀 있었던 것 같다. 브라이언의 오렌지색 눈, 반짝이던 그 강물의 영상이 흐르는 내 마음속 1인석 극장으로 도피했다. 나는 내 방을 얼룩지게 하는 영롱한 햇살이 동전 모양으로 모여드는 것을 지켜보았다. 천장 위로 차들이 미끄러져 지나가는 것 같았다. 나의 얼굴은 지질 구조학적으로 너무나 수척해져 있었다. 내 몸에 상주해서 산다기보다는 잠시 빌려 산다는 느낌이 강해지기 시작했다.

나는 내가 죽었으면 좋겠다는 생각을 하곤 했다. 이걸 자살 충동이라 여기지는 않았다. 문장을 분석하는 나의 시적 마인드는 첫 번째 '나'와 두 번째 '나'를 서로 다른 '나'로 읽었다. 첫 번째 '나'는 지켜보는 온전한 나 자신이었고, 두 번째 '나', 즉 죽이고 싶은 나는 그 안에 둥우리를 틀고 있는 동성애자인 '나'였다. 이것은 자살 충동이라기보다는 살인 충동이었다. 시에서 내가 썼던 동성애자 자아에 대한 유아 살해가 바로 그것이었다.

내가 방에서 벗어나는 경우는 대학 내 교회에 갈 때뿐이었다. 그곳에서 나는 믿지도 않는 신에게 나를 변화시켜 달라고 기도했다. 내가 느꼈던 그 어떤 에로틱한 욕망도, 그 당시 이성애자로 전환(conversion)되기를 갈망하던 욕구보다 약했다. 이제는 기도하던 그 청년을 떠올리기가 힘들다. 그 청년을 분명하게 본다는 것은 현재 내 자아의 윤곽이 점점 희미해짐을 느끼는 것이다.

아라드라는 미국인 선배가 도움을 주고 싶어 했다. 아라드는 자신도 커밍아웃을 한 터라 힘들어하고 있었지만, 부럽게도 훨씬 침착했다. 아라드는 동기생 중 천재였다. 의학과 철학에서 보여 준 그의 엄청난 지적 성취는 조용하면서도 숭배하는 어조로 전해졌다. 그는 큰 키에 빼빼 마른 몸으로 검은 코트를 육식성 조류의 날개처럼 펄럭이면서 다녔다. 그것은 범접하기 어려운 그의 풍모를 강조했다.

아라드는 나에게 친절했다. 나는 내가 가진 심각한 문제를 한 번도 말한 적이 없지만, 아라드는 이 문제의 경로를 나보다 훨씬 잘 알았다. 아라드의 방에 앉아 그가 스스로 정해 놓은 몇 가지 기한에 대해 들었던 기억이 난다. 3개월 안에 부모님께 커밍아웃하고, 6개월 안으로 대학의 게이 모임에 나가고, 1년 안에 데이트를 시작할 것이라고 했다. 그는 의지가 있는 사람이 되는 것이 중요하다고 말했다. 나는 아라드의 눈 대신 그의 어깨 너머로 학위와 상장이 빼곡히 걸린 벽을 쳐다보았다. 벽 중앙에는 그의 사진을 담은 액자들이 걸려 있었다. 사진 한 장이 시선을 끌었다. 무릎을 꿇은 천사가 양팔에 머리를 묻고 울고 있는 조각상이었다.

그것은 절망적인 완벽함에 대한 묘사이자 아라드의 초상이었으며, 나를 두렵게 했다. 나는 아라드에게서 예전의 내 특질이었던 고군분투하는 욕망을 보았다. 그리고 아라드가 아직 가지고 있는 그 규율을 나는 잃어버렸다는 사실이 부끄러웠다. 하지만 그 의지력의 가혹함 또한 두려웠다. 나는 그에게 고맙다고 말하고 떠났고, 다시는 돌아가지 않았다. 나는 아라드를 도와줄 능력이 없었고, 그 역시 나를 도와줄 수 없다는 것을 알았기 때문이다.

2년 차가 되었을 때, 나를 도와 줄 수 있는 사람을 만났다. 학과 동기들의 슬로건처럼 "여러 선택의 가능성을 열어 두기 위해" 경영 컨설팅 회사에 지원했을 때 면접관이었던 모린이라는 여성이었다. 그는 30대 끝자락의 미국인으로 옥스퍼드 대학교의 교수인 남편과 살고 있었다.

그날 나는 그에게서 금발과 어두운 정장, 호리호리한 체구와 묵직한 태도라는 대조적인 이미지를 보았다. 나는 모린을 신뢰했다. 그는 면접에서 내가 감수했던 위험에 대해 질문했다. 그때 나는 시집을 집필했던 일을 이야기하면서, 육체적 혹은 이성적인 위험보다 감정적인 위험이 훨씬 실제적으로 느껴진 적이 많았다고 술회했다. 면접 다음 날, 모린은 내게 다음 단계의 면접을 보게 되었다고 전하면서 그때까지 나를 지도해 주겠다고 제안했다. 우리는 새로 일정을 잡았고, 갑작스럽게 신뢰감이 샘솟아, 내 학위 논문을 그녀에게 보냈다.

다시 만났을 때 모린은 우리가 사는 동안 선택하지 않은 자아를 죽이면 안 된다고 생각한다면서 말을 꺼냈다. 선택받은 자아는 총천연색의 화려함 속에 살지만, 선택받지 못한 자아는 흑백의 세상에 산다고 했다. 선택받지 못한 자아는 악마가 되어서 선택받은 자아를 끊임없이 괴롭히기 때문에, 죽일 수 있다면 좀 더 편하기는 할 거라고 덧붙이기도 했다.

그 당시는 아니었지만 얼마 지나지 않아, 모린이 선택하지 않은 여러 자아에 대해 알게 되었다. 모린이 맨 처음 헌신하기로 한 것은 예술, 바로 첼로와 문학이었다. 그는 음악가였던 부모님에게서 본 극빈한 예술가의 삶에서 도망치기 위해 그 헌신을 저버렸다. 하지만 지금은 그것을 후회하고 있었다. 그 당시 모린은 음악을 연주하거나 책을 읽지 않았다. 그는 나를 자신이 구해 낼 수 있는 같은 운명의 어린 자아로, 자신의 구원으로 이어지는 조난자로 보았다.

모린은 그 자신의 자아뿐 아니라 내 자아에까지, 너무나 많은 자아에 접근하여 나를 깜짝 놀라게 했다. 그는 비즈니스의 세계에서 나의 예언자가 되어 주었는데, 이 세계는 아버지의 세계와 마찬가지로 세속적 권력의 영역이라는 생각이 들었다. 모린이 내 편이 되자, 이 세계에 완전히 통달할 수 있을 것 같은 확신이 섰다. 내가 이 세계를 거절할 수 있게 만드는 확신이었다. 모린은 보다 은밀한 나의 문학적 자아 또한 이해했다. 나보다 더 정확히 파악하였고, 내 시를 날카롭게 비평했다. 마치 무대 위에서 독백을 하다 관객에게 포옹을 받은 배우처럼, 나는 고립감이 깨지는 것을 느꼈다. 어쩌면 모린은 이러한 여러 자아의 공존을 이해했을지도 모른다. 자기 스스로를 분리했기 때문에, 그는 내가 온전한 모습이었다면 어땠을까라는 질문을 구성할 수 있었다.

고전 문학의 뮤즈는 시인이 받아 적도록 시를 읊조린다. 모린은 종류가 다른 뮤즈였다. 그는 귀로 들었다. 나는 여전히 시적 모호함으로 의미를 은폐한 시를 모린에게 보여 주었다. 모린이 이미 나를 게이로 짐작한다는 것을 알았지만, 우리 사이를 맴도는 이 진실을 인정할 수 없었다. 그렇다 하더라도 이 시기는 문학적 회복 기간이었다. 그 몇 달 동안 이전 18개월 동안 썼던 것보다 더 많은 시를 썼다. 나는 모린의 귀를 위해 시를 썼다.

나의 학업은 마치 유리잔이 깨지기 전에 바닥에서 튀어 오르듯이 천천히 자기 파괴를 하고 있었다. 지도 교수들도 더 이상은 비난을 감추지 못했다. 하지만 나는 더 이상 완벽할 필요가 없었다. 틀렸다는 느낌이 자주 틀리는 것처럼 맞다는 느낌이 자주 맞을 것이라고 믿어야만 했다. 그리고 내 기숙사 방의 욕조에 채워진 따뜻한 물은 자주 맞다는 느낌을 주었다. 메두사 얼굴을 하고 나를 꼼짝 못하게 만들었던 벽시계가 이제는 나의 회복을 향해 재깍재깍 흐르고 있었다. 조각상 하나가 내 삶으로 들어오는 느낌이었다. 그것은 나를 깜짝 놀라게 했던, 나 자신의 온기였다.

어느 토요일, 모린과 나는 저민가(Jermyn Street)를 거닐다가 어느 남성복 가게로 들어갔다. 뒷발로 서 있는 황금빛 사자 무늬가 가득한 코발트색 비단 조끼가 눈에 띄었다. 학부생 때나 지금이나 입지 않을 옷이었다. 하지만 당시의 나는 엄지와 검지 사이로 해지기 쉬운 비단의 촉감을 느끼며 그 조끼에 대해 까마귀 같은 갈망을 느꼈다. 나는 재빨리 조끼를 입었다. 옷이 우스꽝스러워 보이는지 가늠이 되지 않았다. 가게 주인은 왁스를 바른 콧수염 사이로 "잘 어울리는군요."라고 무뚝뚝하게 말했다. 나는 조끼가 정말로 어울린다는 것을, 내가 그 조끼와 어울릴 수 있다는 것을 알아차렸다. 그 조끼는 기이한 의상으로서의 기능을 수행했다. 나의 감추어진 다름을 겉으로 드러내도록 내몰아 표면에 계속 붙잡아 두면서, 나를 심적으로 안도하게 했다. 그 가게는 개인 수표를 받지 않아서 모린이 신용 카드로 조끼 값을 치렀고, 나는 생활비 중 상당액을 그녀에게 건넸다. 모린은 다음번 편지에서 내가 주었던 연한 초록색 수표를 되돌려 보냈다. 수표를 반으로 잘라 종이학 두 마리를 접어서.

2년 차가 막바지로 치달을 즈음, 우리는 런던 동물원에 갔다.

구경을 끝냈다고 생각하는데 아래쪽에 "문라이트 월드"가 있다고 가리키는 표지판이 보였다. 난간을 따라 초록색 네온 길만 반짝이는 암흑 속으로 내려갔다. 그곳에는 빛을 질색하는 부서지기 쉬운 환상이 있었다. 로리스원숭이는 호박색 눈으로 노려보았다. 바늘두더지는 (자기들이 파 놓은) 구멍에서 어기적거리며 움직였다. 박쥐는 자신들의 벨벳 자루 안에 매달려 있었다. 아이들과 조부모들은 잎처럼 생긴 손으로 난간을 붙잡고 조용히, 우리 양편에서 거의 말문을 닫고 있었다. 나는 로리스원숭이의 젖은 눈을 바라보면서, 요즘 오랫동안 이 원숭이처럼 음울하게, 기괴하게, 희한하게 살았다고 생각했다.

나는 삶의 수면 위로 다시 올라와 일거에 효율적으로 결정을 내렸다. 일본 여권이 아닌 미국 여권을, 이성애자가 아닌 동성애자의 정체성을, 영문학 석사 과정이 아닌 로스쿨을 선택했다. 뒤의 두 가지 선택은 서로 연결되어 있었다. 로스쿨을 선택한 것은 내가 동성애자 정체성을 받아들였다는 데 어느 정도 기인했다. 게이 시인은 직업적으로도 개인적으로도 많은 어려움에 처한다. 나는 그런 위험에 노출되기를 거부했다. 로스쿨은 새로운 언어로 나를 무장시킬 것 같았다. 물론 우아하고 감동을 주는 언어는 아니겠지만 보다 강하고, 보다 나를 잘 지킬 수 있으리라고 기대했다. 그 후로도 나나 다른 사람들에게서 이런 식의 거래를 많이 보았다. 즉 한쪽 측면에 완전히 동화됨으로써 다른 측면이 두드러지는 것을 보상받는 것이다.

법의 언어에 아름다움이 없으리라는 생각은 착각이었다. 법적으로 논증하는 문장에는 군더더기 없는 간결함에서 나오는 쾌감이 있었다. 하지만 로스쿨은 시인에게 안전한 공간이 아니다. 나는 후회막심한 심정으로 연방 민사 소송 규칙을 읽으면서 모린에게 내가 하멜른의 피리 부는 사나이에서 시장으로 (처지가) 변했다고 편지를 써 보냈다. 뉴헤이븐의 단풍나무가 신호등처럼 초록에서 노랑으로, 그리고 빨강으로 변했을 때, 내 삶이 다시 지루해지고 있다고 느꼈다.

독일의 낭만파 시인인 횔덜린(Hölderlin)은 "위험 그 자체가 구조할 힘을 길러 준다."라고 말했다. 이 어구가 우리의 삶을 표현할 수 있다면 운이 좋은 것이다. 내겐 법의 세계로 들어갈 통로가 필요했다. 그해 봄, 빌 루벤스타인(Bill Rubenstein)이라는 객원 강사가 "성적 지향과 법"이라는 과목을 처음으로 개설했다. 그 당시에는 빌 루벤스타인 교수가 로스쿨 교수진 중에 유일하게 커밍아웃한 동성애자였다.

빌은 당시 30대 중반이었고, 학계로 경력을 전환하기 이전에는 미국시민자유연합(American Civil Liberties Union)에서 동성애자 권리를 위한 소송 전문 변호사로 일했다. 그는 검은 머리에 팔다리가 가늘고 길었으며, 러시아계 유대인 버전의 미스터 다아시(Mr. Darcy)였다. 그의 아름다움이 내 커밍아웃을 거들었다. 이렇게 찬란하게 빛나는 사람의 내면이 잘못되었을 리 없다고 생각했던 것이다.

학기 초 면담 시간에 빌을 찾아갔다. 그의 연구실은 휑하다시 피 했다. 아마도 객원 강사였기 때문일 것이다. 드문드문 보이는 물건들을 눈으로 훑으며 생활의 흔적을 찾았다. 십자말풀이는 펜으로 반쯤 완성되어 있었고, 특이하고 속이 텅 빈 것 같은 손잡이가 달린 검은 잔들이 아무렇게나 포개져 있었다. 그의 뒤편 책꽂이에는 펜과 연필이 담긴 상자 더미, 포스트잇과 노란색 메모장 무더기가 쌓여 있었다. 예일 대학은 이런 식으로 사람을 환대하나? 아니면 이 사람이 사무 용품을 수집하는 걸까? 나는 정신을 가다듬고 그에게 내가 게이라고 말했다. 그 단어를 말하는 동안에도 속은 계속 떨렸다. 몇 번의 커밍아웃 경험은 나에게 말의 힘을 확신시켜 주었다. 그 문장을 마치면 다른 사람이 되어 있었던 것이다. 빌의 과목을 수강하면 로스쿨 커뮤니티에 아웃팅될까 봐 두려워서 수강하기가 불안하다고 실토했다.

태연하게 말하려고 했지만, 후에 빌은 내가 전혀 그렇지 못했다고 말했다. 내 모습을 보며 당시 디너 파티에 참석한 자신의 모습을 떠올렸다고 했다. 거의 이성애자들만 모인 저녁 자리에서 동년배들은 자녀 이야기로 꽃을 피웠다. 게이들의 저녁 자리는 커밍아웃 이야기로 왁자지껄했다. 이 경험으로 빌은 많은 게이 남성들에게 커밍아웃은 출산과 가장 유사한 행위라고 생각하게 되었다. 스스로를 출산하는 행위는 불가사의하고 두려우며, 침착할 수 없는 일이다.

놀랍게도 빌은 나에게 예일 대학의 일정이 아니라 나 자신의 일정에 맞춰 커밍아웃을 하라고 말하면서, 그 세미나 강의를 수강하지 말라고 조언했다. 강의 계획서를 구하고 자신이 편집한 판례집[3]을 사서 강의 계획에 맞춰 읽으라고 거듭 권했다. 내가 원하면 언제든 수업 자료에 대해 함께 토론하겠다고 약속했으며, 연구실에서 만나는 것이 불편하면 도서관에서 만나자고 했다. 내가 강의를 들을 준비가 되면, 내년에 수강할 수 있을 것이라고 말했다.

나는 그의 조언을 받아들였다. 그리고 그 판례집을 읽으면서 잠드는 버릇이 생겼다. 매일 밤 잠들기 전에 그 책을 읽었고, 책을 팔로 감싸면 마음이 안정되곤 했다. 모든 것이 바뀌고 있지만 이 교과서는 변하지 않을 터였다. 활자는 페이지 위에 그대로 새겨져 있을 것이고, 단어들은 오늘 말했던 것을 내일도 말할 것이다.

작년에 빌은 나에게 자신과 함께 이 판례집의 공동 편집인이 되어 달라고 요청했다. 고향에서 부름을 받은 듯한 느낌이었다. 나의 기도서였던 이 책은 나에게 법의 중요성을 가르쳐 준 출발점이었다. 법이 동성애자의 삶에 차등을 둔 것을 볼 수 있었다.[4] 자신이 동성애자라고 밝힌 노동자들은 해고되었고, 부모는 자녀에 대한 양육권을 잃었으며, 게이 활동가인 래리 크레이머(Larry Kramer)의 말처럼 "사랑할 권리"를 부정당했다. 법적 언어의 힘은 나를 매혹시키기 시작했다. "당신은 사랑할 권리가 없다."라는 법원의 말은 단순히 현실을 표현한 것에 그치지 않고, 그러한 현실을 실제로 만들어 냈다. 신화 속의 주술처럼 "이와 같이 명한다", "유지한다", "번복한다"라고 말하면 그대로 이루어졌다. 2년 차가 되자, 저항의 한 방법으로 나는 자신에 대해 보다 솔직하게 말하기 시작했고, 점점 더 많은 사람들에게 커밍아웃을 했다. 빌의 '퀴어 이론' 세미나를 수강했다. 그리고 법대 교수가 되는 것에 대해 생각하기 시작했다.

2년 차 봄에, 몇 군데 로클럭 면접을 봤다. 대학원 과정 중에 일정 기간 판사의 지도를 받으며 재판 업무를 보조하는 것이다. 한번은 면접 중에 연방 항소심 판사 한 분이 내 성적표에서 빌의 '퀴어 이론' 수업을 발견하고, '퀴어'라는 단어가 무엇을 뜻하는지 물었다. 연방 판사들에게 여전히 위압감을 느끼고 있던 나는 그 판사가 퀴어의 뜻을 알면서 내가 제대로 파악하고 있는지 시험하는 거라고 생각했다. 그래서 '핑크 트라이앵글'처럼 동성애자를 경멸하는 의미였다가 나중에 동성애자 인권 운동에서 다른 의미로 사용된 용어로 이해하고 있다고 말했다. 판사가 핑크 트라이앵글이 뭐냐고 질문했을 때 나도 그걸 계속 설명하려던 참이었다. 심장이 쿵쾅거렸다. 핑크 트라이앵글은 홀로코스트 때 나치가 동성애자들을 표시하기 위해 사용했던 것이지만, 그 뒤로는 동성애자의 자긍심을 나타내는 상징이 되었다고 말했다. 판사는 '몰랐다'고 말했다.

나는 놀란 표정을 감추려고 애쓰면서 그 판사의 권위를 합리화해 보려고 노력했다. 판사는 구세대 사람이고, 항소심 판사들은 세상사와 격리된 삶을 살 수도 있다고 스스로에게 말했다. 하지만 바로 이 판사가 얼마 전에 동성애자 인권에 관한 소송에서 연방 헌법의 평등권 조항에 따라 소수 인종이나 여성 등 일부 집단에 제공하는 사법적 보호를 동성애자에게는 거부하는 판결을 했던 것을 기억해 냈다. 한 집단이 사법적 보호를 받을 자격이 있는지를 결정할 때

판사는 그 집단이 차별로 고통받은 역사가 있는지 법적으로 고려해야 한다. 이 판사는 어떻게 핑크 트라이앵글도 접해 보지 않고 동성애자들이 겪은 차별의 역사를 분석할 수 있었단 말인가? 만약 그가 핑크 트라이앵글이라는 상징을 이해했더라면, 그리고 그것이 의미하는 모든 것을 알았더라면, 다른 결론에 도달하지 않았을까?

집으로 돌아오는 비행기 안에서, 나는 이 질문들에 답하려고 애썼다. 판사가 핑크 트라이앵글을 모른다는 것이 인문학적 범죄이자 서사에 대한 모독으로 생각되었다. 핑크 트라이앵글은 자신들의 이야기를 세상에 알리기 위한 동성애자 커뮤니티의 노력을 상징했다. 그 판사는 어떻게 이 이야기도 모른 채 동성애자들의 삶과 관련된 그 중대한 판결을 내릴 수 있었단 말인가? 학교로 돌아왔을 무렵, 나는 내가 법학과 문학 이론에 기반을 둔 동성애자의 상징 정치학에 대한 논문을 쓰게 되리라는 것을 예감했다. 예전에 시를 쓸 때만 느꼈던 열정으로 논문을 써 내려갔다. 나는 옥스퍼드에서 스스로 죽이려 했던 게이 자아를 위해 변호사가 되었고, 로스쿨에서 죽은 것으로 생각했던 시인이 되었다. 유아 살해하려 했던 내 소명을 뒤바꾸고 싶었고, 버려진 그 자아들을 되살리고 싶었다. 만약 법이 내 삶의 내밀하고 세세한 부분에 간섭하려 하면, 법이 나를 속속들이 알도록 청할 셈이었다.

이 책에 담긴 열정의 일부는 이 논문에서 나온 것이다. 논문은 학술지에 게재되어[5] 동성애 우호적인 사법 의견에 인용되었다. 이 논문 덕분에 예일 대학교의 교수직도 얻었다. 나는 이곳에서 9년 동안 교수로 재직하고 있다. 이곳에서 나는 성 정체성과 법, 법과 문학, 일본법, 헌법을 가르친다. 하나의 자아만 제외하고 다른 자아는 모두 죽여야 하는 줄 알았던 내 믿음과는 반대로, 이곳에서 축하를 받고 있는 것은 다양한 소리를 내는 여러 자아였다.

이곳에 채용된 달에 아라드가 자살했다. 나의 감정에 너무 치중하는 것은 아라드와 가장 가까운 사람들이 겪은 슬픔에 대한 예의가 아닐 것이다. 그러나 나는 아라드의 친구들이 쓴 추도문을 읽으면서 화가 났다. 친구들은 아라드의 고독에 일조했던 완벽함의 서사를 이어 가는 대신에, 그를 인간미 있는 사람으로 만들려고 애썼다. 구체적인 이야기 하나는 잊을 수가 없다. 어린 시절 기숙 학교에서, 아라드는 피부를 하얗게 염색하려고 표백제 한 병을 들고 창고에 들어갔다가 발각되었다. 이 이야기를 읽으면서 나는 아라드의 완전무결함을 생각했다. 그의 사진을 보며 하얀 천사 석고상을 떠올렸고, 죄책감과 안도감이 뒤섞인 채 내가 불완전하다는 것을, 그리고 살아남을 것임을 알았다.

커밍아웃한 지 한참이 지난 후에도, 나는 계속 협상을 하고 있었다. 숨길 때에는 나의 게이 정체성의 세세한 점까지 관리했다. 누가 알고 누가 모르는지, 누가 알아야 하고 누가 알아서는 안 되는지를 생각했다. 커밍아웃을 한 후에는 나의 성적 지향에 대해 생각할 필요가 없다는 것이 너무 기뻤다. 하지만 축하하기는 아직 일렀다. 새로운 사람이 나타나면 매번 새로운 벽장에 갇히기 때문에, 한 번의 커밍아웃으로 끝나지 않았다. 더욱 이해하기 어려운 것은 내가 게이라는 것을 아는 사람들조차도 이성애자에 부합하는 여러 가지 새로운 요구를 강요한다는 것이었다.

내가 교수 생활을 시작할 무렵, 동료 교수가 나를 구석으로 데리고 갔다. 종신 교수 자격을 받을 가능성이 더 높아질 거라며, 그가 이렇게 주의를 주었다. "만약에 당신이 전문적인 동성애자가 아니라, 동성애자인 전문가가 된다면 말이에요." 내가 동성애 주제를 연구하는 게이 교수인 것보다 "알고 보니 게이"인 주류 헌법학 교수로 사는 게 나을 것이라는 의미였다. 나는 꽤 친동성애적인 다른 환경에서도 일했는데 그곳 사람들 역시 이런 정서를 그대로 되풀이했다. 물론 방식은 그보다 우아하지 않았지만 말이다. 내가 사는 세상에서는 이렇게 말하는 것 같았다. 게이로 살아. 원한다면 공개하고 오픈리 게이로 살아. 하지만 너무 티 내지는 마.

잠깐 동안 그에 승복한 적이 있었다. 헌법과 같은 주류 학문을 강의할 때는 동성애자의 사례를 피했다. 논문도 동성애자와 관련 없는 주제로 썼다. 사귀는 남자 친구를 로스쿨 행사에 데리고 가지 않았다. 정치적 투쟁을 주의 깊게 선택했다.

그러나 곧 그런 연극이 지겨워졌다. 나를 괴롭히는 것은 '이성애자처럼' 행동해야 한다는 것이 아니었다. 사실 그렇게 행동하는 것은 어렵지 않았다. 나를 괴롭히는 것은 그 요청이 동성애와 관련된 주제, 사람, 문화에 대한 나의 열정을 마치 수치스러운 것에 대한 사랑인 양 억압한다는 점이었다. 순응의 욕망 때문에 동성애자 이슈에 대해 글을 쓰지 않는다면 내가 스스로 약속한 것 몇 가지를 어기게 되리라는 것을 알았다. 나는 동성애자 인권에 헌신하기로 결심했다. 그 결심이 나를 이 책을 쓰도록 이끈 원동력이다.

———

게이 정체성에 도달하기까지 나는 3단계의 고투를 거쳤다. 이 것은 동성애자 친구들의 삶에서도 똑같이 목격되는 것이다. 첫 번째 단계에서, 나는 이성애자가 되려고 애썼다. 옥스퍼드 대학 안에 있는 교회에 다닐 때, 나는 지금 이 모습이 아니게 해 달라고 기도했다. 이것을 '전환(conversion)'의 욕구라고 부르고자 한다. 두 번째 단계에서, 나는 동성애자임을 받아들였지만 다른 사람에게는 이 사실을 숨겼다. 빌에게 그의 수업에 대해 이야기하던 무렵에는 더 이상 나를 바꾸려고 하지 않았다. 그러나 학교 친구들에게는 나의 정체성을 숨기려고 노력했다. 이것을 '패싱(passing)'의 욕구라고 부르고자 한다. 마지막으로, 내가 벽장에서 나와 대부분의 사람들에게 커밍아웃한 지 한참이 지난 후에도 동성애자를 주제로 글을 쓰거나 공개적으로 동성과 애정 표현을 하지 않음으로써 여전히 나의 성적 지향을 부각시키지 않았다. 이것은 패싱과는 달랐다. 왜냐하면 동료들은 내가 게이라는 것을 알고 있기 때문이었다. 하지만 이미 알려진 나의 게이다움을 자제하려고 하는 이러한 노력을 어떤 단어로 설명해야 할지 생각나지 않았다.

그 후 사회학자 어빙 고프먼(Erving Goffman)의 저서 『스티그마 (Stigma)』에서 내가 찾던 단어를 발견했다. 1963년에 출간된 이 책에서는 장애인, 노인, 비만인 등 다양한 집단의 사람들이 어떻게 자신들의 '손상된' 정체성을 감당하며 살아가는지를 설명하고 있다. 고프먼은 패싱에 대해 논의한 후[6] "자신에게 찍혀 있는 낙인을 받아들일 준비가 된 사람들은 (……) 그럼에도 불구하고 그 낙인이 두드러져 보이지 않도록 많은 노력을 기울일 것이다."라고 말했다. 고프먼은 이러한 행동을 '커버링(covering)'이라고 명명했다. 고프먼은 패싱은 개인적 특성의 가시성과 관련되는 반면, 커버링은 두드러짐과 관련되어 있다고 언급하면서 패싱과 커버링을 구분했다. 고프먼은 커버링을 프랭클린 루스벨트가 보좌관들이 회의를 하러 오기 전에 왜 항상 테이블 뒤에 자리를 잡고 있게 되었는지와 연관시켜 이야기했다. 누구나 루스벨트가 휠체어를 사용한다는 것을 알았기 때문에, 그가 패싱을 한 것은 아니었다.[7] 루스벨트는 커버링을 하고 있었다. 자신의 장애를 대수롭지 않게 보이게 해서 대통령으로서의 탁월함에 집중하게 만든 것이다.

나는 이 문장을 크로스 캠퍼스 도서관의 한 개인 열람석에서 읽었다. 낙서가 가득한 벽으로 둘러싸인 그곳에서, 나는 프라이데이의 발자국을 발견한 로빈슨 크루소가 된 것 같았다. 패싱과 커버링의 구분은 내가 벽장에서 나와 커밍아웃을 했는데도 왜 이성애 규범에의 순응을 끝내지 못했는지를 설명해 주었다. 동성애자를 주제로 글을 쓰지 말라는 요구는 패싱하라는 요구가 아니었다. 그것은 커버링에 대한 요구였다.

나는 한동안 이 세 단어, 즉 '전환', '패싱', '커버링'과 더불어 살아가리라는 것을 직감했다. 이 세 단어는 내 입장에서의 일련의 행동뿐 아니라, 나의 게이다움을 최소화하도록 만들었던 사회적 요구도 설명했다. 전환 요구가 가장 가혹했고 그다음이 패싱, 그다음이 커버링이었다. 나는 이 요구들을 순차적으로 횡단해 왔고, 많은 동성애자들이 같은 길을 걸었을 것으로 생각했다.

이 세 단계는 동성애자 역사가 거친 단계이기도 했다. 개인으로서 내가 이러한 동화의 요구를 거쳐 왔던 것과 마찬가지로, 집단으로서 동성애자 커뮤니티도 그러했다. 20세기 중반까지 동성애자들은 전두엽 절제술을 하든, 전기 충격 요법을 받든, 정신 분석을 해서든 이성애자로 전환하라는 요구를 일상적으로 받았다.[8] 동성애자 인권 운동이 힘을 얻으면서, 전환에 대한 요구는 점차 패싱에 대한 요구로 넘어갔다. 이러한 변화는 1993년 군대에서 채택된 "묻지도 말하지도 마라.(Don't ask, don't tell.)" 정책에서 드러난다.[9] 동성애자들이 패싱에 동의하기만 하면 군 복무를 할 수 있는 정책이었다. 마지막으로, 2000년대가 시작되면서 패싱에 대한 요구는 커버링에 대한 요구로 대체되었다. 즉 동성애자로 살아가는 것, 그리고 정체성을 '티 내지'만 않는다면 커밍아웃하는 것이 점차 허용되고 있다. 요즘 동성 결혼에 대한 반발은 일종의 커버링 요구로 이해할 수 있다.[10] 좋아, 동성애자로 살아. 하지만 우리 면전에서 나대지는 마.

이 개인의 역사 그리고 집단의 역사에서 내가 불편하게 생각하는 지점은 이 역사들이 동화주의를 부정적인 시각으로 묘사한다는 것이다. 민족 정체성이라는 면에서 나는 늘 동화에 연루되어 있었고, 좋은 동력이라고 생각했다. 일본인들은 자녀가 부모의 뒷모습을 보며 배운다고 말한다. 그리고 동화의 미덕에 대해서는 어느 누구도 나의 부모님보다 설득력을 발휘할 수 없을 것이다.

나의 양친은 모두 일본에서 태어났다. 아버지는 1950년에 고등학교를 졸업했다. 아버지는 전쟁으로 폐허가 된 일본에서 어떤 미래도 찾지 못했다. 한 친척의 권유로 외국의 여러 대학에 지원했고, 컬럼비아 대학교에서 입학 허가를 받았다. 고등학교 수준의 영어로 일본을 떠나면서, 조부모님께 10년간은 자신이 돌아올 거라는 기대를 접으라고 했다. 크든 작든, 아버지는 늘 자신이 한 말을 지켰다. 10년 후 귀국했을 때, 아버지는 경제학 박사 학위를 받은 상태로 어머니를 만나 결혼을 했다. 어머니는 도쿄 토박이로 4년제 대학에서 경제학 학위를 받았는데, 당시 여성으로서는 드문 경우였다. 아버지는 UCLA에서 교수 생활을 시작했다. 누나와 나는 둘 다 로스앤젤레스에서 태어났다. 그 후 아버지는 아이비리그 대학에서 종신 교수가 되었고, 몇 년 전 정년 퇴임을 하기 전까지 그곳에서 강의했다.

이 이야기는 부모님의 미국 성공담이다. 두 분은 다른 식으로 말하기를 거부하신다. 중학교에서 미국 역사를 배우면서 나는 아버지에게 물어보기 시작했다. 컬럼비아 대학교에 왔을 때가 재미 일본인 강제 수용(Japanese Internment) 직후 아니었어요? 일본인에 대한 적대적인 편견은 없었어요? 지금도 아버지는 대답해 주지 않을 것이다. 그 대신 당시에는 햄버거가 겨우 5센트였다는 이야기로 넘어갈 것이다. 이로 인해 우리 가족의 역사에는 공백이 생겼고, 나는 한편으로 그 사실에 화가 난다. 하지만 또 한편으로는 아버지가 자신의 인생을 신화적으로 남겨 둠으로써 자식들을 보호하려 노력하고 있다는 것을 이해한다.

부모님은 누나와 나를 두 나라에서 키웠다. 미국에서 학기를 보냈고, 여름에는 일본에서 지냈다. 부모님은 우리가 두 사회 모두에 동화되도록, 그리고 "미국에서는 100퍼센트 미국인, 일본에서는 100퍼센트 일본인"이 되도록 가르쳤다. 당신 아들이 그렇게 되었음을 보여 주는 최고의 증거가 로즈 장학금을 받은 것이었고, 그날은 아버지의 인생에서 더없이 자랑스러운 날이었다. 누가 아버지를 욕할 수 있겠는가? 아메리칸 드림에서 동화주의는 마법이었다. 실제 꿈에서 마법이 우리가 더 나아지도록, 더 아름다운 존재가 되도록 돕는 것과 마찬가지로 아메리칸 드림에서 동화는 우리가 그냥 미국인이 아닌, 우리가 추구하는 바로 그런 미국인이 되도록 돕는다. 꿈이 속삭인다. 가만히 순응하라. 그러면 너는 존중받고, 보호받고, 받아들여질 것이다.

그 속삭임이 게이인 내 귀에는 다르게 들렸다. 게이로서도 동화의 동기가 있었다. 내가 벽장 안에 머문다면 좀 더 받아들여지기가 쉽기 때문이다. 그럴 기회도 많았다. 백인으로는 패싱하지 못해도 이성애자로는 패싱할 수 있었다. 그러나 내게는 동화를 통해 동성애 혐오에서 벗어난 경험은 많지 않았고 동성애 혐오의 결과로 동화를 택했던 경험이 더 많았다. 동화가 동성애자 역사 전반에 이런 부정적인 역할을 했다는 점도 감지했다. 나는 사회가 동성애자들을 받아들이는 조건으로 이성애적 규범에의 동화를 더 이상 내걸지 않을 때, 동성애자들이 완전히 평등해질 것이라고 확신한다.

시간이 흐르면서 동화주의에 대해 회의적인 견해가 팽배해졌다. 사실 이것은 동성애자 인권 운동이 민권 전반에 줄 수 있는 귀중한 공헌으로 보였다. 동성애자 인권 운동은 흑인 민권 운동이나 페미니스트 민권 운동 같은 앞선 여러 운동에 큰 빚을 지고 있다. 동성애자들이 사회 집단의 하나로 완전히 자리 잡으면, 동화주의에 대한 비판을 통해 그 빚을 갚을 수 있다. 동화에 대한 비판은 민권이라는 대피소에 몸을 피하고 있는 모든 이들을 위해 민권의 패러다임을 풍부하게 할 것이다.

이 비판이 당장 적용 가능할지는 분명하지는 않다. 소수 인종이나 여성과 같은 전통적인 민권 집단은 일반적으로 전환이나 패싱 요구에 시달리지 않았다. 그러나 전환과 패싱이 동화의 모든 형태인 것은 아니다. 커버링도 있다.

모든 민권 집단이 커버링 요구로 상처받는다.[11] 아프리카계 미국인은 '백인처럼 입고' '뒷골목 비속어'를 쓰지 말라는 말을 듣는다. 아시아계 미국인들은 '아시아에서 온 티'를 내지 말라는 말을 듣는다. 여성에게는 직장에서 '남자처럼 행동'하고, 육아에 대한 책임감을 숨기라고 한다. 유대인에게는 '너무 유대인처럼' 보이지 말라고 한다. 무슬림에게는, 특히 9.11 이후 베일을 사용하지 말고, 아랍어를 쓰지 말라고 한다. 장애인들은 활동을 보조하는 장비를 숨기라는 말을 듣는다. 미국 사회가 수십 년간의 투쟁 후에 이 여러 집단의 사람들을 완전히 평등하게 대우하는 데 전념하는 것처럼 보였음에도 불구하고 이러하다.

우리는 미국인들의 차별 방식이 변화하는 시점에 살고 있다. 지난 세대는 집단 전체를 차별의 표적으로 삼았다. 즉 소수 인종, 여성, 동성애자, 소수 종교인, 장애가 있는 사람은 누구라도 인정하지 않았다. 새로운 세대의 차별은 집단 전체가 아니라, 주류 규범에 동화되지 못한 그 집단의 일부를 겨냥한다. 이 새로운 형태의 차별은 소수자인 사람이 아니라 소수자의 문화를 표적으로 한다. 외부자들은 내부자들처럼 행동할 때만 받아들여진다. 그러니까 우리는 커버링할 때만 받아들여지는 것이다.

이런 변화를 관찰한 것은 학부생 때였다. 1987년 대학교에 입학한 후, 내가 학계에 남고 싶을 수도 있다는 생각에 교수진 가운데 롤 모델을 찾아보았다. 민권 운동의 선배 세대는 어느 정도 업적을 이루었다. 교수진만 보더라도 더 이상 백인, 남성, 외관상 이성애자, 개신교인, 비장애인으로만 구성되어 있지 않았다. 그러나 하버드 대학교에 받아들여진 외부자들을 보면, 커버링이 작동하고 있음을 알 수 있었다. 물론 그 당시에는 이들을 적절하게 부를 말이 없었다. 백인인 기숙사 룸메이트는 "내가 ×학장님보다 더 흑인스러워."라며 빈정대듯 말했다. 어떤 보스턴 상류층보다 더 귀족같이 행동하는 아프리카계 미국인 학장을 두고 하는 말이었다. 여성 교수들은 페미니스트 학문을 기피하거나 양육 책임을 대수롭지 않게 말하면서 여성으로서의 가시성을 감추었다. 어쩌다 커밍아웃했던 게 이 교수는 만나는 사람 모두에게 독신남처럼 보였으며, 자신의 성 정체성을 티 내지 않았다. 앨런 더쇼비츠(Alan M. Dershowitz)는 자신이 하버드 로스쿨의 첫 번째 유대인 교수는 아니었지만 '처음으로 유대인다운 유대인' 교수였다는 글을 썼다.[12] 내 수업 조교 중에 유일하게 장애인이었던 학생은 루스벨트처럼 수업 시작 전에 항상 세미나실 테이블 뒤에 자리 잡고 앉아 있었다.

상황은 진일보했다. 개인이 더 이상 백인, 남성, 이성애자, 개신교인, 비장애인일 필요는 없기 때문이다. 다만 백인, 남성, 이성애자, 개신교인, 비장애인처럼 행동할 필요가 있을 뿐이다. 하지만 이것은 평등이 아니다. 벽장 안에 있는 한 아시아계 미국인 게이 학생을 향한 메시지는 분명했다. 너의 민족성을, 너의 성적 지향을 부각시키지 말라는 것이다. 너 스스로를 드러내지 말라.

물론 이 모든 개인들이 커버링을 한다고 가정할 수는 없다. ×학장은 원래 그런 사람이었을 수도 있고, 만약 그렇다면 나는 그 학장에게 좀 더 전형적인 아프리카계 미국인처럼 행동하라고 절대 강요할 수 없다. 여기에서 내가 중점을 두는 것은 개인이 경험하는 진정성에 대한 것이다. 이 진정성은 '백인처럼 행동'하라는 정언 명령에 의해 위협받겠지만, 마찬가지로 '흑인처럼 행동'하라는 정언 명령에 의해서도 위협받을 것이다. 이것이 내가 역커버링(reverse-covering) 요구, 즉 사람들에게 자신이 속한 집단의 정형화된 이미지

45

에 맞게 행동하라는 요구에 대해서도 똑같이 반대하는 이유다.

특정 개인에 대해서는 내가 오해한 것일 수도 있지만, 하버드 대학교가 전반적으로 커버링을 요구한다는 것은 알고 있었다. 자유로운 상태의 개인은 다양하다. 하버드에서 이 다양성은 토막 나 있었다. 이 대학이 주류의 규범에 본래부터 일치하는 사람들을 선택했기 때문일 수도 있고, 아니면 사람들에게 그 규범을 따르도록 압박했기 때문일 수도 있다. 미국 사회와 마찬가지로, 하버드는 여전히 전통적 지배 집단 쪽으로 편향되어 있다.

커버링 요구는 우리 시대의 민권 이슈이다. 이것은 우리 사회의 가장 취약한 시민들에게 상처를 줄 뿐만 아니라 가장 소중한 책무를 망친다. 만약 인종 차별에 대한 책무가 모든 인종에 대한 평등한 존중임을 믿는다면, 소수 인종 중 역사적으로 백인의 규범이라는 것을 따르는 사람들만 보호해서는 이 책무를 충족시킨다고 할 수 없다. 사회학자 밀튼 고든(Milton Gordon)이 수십 년 전에 간파했듯이, 앵글로 순응(Anglo-conformity)에의 요구는 또 다른 모습으로 변장한 백인 우월주의다.[13] 외부자 집단들이 이러한 동화의 요구를 타파하기 전에는 미국에서 완전한 시민권의 쟁취는 불가능할 것이다.

로스쿨에서 강의를 시작한 초반 몇 년 동안, 나는 대책을 모색했다. 나는 권력의 언어를 배웠다. 그리고 이제 그것을 휘두를 때였다. 유감스럽게도 그때는 미국의 주요 민권법, 예컨대 1964년 민권법(Civil Rights Act of 1964)이나 연방 헌법의 평등 보호 조항 등이 커버링 요구에 맞서 제대로 된 보호를 제공하지 않는다는 것을 알게 되었다.[14] 법정에서는 이러한 법들이 행동이 아닌 신분, 행위가 아닌 존재를 보호한다고 해석하는 경우가 많았다. 이러한 이유로 법원은 앞으로도 많은 경우 정체성의 행동 측면, 예를 들면 언어 사용, 자녀 출산, 동성 간 언약식, 종교적 의상 착용, 장애 '교정' 거부 등을 겨냥하는 커버링 요구로부터 개인을 보호해 주지 못할 것이다.[15]

미국의 평등법은 커버링 요구에 맞서 개인을 보호할 수 있도록 개정되어야 한다. 다만 우리 세대의 민권에서는 법 바깥의 영역에 주목할 필요성 역시 점차 증가할 것이다. 많은 커버링 요구가 친밀하고도 일상적인 수준에서 발생하며, 이것은 법적으로 구제할 수 있는 일이 아니다. 커버링 요구는 개인이 가진 양심과 연민에 호소할 때 더 잘 바로잡을 수 있다. 동료가 나에게 동성애자를 주제로 한 글을 그만 쓰라고 권했을 때, 내가 할 수 있는 최선의 응대는 소송이 아니라 대화였다.

또 커버링 요구가 전통적인 민권 집단을 벗어난 집단으로까지 확장되고 있다는 점에서, 법은 충분한 해결책이 아니다. 커버링에 대한 강의를 하다보면 소위 '성난 이성애자 백인 남성'의 반발과 맞닥뜨리는 경우가 있다. 거의 예외 없이 백인 남성이며 화가 나 있는 수강생 한 명이 커버링이 민권의 이슈라는 것을 부정한다. 소수 인종이나 여성이 스스로 커버링하는 것이 왜 문제인가? 이 집단이 통제할 수 없는 것, 예컨대 피부 색깔이나 염색체, 선천적인 성적 지향으로 인해 차별을 받지 않도록 법적 보호를 받는 것은 마땅하다. 그러나 머리카락을 흑인 스타일로 땋는다거나, '여성스럽게' 행동하거나, 성 정체성을 티 내는 것처럼, 자신들의 통제 범위 안에서 자발적으로 이루어지는 행동이 왜 보호를 받아야 한다는 말인가? 질문자는 이렇게 말한다. 어쨌든 자신은 평생토록 커버링을 해야만 한다. 우울증, 비만, 알코올 중독, 조현증, 수줍음, 노동자 계급 출신 배경, 명칭이 없는 아노미 상태에 대해 입을 다물고 있어야 한다. 자신역시 조용한 절망의 삶을 사는 수많은 남성 중의 하나다. 전형적인민권 집단은 왜 자신에게 없는 자기표현의 권리를 갖는단 말인가?진정한 자아를 위한 자신의 고투는 왜 중요하지 않단 말인가?

내가 이들의 입장에 동의하면 다들 놀란다. 우리 시대의 민권운동은 소수 인종이나 여성, 동성애자, 종교적 소수자, 장애인과 같이 전통적인 민권 집단의 권리 향상에만 중점을 두는 우를 범했다.소위 주류에 속한 사람들, 예컨대 앞서 말한 이성애자 백인들은 커버링하지 않는다고 가정한 것이다. 이들은 자기 규정을 위해 분투하는 사람으로서가 아니라 다른 사람들이 자신을 표현하는 것을 막는 사람들로, 오직 방해물로만 여겨졌다. 주류 대중이 민권 활동가들에게 적대적으로 반응하는 것도 당연하다. 우리가 자신들은 거부당한 온전한 인간성을 표현할 자격을 요구한다고 생각한다.

민권은 반드시 새롭고, 보다 포용적인 단계로 올라서야 한다.그것은 주류가 허구임을 인식하는 데서부터 출발한다. "동성애자보다는 이성애자가 주류다."라는 문장에서처럼 특정 정체성에 관해서는 '주류'라는 단어가 말이 된다. 그러나 총칭해서 사용되면 이 단어는 의미를 상실한다. 인간은 여러 가지 정체성을 가지고 있기 때문에 주류는 유동적인 연합체이며, 우리 중 누구도 완전한 주류에 속하지는 않는다. 퀴어 이론가들이 인식했듯이[16] 완벽한 정상은 정상이 아니다. 우리는 모두 자기표현을 위해 분투한다. 하지만 누구에게나 커버링을 하는 자아가 있다.

민권 신장을 인간의 번영이라는 보편적인 과업의 하나라고 생각해야 하는 이유도 그 때문이다. 민권 운동은 비합리적인 믿음으로 인해 좌절을 겪는 특정 집단의 사람들을 보호하고, 그들의 번영을 지키고자 항상 노력해 왔다. 하지만 이 열망은 인류 전체를 위한 것이어야 한다.

소수 인종에 대한 차별이 시인에 대한 차별과 같다고 말하는 것은 아니다. 미국의 민권법은 그 관심이 정확히 특정 집단을 향하고 있으며, 다른 집단에 대해서는 관심을 두지 않는다. 그러나 민권의 목표, 즉 무분별한 순응 요구에 구애받지 않고 자유롭게 인간 역량을 개발할 수 있어야 한다는 목표는 전통적인 민권 집단의 테두리에 국한되지 않는 확장된 목표다.

이 목표를 충족하기 위해 현 세대의 민권은 법을 훨씬 초월해 나아가야 한다. 법은 결정적인 방식으로 우리가 좀 더 인간답게 살도록 도울 수 있지만, 우리를 완전히 이해하지는 못한다. 이 사실을 애석하게 생각해서는 안 된다. 법이 우리를 그렇게 쉽게 포착할 수 있었다면 그것이야말로 걱정스러운 점이었을 것이다. 하지만 법이 인간의 모든 복잡성을 이해할 수 없다는 것은 문화가 이 일을 해야 한다는 의미다.

이 책은 새로운 민권에는 법과 문화적 행동 두 가지가 모두 필요하다고 주장한다. 나의 첫 번째 열정은 문학이었지만, "시는 아무 일도 실현시키지 못한다."[17]라고 생각해서 떠났다. 이제는 오든 (Wystan H. Auden)이 한 저 말이 반어적 의미라는 것을 알게 되었고,[18] 옛 믿음에 대해 다시 생각하는 내 모습을 본다. 법은 문학이 범접할 수 없는 냉혹한 강제력을 행사한다. 하지만 문학은 우리 안으로 스며들어, 법이 할 수 없는 방식으로 우리의 마음과 생각을 바꾸는 힘이 있다. 이 책은 두 가지 언어를 모두 사용한다. 법적 주장뿐 아니라 나를 포함해서 순응 요구에 맞서 싸운 사람들의 이야기 같은 문학적 서사에도 기대고 있다.

나는 이런 이야기를 하면서 무조건 동화에 반대하는 주장을 하려는 게 아니다. 그런 식의 주장은 경솔하다. 언어를 사용하고 폭력적 충동을 억제하고 법을 따르는 것이 모두 동화의 행위인 것처럼, 동화는 대개 문명화의 전제 조건 중 하나이기 때문이다. 그런 (동화) 행동을 통해서 우리는 좁은 삶에서 벗어나 보다 넓은 의식 세계로 진입한다. 그리고 역설적이게도, 개인으로서의 자기 자신을 더 다듬어 가기 위해서도 반드시 동화 행동을 해야 할 때가 많다. 이 책에서 내가 반대하는 것은 이유가 뒷받침되지 않는 강제적인 동화, 즉 그 자체가 근거가 되는 재귀적인 순응(reflexive conformity)이다. 동화를 요구할 만한 충분한 이유가 무엇인지에 대해서는 많은 논란이 있을 것이다. 이 책에서 나는 내 기준을 내세우기보다는 우리가 함께 이 문제를 이야기하자고 부추길 것이다. 그러나 용인할 수 없는 이유가 한 가지 있다. 바로, 어떤 집단이 다른 집단에 비해 가치가 없다고 생각하는 데에서 기인한, 특정 집단에 대한 단순한 반감이다. 예컨대 동성애자에게 이성애자의 규범에 맞추라는 요구나, 여성에게 남성의 규범에 맞추라는 요구, 소수 인종에게 백인의 규범에 맞추라는 요구 등이 그렇다.

나의 주장은 동성애자 권리에서 시작한다. 전환에 대한 요구, 패싱에 대한 요구, 커버링에 대한 요구로 이어지는 조금씩 약해지는 동화 요구에 맞서 싸우는 이야기로 동성애자 인권 운동의 역사를 다시 이야기한다. 이 역사는 미국이라는 용광로의 어두운 이면을 보여 주며, 동화를 조건으로 한 민권 패러다임은 무엇이든 고발한다.

그런 다음에는 동화에 대한 동성애자 진영의 비판이 인종적 소수자, 여성, 종교적 소수자, 장애인 등 모든 민권 집단과 밀접하게 연관되어 있음을 주장한다. 오늘날 미국은 평등을 해치는 방식으로 모든 외부자 집단에게 주류 규범으로의 동화를 체계적으로 강요하고 있다. 이 집단들은 강압적 커버링에 맞서 공동 전선을 펼쳐야 하며, 순응이 전제되지 않은 평등을 요구해야 한다.

마지막에는 이렇게 진정성을 추구하는 것이 보편적이라고 주장한다. 새로운 민권 패러다임이 집단 기반의 평등권에서 벗어나 보편적인 자유권으로, 법적 해결 방안에서 벗어나 사회적 해결 방안으로 나아가야 한다고 주장한다. 나는 이런 방식으로 민권의 개념을 구성하는 데 노력을 기울였다. 내 안에 있었을지도 모르는 여러 보이지 않는 자아를 설명하기 위해서는 많은 용기가 필요하고, 또 자주 용기가 부족하기 때문이다. 제대로 전달된다면, 동성애자의 이야기는 우리 모두의 드러난 자아에 대한 이야기가 될 것이다.

1부

동성애자 전환

동료에게서 책으로 가득 찬 집에 대한 이야기를 들은 적이 있다. 서재에 수만 권의 장서를 쌓아 둔 역사학자의 집이었다. 그가 이사를 하기로 결심하자, 토목 기사인 친구가 주의를 당부했다. 그 친구 말로는 너무 많은 책 때문에 집이 내려앉았고, 이제는 책들이 이 집의 구조를 지탱하는 상태라는 것이다. 위에서 아래를 향해 나선형으로 천천히 책을 제거하지 않으면 집이 붕괴될 위험이 있다고 경고했다.

이야기를 끝낸 동료가 내 눈이 휘둥그레진 것을 알아채고 그 역사학자에게 감정 이입이 되느냐고 물었다.

"아니." 나는 말했다. "그 집에 감정 이입을 하고 있지."

우리 삶에도 파묻혀 자리를 잡은 책들이 있다. 집과 기억의 책장에 늘어서 있는, 페이지의 모서리가 잔뜩 접히고 뒤틀린 책들이다. 어린 시절에는 새로 변한 남자와 녹아서 분수가 되어 버린 여자가 나오는 고대 신화에 관한 책들이 그랬다. 그 후 정식으로 문학 교육을 받기 시작했다. 셰익스피어, 밀턴, 블레이크를 배웠고 쇼나곤, 무라사키, 가와카미도 함께 읽었다. 로스쿨 시절에 나는 법이 가까이 오지 못하도록 이 책들을 다시 읽었다. 그 후 빌 루벤스타인의 판례집 같은 법학 분야의 책들을 발견했고, 그 책들은 내 내면을 찾아냈다. 루소는 『고백록(Confessions)』 첫 페이지에서 자신이 죽어 창조주를 만나러 갈 때 이 고백록을 들고 있을 것이라고 썼다.[1] 나는 어떤 책을 들고 있을지보다는 어떤 책이 나를 붙들지, 나를 지탱하게 하고 있을지를 더 많이 생각한다.

내 인생에서 중요한 책들은 대부분 나를 행복하게 만든다. 유일한 예외가 있다면 조너선 네드 캐츠(Jonathan Ned Katz)의 『미국 동성애자의 역사(Gay American History)』다. 동성애자 연구가 막 시작되어 아직 갈피를 잡지 못하던 1976년에 출판된 이 저작은 역사적 자료를 모은 700쪽짜리 책이었다. 빌의 판례집을 읽을 무렵인 2년차 로스쿨 학생이었을 때 이 책을 발견했다. 빌의 판례집은 읽고 또 읽었지만, 주홍색 표지로 된 캐츠의 책은 다시 펼치기 어려웠다.

"치료: 1884~1974"라는 제목이 붙은 장은 특히 힘겨웠다. 이 장에 실린 자료들은 동성애를 이성애로 전환하려 했던 여러 가지 시도를 설명한다. 그중에서도 몸에 칼을 대는 외과 수술과 관련된 설명이 가장 읽기 힘들었던 것 같다. 1894년 동성인 윌리엄 클리퍼드(William Clifford)에 대한 사랑을 극복하기 위해 자발적으로 거세를 한 가이 T. 옴스테드(Guy T. Olmstead)의 사례 연구도 포함되어 있었다.[2] 옴스테드는 이렇게 말했다. "수술 이후로 복부 아래서부터 음낭까지 날카롭고 욱신거리는 고통으로부터 해방된 날이 없었습니다."[3] 그럼에도 그는 수술이 성공적이라고 생각했다. "다른 남자를 봐도 전혀 애정을 느끼지 않았고, 이제는 클리퍼드를 향한 욕망에서도 무사히 벗어날 수 있으리라는 희망이 생기기 시작했습니다."

뇌엽 절리술 역시 이 장에 등장한다. 오늘날에도 전환 치료를 옹호하는 로버트 크로네마이어(Robert Kronemeyer)에 따르면 1950년대와 1960년대에 뇌엽 절리술이 '마구잡이로' 시행되었다고 한다.[4] 1941년에 집도된 수술에서는 뇌의 앞쪽 부분에 삽입된 바늘이 "안와판으로 내려와 정수리 꼭대기까지 휩쓸고 올라갔다."[5] 수술은 "신경 회로가 끊겼는지를 확실히 하기 위해 되풀이되었다."[6] 이 수술을 조사하던 의사들은 이 환자가 1945년 정신병 진단을 받았고, 1947년 실성해 버렸다는 사실을 발견한다.[7] 다른 개입 요소가 없었기에 의사들은 뇌엽 절리술이 실성을 유발했다고 결론지었다.

외과 메스 대신 전기 요법도 사용되었다. 1935년 미국정신의학협회(American Psychological Association)에서 있었던 한 발표는 "인체를 대상으로 보통 사용되는 강도보다 훨씬 더 높은 강도의" 전기 충격이 가해지지 않는 이상, 이 치료는 동성애자들을 전환시키지 못할 것이라고 경고했다.[8] 어느 환자는 1964년에 받았던 전기 충격 치료를 다음과 같이 묘사했다.[9]

당신은 잠옷 차림으로 침대에 눕혀집니다. 그다음부터는 아무것도 기억하지 못합니다. 그 사람들이 전기 충격을 가했기 때문입니다. 충격 그 자체가 당신이 직전에 겪은 일, 그 기억을 지워 버립니다. 나는 17번의 충격 치료를 받았습니다. 간호사에게 내가 몇 번이나 이 치료를 받았는지 물어볼 만큼은 의식이 있었어요. 간호사가 "찾아볼게요."라고 하더니, 17번이라고 알려 주었습니다.

(……) 치료가 끝난 후 다른 사람들이 충격 치료를 받는 소리를 들은 기억이 또렷이 납니다. 다른 사람의 소리를 듣게 해서는 절대로 안 된다고 생각합니다. 나는 옆 병동에 있었어요. 끔찍한 비명 소리가 들립니다. "아아악!" 단발의 큰 비명, 충격이 가해질 때마다 폐를 쥐어짜는 것처럼 아주 큰 소리가 났습니다. 수백 명이 충격 치료를 받는 소리처럼 들립니다. 그 일은 언제나 아침에 일어났습니다. 큰 단발의 비명이 한 번에 한 사람씩, 아침 내내 세 시간 동안 이어졌습니다.

나는 이 환자가 보여 준 저항의 한계에 놀랐다. 그가 '듣게 해서는 안 된다'고 생각했던 것은 충격 치료를 받는 다른 환자들의 소리였지 본인의 소리는 아니었다. 그에게는 자신의 비명보다 다른 사람들의 비명이 더욱 선명하게 들렸다.

좀 더 조심스러운 임상의들은 심리 치료만 사용했다. 최면 혐오 요법에 대해 설명하는 1963년 어느 논문에서는 의사들에게 게이 남성의 특질인 '세심함'을 활용해서 환자의 '혐오 반응'과 남성 신체 사이의 연상 작용을 형성하라고 알려 준다.[10] 1967년의 유사한 연구에는 다음과 같은 방법이 예시되어 있다.[11]

×와 함께 방에 있다고 상상하세요. 그 남자는 완전히 벌거벗고 있습니다. 가까이 다가가면 온몸이 염증과 상처로 뒤덮여 있고 진물 같은 것이 흘러내리는 게 보입니다. 몸에서 끔찍하고 더러운 악취가 납니다. 체취가 너무 심해서 역겨울 정도입니다. 당신은 목구멍에서 음식물이 올라오는 것을 느낄 수 있습니다. 참을 수가 없어서, 온 공간에, 바닥에, 당신 손과 옷에 구토를 해 버립니다. 구토 때문에 역겨움이 더해져서 온 사방에 계속 토합니다. 당신은 돌아서고 기분이 좀 나아지기 시작합니다. 방을 나가려고 시도하지만, 문은 잠겨 있는 것 같습니다. 냄새는 여전히 심하고, 당신은 절박하게 나가려고 합니다. 방문을 미친 듯이 걷어차서 열고, 산뜻하고 깨끗한 공기 속으로 달려 나갑니다. 좋은 냄새가 납니다. 당신은 집에 돌아가서 샤워를 합니다. 이제 너무나 깨끗합니다.

이것은 절개나 충격 요법이 아니라 언어일 뿐이지만, 첫 문장의 ×에 자신이 가장 사랑하는 사람을 대입하면 그 폭력성이 드러난다. 윤리적으로는 이러한 상상을 하지 말아야 할 이유들이 있지만, 이미지는 나의 마음속에 예상치 못하게 나타난다. 한 남자가 주전자에서 물을 따르고 있고, 마치 물, 손목, 세계가 존재하므로 이 상황이 존재하는 것처럼 보인다. 내 품에서 그가 자고 있을 때, 창문을 통해 들어온 평행 사변형의 달빛이 그의 등에 서린다. 이러한 이미지를 마음속에 떠올릴 때, 그 이미지가 구현하는 욕망이 혐오로 바뀌는 것은 분명 그림을 찢는 칼과 다름없는 폭력일 것이다.

이들 사례에서 너무나 가슴 아픈 부분은 많은 게이들이 '자발적으로' 전환 치료를 받았다는 점이다. 도입부에서 캐츠는 본인 스스로도 전환 치료를 시도했었다고 밝힌다.[12] "당시 나는 근본적으로 바뀌어야만 하는 것은 다름 아닌 사회며, 그런 사회에 결코 나를 맞추지 않겠다고 생각할 만큼 현명했지만, 그럼에도 '나'의 문제는 동성애에 있고 목표는 이성애로의 '치료'라고 스스로 분석하기 시작했다." 미국 역사에서 이성애는 인간다움의 조건 중 하나였다. 인간이라는 종에 소속되려는 갈망 때문에, 따지기 좋아하는 급진주의자들마저도 동성애자로서의 자아를 죽이려고 했다.

영원히 책장을 덮어 버리고 싶은 책들이 있다. 그러나 나는 동화주의에 맞선 동성애자들의 분투를 연구하기 시작하면서 캐츠의 책을 비롯한 유사한 책들을 다시 찾게 되었다. 나는 동성애자 인권 운동이 얼마나 성공적으로 전환 요구를 퇴출시켰는지를 이해하고 싶었다. 그러나 동시에 전환 요구가 완전하게 퇴출되지는 않았다는 내 직감을 이해해야 했다.

전환 요구의 변화와 지속을 이야기하기 위해 나는 정신 분석학적인 전환 치료에 초점을 맞춘다. 티모시 머피(Timothy Murphy)가 말했듯이, "그간 생겨났던 거의 모든 성적 지향 치료는 대개 그 창시자들과 함께 역사 속으로 사라졌고" 다만 "정신 분석학은 이 쇠퇴의 법칙을 거스르는 유일한 예외가 되었다."[13] 가장 강인한 잡초가 그 정원의 역사를 가르쳐 주는 법이다.

어떤 역사의 시작점을 안다는 건 통상 어려운 일이지만 여기에서는 합의를 통해 이 문제가 해결된다. 정신 분석학적 전환 치료의 옹호자와 반대자 모두 이것의 역사가 프로이트에서부터 시작한다는 점에 합의한다.[14] 합의는 여기까지다. 양측 모두가 프로이트를 자기네들의 대변자로 내세웠기 때문이다. 나는 전환에 대한 프로이트의 입장이 복합적이라고 보았고, 이 부분을 분류하기 위해 프로이트의 『표준판 전집(Standard Edition)』을 다시 읽었다.

동성애자 전환이 던지는 근본적인 질문은 동성애가 선천적인가 후천적인가 하는 것이다. 프로이트의 대답은 분명했다.[15] 그는 모든 인간은 양성애자라고 생각했다. 이 선천적 양성애성은 동성애가 (그리고 이성애 역시) 생물학적이라기보다는 문화적으로 결정된다는 의미였다.

동성애가 문화적 요인 때문에 생긴다는 믿음은 전환이 가능하다는 희망을 낳곤 한다.[16] 오늘날의 전환 치료사들이 말하듯이 "배우게 한 것은 잊게 할 수도 있다." 프로이트는 이 정도로 낙관적이지는 않았다. 1935년 어느 미국인 어머니에게 보낸 유명한 서신에서, 프로이트는 이렇게 말했다.[17]

(당신의 아들을) 도울 수 있냐고 물으셨는데, 동성애를 없애고 정상적인 이성애가 생기게 할 수 있냐는 의미인 것 같습니다. 일반적인 답

을 드리자면, 그렇게 할 수 있다고 장담하진 못합니다. 동성애자가 가진 이성애적 경향의 씨앗이 이미 퇴화한 상태에서 그것을 발아하게 만드는 것은 일정 정도 성공한 사례가 있습니다만, 대부분 가능하지 않습니다.

『여성 동성애 사례에서의 심리 기원(the Psychogenesis of a Case of Homosexuality in a Woman)』에서 프로이트는 이렇게 설명했다.[18] "일반적으로, 발달이 끝난 동성애자를 이성애자로 전환시키는 것은 그 반대의 경우에 비해 그다지 성공적이지 않다."

또한 프로이트는 설사 동성애자들이 '전환될 수 있다'고 하더라도 '전환되어야 하는가'에 대해서는 의문스러워했다. 미국인 어머니에게 보낸 위 서신에서 그는 이렇게 썼다.[19] "동성애적 성향은 분명 이득이 될 것은 없지만 그렇다고 부끄러워할 것도 아닙니다. 사악한 행위도 아니고, 타락한 행위도 아니며, 질병으로 분류될 수도 없습니다." 한 신문 인터뷰에서는 더욱 직설적으로 말했다.[20] "동성애자들은 병든 것이 아닙니다."

하지만 프로이트는 동성애자들이 전환 가능한 경우가 있다는 믿음을 끝내 버리지 않았고, 동성애가 성애적 미성숙함의 한 형태라는 믿음도 버리지 않았다. 동성애에 대한 관용으로 자주 인용되는 1935년 편지에서도 프로이트는 동성애가 "성적 발달에서의 특정한 지체로 인해 발생한다."라고 설명한다.[21] 더 불편한 것은, 프로이트가 다른 저술에서 동성애가 반드시 동성애적 행위로 표현될 필

요가 없으며, 그보다는 더욱 '사회적인' 목적을 지향해야 한다고 언급한 점이다.[22]

견해의 모호성에도 불구하고, 프로이트가 어둠의 진군에 맞서 지팡이를 치켜든 위대한 선구자임을 부인하기는 어렵다. 이는 나 혼자만 갖고 있는 애정이 아니었다. 심리학자 케네스 루이스(Kenneth Lewes)가 쓴 동성애에 대한 정신 분석학적 접근 방식의 역사를 보면, 동시대 연구자들이 프로이트가 살아 있는 동안에는 그의 모델을 전적으로 받아들였지만 프로이트의 사후 얼마 지나지 않아 그의 연구를 악의적인 형태로 주조하기 시작했다고 지적한다. 동성애에 관한 한, 정신 분석은 1939년을 기점으로 "프로이트와 그 동료들이 함께했던 인간적이고 세계주의적인 연구 체계에서 엄격하고 완고한 가치와 판단의 체계로 옮겨 갔다."[23] 새로운 세대의 치료사들인 어빙 비버(Irving Bieber), 앨버트 엘리스(Albert Ellis), 산도르 라도(Sandor Rado), 찰스 소카리데스(Charles Socarides)는 프로이트의 전제 하나하나를 문제 삼았다.[24]

프로이트가 사망한 이듬해, 라도는 오이디푸스의 반항처럼 본래 개념의 창시자에게 반대하는 강의를 했다.[25] 그 강의에서 라도는 모든 인간은 기본적으로 양성애자라는 프로이트의 생각을 비난했다. 인간에게 이성애가 선천적인 것이라고 주장하면서 그가 제시한 증거는, 남성의 오르가즘이 가장 쾌락적이면서 가장 번식적인 성적 행동이라는 것이다.[26]

라도의 견해에 따르면 선천적 이성애에서 동성애가 나타나는 것은 잘못된 양육 때문이다. 라도는 부모가 성에 대해 적대적인 관점을 표현할 때 딸은 남성의 페니스를 "파괴적인 무기"로, 아들은 여성의 질을 거세의 상징으로 두려워하게 될 수 있다고 믿었다.[27] 다른 전환 치료사들이 이 논지를 확장해 나갔다. (……) 비버는 남성 동성애가 친밀한 어머니와 소원한 아버지로 인해 생긴다는 유명한 모델을 세웠다.[28] (비버의 모델은 아마도 특정 문화에만 적용될 것이다. 그렇지 않으면 내가 아는 일본 남자들은 사실상 전부 게이일 것이다.) 소카리데스는 여성 동성애는 악한 어머니와 자식을 거부하는 아버지가 원인이라고 덧붙였다.[29]

또한 이 치료사들은 전환 치료가 효과적이지 않다는 프로이트의 견해를 받아들이지 않았다. 1950년대, 뉴욕의료정신분석학자협회(New York Society of Medical Psychoanalysts)는 게이 남성의 전환 치료에 대해 가장 체계적인 연구를 수행했다.[30] 이 연구는 1962년 비버를 제1저자로 하여 출판되었으며 "전환 동기가 강력한 동성애자들은 모두 이성애자로 전환될 가능성이 있다."라고 당당하게 결론 내렸다.[31] 이러한 전형적인 전략을 통해, 이 연구는 실패를 환자의 동기 부족 탓으로 돌리며 전환 치료를 옹호했다. 그러나 이러한 조건부 결론도 잘 입증되지 않았다. 이 연구에서 게이 남성 72명 가운데 19퍼센트는 이성애로, 19퍼센트는 양성애로 전환되었고, 57퍼센트는 그대로였다.[32] 이들 57퍼센트에게 "강력한 전환의 동기"가 없었다면 왜 스스로 '전환' 치료를 받았겠는가? 이러한 결함에도 불구하고, 비버의 연구는 전환의 성공 가능성에 대한 연구 가운데 여전히 가장 많이 인용되는 것 중 하나다.

마지막으로, 이 네 명의 전환 치료사들은 동성애를 하나의 정신 질환으로 가정했다.[33] 라도는 동성애를 "결핍적 적응"의 일종이라고 단언했다. 엘리스와 비버는 동성애를 "정신병적" 또는 "정신병리학적"이라고 표현했다.[34] 결정적으로 미국정신의학회(American Psychiatric Association)는 1952년 정신 질환 분류에서 이 견해를 채택했다. 『정신 질환 진단 및 통계 편람(DSM)』 제1판은 동성애를 '정신 병리'로 분류했다.[35]

이 전환 치료사들이 1940년대에서 1960년대까지 전환 치료의 '대호황 시대'를 이끌었고, 이 기간 동안 동성애자들은 대거 치료에 뛰어들었다.[36] 게이 역사가인 마틴 듀버먼(Martin Duberman)은 회고록 『치료(Cures)』에서 이 기간 동안 세 명의 전환 치료사를 찾아갔던 일을 떠올린다.[37] 캐츠처럼 듀버먼도 "동성애자를 기능 장애와 신경증으로 한데 묶인 동질적인 집단으로 보는 정신 의학의 지배적 관점"을 스스로가 얼마나 내재화했는지를 묘사한다.[38] 그는 전환을 "행복한 삶을 위한 유일한 희망"이라고 생각했다.

다른 학자들은 반대 목소리를 냈다. 곤충학자였다가 성 과학자가 된 앨프리드 킨제이(Alfred Kinsey)는 『인간 남성의 성 정체성에 대한 연구』(1948)와 『인간 여성의 성 정체성에 대한 연구』(1953)를 출간하여 동성애적 행동이 흔히 생각하는 것보다 훨씬 광범위하다는 것을 보여 주었다.[39] 킨제이의 연구는 동성애의 비정상성에 대해 무언의 질문을 던졌다. 수백만 명의 미국인들이 하는 어떤 행동이 그렇게 극악무도한 것일 수 있나? 심리학자 에벌린 후커(Evelyn Hooker)는 성격 전문가들이 동성애자와 이성애자를 구분하지 못한다는 연구 결과를 제시하며, 동성애 병리화를 정면으로 반박했다.[40] (후커의 임상적인 "게이더(gaydar)" 테스트는 "게이? 유로트래시?"라는 인터넷 게임에 살아 있다.[41] 여기서 게임 참가자는 동성애자와 유럽 어번 힙스터를 구분하라는 불가능한 과제를 부여받는다.) 정신 의학과 교수 토머스 사스(Thomas Szasz)는 가장 급진적인 주장을 펼쳤다. 그는 동성애 병리화가 정신 의학자들의 노골적인 세력 다툼, 즉 의료계가 교회로부터 권력을 탈취하기 위한 시도였다고 주장했다.[42]

이후 1969년 스톤월 항쟁은 여러 갈래의 움직임을 하나로 모아 전환 치료에 대한 공동의 문제 제기를 가능케 했다. 활동가 델 마틴(Del Martin)이 만든 프레임처럼 "오늘날 사회에서 동성애자들의 가장 위험한 적은 정신 의학이다."라는 인식이 커지면서 동성애자들은 DSM에서 동성애를 삭제하라고 주장하기 시작했다.[43] 환자들은 인내심을 잃었고 스스로를 진단하게 되었다.

반(反)정신 의학적 입장은 거대한 변화로 이어졌다. 그때까지 치료사들과 동성애자들은 표면상 같은 편이었다. 법이나 종교와 달리, 의학은 동성애자들을 비난하고 추방하기보다는 전환을 통해 사회로 동화시키고자 했다. 1894년에 거세했던 가이 옴스테드는 "이 괴물 앞에 선 내 무력함을 이해해 주고 알아주는 것은 오직 의사들뿐이다."라고 단언했다.[44] 전환 치료사들 역시 자신들을 환자들의 자상한 옹호자라고 확신했다.

그러나 스톤월 항쟁 즈음에는 대다수의 전환 치료사들과 동성애자 활동가들이 서로 반대 입장에 섰다. 동성애자들은 이성애자로 전환되기보다는 정신 의학자들에게 관점을 바꾸라고 요구했다.[45] 공공 보건 교수 로널드 베이어(Ronald Bayer)가 상세히 설명하듯이, 1970년 이후의 미국정신의학협회 총회는 매회 계속해서 친동성애적 성격을 띠었다.[46] 1970년 총회에서 한 정신 의학자가 혐오 치료법에 대해 발표할 때 동성애자 활동가들은 "당신, 전문의 실습을 어디서 했어, 아우슈비츠?"라고 소리치며 프레젠테이션을 방해했다.[47] 발언 순서를 기다리라는 요청을 받으면 활동가들은 이렇게 응수했다. "우리는 5000년 동안 기다렸어!" 총회장은 아수라장이 되었다. 미국정신의학협회는 이러한 폭발을 미연에 방지하기 위해 다음 해 프로그램에서는 동성애자 활동가들에게 자리를 배정했다. 그리고 1년 뒤에, 한 게이 정신 의학자가 최초로 '공개적으로' 발언했다.[48] 비록 마스크와 망토를 두르고 익명으로 '아무개 박사 (Dr. Anonymous)'라고만 밝혔지만 말이다. 1973년에는 마침내 로널드 골드(Ronald Gold)를 포함한 동성애자 활동가들과 소카리데스와 비버 등의 전환 치료사들이 설전을 시작했다. "그만하시죠."[49] 골드가 치료사들에게 말했다. "정말 역겹네요."

DSM 분류에 대한 문제 제기를 통해 동성애의 타당성을 주장한 것도 중요한 사건이다. 활동가들은 동성애자들이 전환 '가능성'이 없다고 주장하는 대신, 전환 '필요성'이 없다고 주장했다. "검은 것이 아름답다."*를 참고하여, 활동가들은 "게이는 좋은 것이다.(gay is good.)"라는 슬로건을 만들어 냈다.[50] 이러한 활동가들의 노고에 기존 정신 의학계 내의 연대가 가세하면서 1973년 12월 15일 DSM 에서 동성애를 삭제하는 성과를 거두었다.[51]

법은 훨씬 느렸다. 1952년 의회 입법에 따라 이민국이 "정신 병질에 시달리는" 사람은 미국 입국에서 제외시키도록 했다.[52] 당시 누구나 이 범주가 동성애자를 포함하는 것으로 받아들였다. 1973년 미국정신의학협회가 동성애를 탈병리화할 때, 미국정신 의학협회 회장은 이민국에게 동성애를 이유로 한 배제를 중단하라고 촉구했다.[53] 이민국은 이를 거부했다. DSM 삭제 후 17년이 지난 1990년에야 이민국은 동성애자를 정신 질환자에서 빼라는 압력에 굴복했다.[54]

오늘날 전환 치료는 점차 사라지고 있다. 미국정신의학협회 나 미국심리학회와 같은 주요 정신 건강 협회들은 전환 치료에 대한 지지를 철회했다.[55] 전환 치료사들은 사면초가에 빠진 처지를 한탄하며, 미국인들이 동성애를 받아들이도록 '세뇌'되었다고 주장한다.[56] 동성애자를 전환시키는 일은 엑소더스 인터내셔널(Exodus International)과 퀘스트(Quest) 같은 종교 단체에게로 넘어갔다.[57] 다만 이 두 집단도 나름의 고충을 겪고 있다. "전 동성애자(ex-gay)"였던 두 단체의 리더들이 차례로 다시 "동성애자(ex-ex-gay)"가 되어 나

★   1950년대 흑인 민권 운동의 슬로건.

68

타났기 때문이다.[58]

세상은 바뀌고 있다. 내가 듣는 이야기도 바뀌고 있다. 한 동료는 자신의 게이 친구가 청소년 시절 부모님 손에 정신 병원으로 끌려갔던 이야기를 해 주었다. 그 친구는 차의 앞 유리를 부숴 버릴 정도로 격렬하게 저항했지만, 부모는 그 친구를 정신과 의사에게 말 그대로 질질 끌고 갔다. 정신과 의사는 부모에게 아들보다는 부모가 입원해야 할 것 같다고 침착하게 말했다. 그리고 집으로 돌아가라고 했다. 나는 그 게이 청소년이 앞 유리가 부서진 차를 타고 집으로 돌아가는 길을 상상해 본다. 그 앞 유리는 금이 간 천국의 돔이자 자신의 세계를 열어젖힌 뚜껑이었을 것이다.

데이비드라는 친구는 열아홉 살에 커밍아웃을 하자 부모님이 자신을 가족 목사에게 데리고 갔던 이야기를 해 주었다. 데이비드를 평생 보아 온 그 목사에게 데이비드의 부모는 자신들의 당혹감과 사랑, 혼란을 상세히 고했다. 그리고 무엇보다 어떤 대가를 치르더라도 데이비드가 전환되어야 한다고 간청하였다. 목사는 조용히 듣고 있었다. 데이비드는 은박지를 씹었을 때의 찌릿함 같은 공포를 안고 시무룩하게 판결을 기다렸다. "제게는 아들이 세 명 있어요." 목사는 마침내 입을 뗐다. "제 소망은 셋 모두 데이비드처럼 잘 자라는 것입니다. 그러니 데이비드가 변하기를 원한다면, 미안하지만 저는 당신 편이 아닙니다." 이제는 30대 후반의 사회 복지사인 데이비드에게 어떻게 부모님이 동성애자 권리를 위해 그렇게 열심히 활동하는지 묻자, 데이비드가 해 준 이야기였다. 그는 부모님의 '전환'이 이 대화에서부터 시작되었다고 믿었다.

동성애자의 전환을 공식적으로 요구하는 목소리는 미국 문화에서 영향력을 잃어 가고 있다. 사회적 규제의 세 가지 동력인 법, 의료, 종교가 모두 이 요구를 퇴출시키기 시작했다. 그렇다면 나는 전환의 현대적 흔적을 어디서 보게 됐을까?

———

나는 내 과거에서 동성애자 전환 요구의 흔적을 본다. 옥스퍼드에서 첫 학기를 마친 후에 나는 정신과 의사와 상담을 시작했다. 백발과 안경 때문에 팝콘 광고에 나오는 오르빌 레던배커(Orville Redenbacher)처럼 보여서, 나는 마음속으로 그를 오르빌이라고 불렀다. 오르빌의 자택 사무실을 보면 그가 화초 가꾸는 일에 얼마나 공을 들이는지 알 수 있었다. 온갖 곳에 꽃이 살고 있었다. 히아신스, 시클라멘, 난초, 모든 곳에 보라색 입술 모양 또는 깃털 같은 앙증맞은 난초 줄기가 아치형을 그리고 있었다. 나는 처음 보는 순간부터 그 난초들이 싫었다. 너무나 노골적으로 성을 상징하기 때문이었다. 또 난초들이 빛을 향해 노출하는 모습 때문이기도 했다. 그때 내 상태가 그다지 좋지 않았음은 인정한다.

오르빌에게 나를 전환시켜 달라고 말한 적은 한 번도 없지만, 내가 은밀하게 찾고 있었던 것은 사실 전환 치료였다. 내게 있어 우울과 동성애는 떼어 놓고 생각할 수 없을 만큼 끔찍하게 엮여 있었다. 나는 "이것 좀 어떻게 해 주세요."라고 말하면서도 그것이 구체적으로 무엇인지는 입에 올릴 수 없었다.

이 두 가지 상태를 서로 떼어 놓으려는 오르빌의 여러 시도를 모두 기억하지는 못한다. 나는 그 상담실에서 난초들이 야성적이고도 섬세한 색의 꽃봉오리를 펴고, 얇아졌다 떨어지고 다시 생겨나는 것을 보면서 시간이 흐르는 것을 느꼈다. 지금은 내 마음속 스크린에서 그가 말하고, 듣고, 손을 내미는 것을 떠올린다. 하지만 그 말을 알아들을 수는 없다. 나의 닫힌 마음을 열기 위해 모든 비밀번호를 눌러 보는 열쇠공 같은 그의 인내심에 감탄할 뿐이다.

때가 되었을 때, 딸깍 하고 따는 것은 간단했다. 그 상담 시간에 난초는 거미 다리처럼 가느다랬고, 갈색 점으로 얼룩덜룩한 노란색이었고, 희미하게 초콜릿 향이 났다. 오르빌이 나에게 성적 판타지를 묘사해 보라고 했을 때 나는 그 여러 개의 난초목을 응시했다. 초침 소리가 울리는 그 방에서 추상적이고 지적이며 아름다운 말로 방향을 틀어 방어벽을 치는 버릇이 나오지 않도록 스스로를 다그치면서 말을 시작하려고 했다. 하지만 할 수가 없었다. "못하겠어요." 나는 말했다. "변태적이에요."

"성적 판타지는 변태적인 게 아니에요." 오르빌은 부드럽게 말했다. "좌절된 거죠."

사람들이 말하는 수많은 것들 중에서 어떻게 하나만, 희미한 기억 속에서 선명히 떠오르는지 신기하다. 나는 이를 염두에 두고 강의해 왔다. 즉 다르게 설명해 보고, 또 다르게 설명해 보는 것이다. 학생들에게 무엇이 와닿을지는 모른다. '변태적(perverted)'이라는 말과 '좌절된(thwarted)'이라는 단어는 왜 내게 와닿았을까? vert와 wart로 서로 대비되어 들리는 게 마음에 들었나? 이 둘이 어떻게 다른지 생각해야 했던 게 좋았나? 잘 모르겠다. 하지만 나는 이 두 단어 안에서 내가 들어야 하는 것을 들었다. 나는 내 욕망이 변태적인 것이 아님을, 단지 막혀 버린 것임을 들었다. 내가 아프다는 것 그리고 게이라는 것을 들었고, 이 두 가지가 같지 않다는 것을 들었다.

오르빌이 나의 우울증을 없애 주지는 못했다. 하지만 그는 내가 여전히 전환이라는 환상에 시달리고 있다는 것을 보여 주었다. 이 환상을 떨쳐 버리기 위해 이야기를 해야 했다. 심지어 그때조차도, 나는 운이 좋다고 느꼈다. 몇십 년 전만 해도 정신과 의사들은 전환이라는 환상에 저항하도록 돕는 대신 그 환상을 부채질했을 것이다.

이후의 상담 시간에는 1992년 이 시점에도 왜 여전히 전환에 대한 환상이 존재하는지에 관해 이야기했다. 나는 대다수의 사람들이 더 이상 동성애를 정신 질환으로 여기지 않는다는 것을 알았다. 나는 왜 내가 동성애를 자연스러운 인간의 다양함으로, 염색체 X보다는 염색체 Y를 더 선호하는 것이라고 받아들이지 못했는지 몹시 궁금했다. 전환에 대한 요구는 더욱 분산되었지만, 어떤 면에서는 바로 그 이유 때문에 맞서 싸우기가 더욱 힘들어졌다는 것을 알게 되었다. 그것은 헤엄치는 나를 에워싼 액체였다. 물고기가 땅 위를 느릿느릿 걷는 것을 상상하는 것보다 내가 이성애 밖에서 살아가는 것을 상상하는 것이 더 어려웠다.

내가 두루 커밍아웃을 한 이후에야 이 압박이 완화되었다. 돌이킬 수 없이 게이가 되고 나니, 내 영혼의 싸움은 막을 내렸다. 천사와 악마가 모두 다른 사냥감을 찾아 떠났다. 나는 성 정체성이 모호하거나 미형성된 것으로 보이는 집단에게 전환 요구가 가장 공격적으로 가해진다는 것을 깨달았다.

현시대의 전환 요구를 찾아보기 시작하면서 나는 성 정체성이 형성되지 않은 전형적인 집단, 다시 말해 청소년을 살펴보았다. 직감한 대로였다. 성 정체성이 모호한 청소년들은 이성애로 전환되어야 한다고 주장하는 노골적인 요구가 존재하고 있었다. 현재 적어도 8개 주가 학교에서 교사들이 동성애를 '조장'하지 못하도록 하는 "동성애조장금지(no-promo-homo)" 법령을 가지고 있었다.[59] 이법령에 따라 동성애에 관한 어떠한 언급도 금지할 수 있다. 또 동성애 친화적 수업을 금지할 수 있고, 심지어는 반동성애적 수업을 요구할 수도 있다.

몇몇 주에서는 청소년에 대한 동성애조장금지법과 성인을 보호하는 동성애자 권리법이 공존한다.[60] 이러한 법적인 긴장은 문화 전반의 긴장을 반영한다. 심리학 교수 패툴로(E. L. Pattullo)는 이렇게 말한다.[61] "동성애자로 정체화한 사람을 존중하는 것은 당연히 교양인에게 요구되는 태도다. 하지만 성 정체성을 탐색하는 청소년이 자칫 자신들이 정체화해 가고 있는 성적 지향에 대해 사회가 무관심하다고 생각하지 않도록 주의해야 한다는 것도 당연히 합당한 주장이다.”

이 문구를 읽으며, 나는 성인 동성애자를 “당연히” 보호하면서 동시에 ‘당연히’ 아이들이 동성애자가 되지 않도록 보호해야 한다는 패툴로의 이중적 확신 앞에서 계속 걸려 넘어졌다. 이는 동성애를 질병으로 보는 패러다임의 지속적인 생명력을 보여 준다. 왜냐하면 이것이 바로 우리가 질병이 있는 사람들에 대해 이야기할 때의 방식이기 때문이다. HIV 감염인들은 ‘당연히’ 차별로부터 보호되어야 하지만 ‘당연히’ 그 상태를 퍼뜨려서는 안 된다는 주장처럼 말이다. 질병이라면 이러한 입장이 말이 된다. 하지만 우리는 30년 전에 동성애가 병이라는 관념에서 벗어나지 않았던가?

분명 그렇지 않다. 동성애가 말 그대로 병(정신 질환)이라는 관념은 희미해졌을지 몰라도 그것이 은유적인 병(꺼림칙하고 전염성 강한 상태)이라는 관념은 남아 있다. 반동성애 심리학자들은 ‘동성애 전염 모델’에 이 관념을 명시적으로 덧씌워 왔다.[62] 이 모델에 따르면 “동성애는 동성애자와의 성적인 접촉을 통해 배우거나 걸린다.”

동성애를 전염되는 것으로 본 가장 악명 높은 법적 평가는 연방 대법원의 한 대법관에 의해 내려졌다. DSM 삭제 후 5년이 지난 1978년, 윌리엄 렌퀴스트(William Rehnquist) 대법관은 동성애자 단체는 동성애를 퍼뜨리기 때문에 이 단체에 수정 헌법 제1항 결사의 권리를 인정할 필요가 없다는 한 공립 대학의 주장에 손을 들어 주었다.[63] 렌퀴스트는 대학의 입장에서, 이 문제가 “홍역 환자들이 격리 규정을 어기면서 홍역 환자가 아닌 이들과 연대하여 홍역 환자들을 격리시키는 주법 폐지를 촉구하기 위해 집회를 할 헌법적 권리를 가지고 있느냐의 여부와 비슷하다."라고 보았다. 동성애자들은 의제를 제기하기 위해 다른 사람들과 집회를 할 수 있는 시민이 아니었다. 동성애자들은 닿기만 하면 모든 사람을 감염시키는 '나환자'였다.

은유적인 전염 모델은 동성애자들이 그 상태를 다른 이들에게 퍼뜨릴 것이라는 동성애에 대한 근본적인 두려움을 정신 질환 모델보다 잘 포착한다. 정신 질환 모델에서 '잘못된 양육'을 통해 동성애를 퍼뜨리는 것은 이성애자이다. 전염 모델에서는 동성애자가 성정체성 미형성자를 감염시킴으로써 동성애를 퍼뜨린다. 동성애를 이렇듯 침범적 행위로 묘사하는 것은 동성애조장금지 조치를 방어적인 것으로 만들어 적법화한다.

이러한 전략은 동성애조장금지법의 침략성을 모호하게 가려준다. '국방부(Department of Defense)'라고 개명하는 바람에 그 부처가 전쟁을 일으키는 능력이 있다는 점을 가리는 것과 마찬가지다. 만약 청소년들이 진짜로 혼란스러워하고 있다면, 동성애조장금지법은 (단순한 부작위가 아니라) 청소년들을 이성애로 전환시키기 위한 시도나 다름없다. 무엇보다 이러한 법들이 전염 모델에 기초한다는 점에서, 동성애를 일종의 병으로 형상화하는 것을 주 당국의 권위로 뒷받침하는 것이다.

잠시 숨을 고르고, 이 말을 분명하게 하고 싶다. 혼란스러워하는 청소년이 최종적으로 정체화한 성적 지향이 주와 사회의 무관심 때문이라고 치부하는 한, 동성애자는 완전한 평등에 다가가지 못할 것이다. 동성애자의 평등을 추구하지만 동성애조장금지 조치를 지지하는 이들에게 이렇게 물어야 한다. 동성애자를 동등하게 대우하는 동시에 질병에 걸린 것으로 대우하는 것이 어떻게 양립할 수 있는가?

———

전류 전환이나 통화 전환처럼 '전환'은 일상적으로 사용되는 말이다. 하지만 인간에게 적용될 때는 보다 무거운 의미를 전달한다. 이것은 개종처럼 마음 깊은 곳에서부터의 영적인 변화이자, 다마스쿠스로 가는 길*에서 일어나는 무언가이다. 내게 있어 누가 전환할 것인지, 누가 급격히 변할 것인지의 문제는 항상 민권의 근원적 질문이었다. 누가 변할 것인가? 게이 아들인가, 이성애자 부모인가? 동성애자인가, 동성애 혐오자인가? 이러한 변화를 생각하는 것만으로도 우리는 바뀔 수 있다.

초기 동성애자 활동가들은 오늘날의 우리 대다수보다 현명하게 이러한 질문들과 씨름했다. 자신들을 전환시키고자 하는 사회와

* 성경에 따르면, 본래 예수를 따르던 자들을 박해하던 사울은 다마스쿠스로 가는 길에서 빛으로 현신한 예수를 만나 회심한다.

맞서면서, 게이는 좋은 것이라는 간단한 대답을 했다. 최근에 나는 '좋음'이 아니라 '불변함'에 근거하여 동성애를 방어하는 걱정스러운 경향을 목도하고 있다. 다른 이들처럼 나 역시 이러한 불변성 주장이 어째서 솔깃한지는 이해하지만, 이는 조심스레 다루어져야 할 주장이라고 생각한다.

불변성 주장의 초기 형태는 동성애의 생물학적 기원을 찾는 것이었다. 1990년대에 많은 연구들이 동성애를 신체 내부, 즉 두뇌 안, X 염색체 안, 지문의 진피능선 안에 위치시키고자 했다.[64] 일란성 쌍둥이는 다른 형제자매보다 같은 성적 지향을 가질 가능성이 높다고 주장한 연구도 있다.[65] 이러한 연구들은 대개 동성애 유전자의 존재를 상정했다.

이 모든 연구에 대해 반론이 제기되었다. 신경 해부학자 사이먼 르베이(Simon LeVay)는 뇌 연구를 통해 게이 남성은 여자와 마찬가지로 이성애자 남자보다 시상 하부가 작다고 주장했다.[66] 나는 이 연구가 설정한 가설부터 마음에 들지 않았다. 이 주장은 게이 남성은 남자 몸에 갇힌 여자라는 역사 속 고정 관념과 너무나 비슷해 보였다.[67] 이제 갇힌 곳은 여자의 뇌가 되었다. 이 연구를 읽으면서, 나는 르베이의 '게이' 해부용 시체가 모두 에이즈 관련 합병증으로 사망한 사람들이라는 것을 발견했다. 여기서 나는 읽기를 멈추었다. 이 연구는 동성애가 아니라 HIV가 시상 하부를 작게 만들었을 가능성을 포함하여 여러 가지 이유로 부적격한 연구였다.[68]

퀴어 이론가 마이클 워너(Michael Warner)는 심리학 교수인 J.

마이클 베일리(J. Michael Bailey)와 정신 의학 교수인 리처드 필라드 (Richard Pillard)의 쌍둥이 연구를 조롱한 바 있다.[69] 이 연구는 만약 일란성 쌍둥이 중 한 명이 동성애자라면 다른 한 명도 동성애자일 가능성이 뚜렷이 높다는 것을 발견한 후 동성애의 유전적 근거를 주장했다. 쌍둥이가 따로 양육되었어도 그렇다는 점이 연구의 주요 논거 중 하나였다. 그러나 워너는 따로 양육된 쌍둥이 한 쌍은 게이 일 뿐만 아니라 건설 노동자의 사진으로 마스터베이션을 하는 취향 조차 공유했다는 것을 관찰했다. 워너는 이렇게 물었다. 그렇다면 건설 노동자의 사진으로 마스터베이션을 하는 유전자가 있다는 의 미인가요?[70]

설령 이 연구들이 완벽하게 실행되었다고 하더라도, 여전히 동 성애에 대한 어설픈 방어일 것이다. 이러한 연구들은 문화적 특질 은 변할 수 있는 반면 생물학적 특질은 절대 변하지 않는다고 가정 하는 것 같다. 하지만 문학 평론가 이브 세즈윅(Eve Sedgwick)의 말 처럼 이러한 세간의 통념은 농간에 가까울 수 있다.[71] 과학 기술의 발전과 함께 인간의 유전적 특질은 문화적 특질보다 쉽게 조작할 수도 있다. 조너선 톨린스(Jonathan Tolins)의 희곡 「황금의 황혼(The Twilight of the Golds)」에서 그려졌듯이 동성애 유전자를 찾는다면 이를 가진 태아를 선별해 내는 것도 금방이다.[72] 만약 동성애자들 이 동성애의 타당성을 확보하는 문화적 작업을 완수하기 전에 과학 자들이 동성애 유전자를 찾아낸다면, 동성애자들은 오늘날보다 더 한 위험에 처할 것이다.

다른 이들은 문화적 속성 역시 불변할 수 있다고 보면서 불변성에 대한 보다 미묘한 주장을 한다.[73] 그러나 불변성 논리가 정교화될수록 나는 이것이 돌이킬 수 없는 오류라는 확신이 든다.[74] 이 논리에는 결점이 있는데, 일종의 암묵적인 변명이라는 점 때문이다. 불변성 논리는 "나는 변하지 않을 거야." 대신에 "나는 변할 수 없어."라고 말함으로써 전환 요구에 저항한다. 동성애자에 대한 전기 충격 치료는 효과가 없기 때문에 잘못되었다고 말한다. 하지만 이러한 치료는 효과가 있다고 해도 잘못된 것이다. 또한 불변성 논리는 이성애만 해도 되는 양성애자가 동성 욕망을 표현하는 것을 설명하지 못한다.

물론 논리적 차원에서 불변성 논리와 타당성 논리는 공존할 수 있다. 그러나 현실적인 차원에서 이 두 항변은 수사적 논증으로서 서로를 무효화 하는 경향이 있다. 만약 어떤 정체성이 변할 수 없다면, 이것이 타당한지 여부를 따지기 어려울 것이다. 왜냐하면 대안이 없기 때문이다. 하지만 반대 역시 사실이라면, 즉 어떤 정체성이 타당하다면, 사람들은 이 정체성이 불변적인지 여부를 따지지 않을 것이다. 문학 교수 레오 베르사니(Leo Bersani)는 이렇게 말한다. "우리가 잘못된 길에 와 있다는 가정이 없다면, '어떻게 이곳에 오게 되었는지'라는 질문 자체를 도처에서 받을 일도 없었을 것이다."[75]

동화주의에 대한 동성애자 진영의 비판은 여기서 시작한다. 전환은 동화에 대한 극단적인 요구다. 패싱이나 커버링이 상대적으로 기저에 있는 정체성을 그대로 두는 반면에, 전환은 이 정체성을 파괴한다. 누군가가 전환을 요구할 때, 선택 가능한 두 가지 거절 방법이 있고 이들 간의 차이는 어마어마하다. 우리는 어느 것을 택할 것인가? 변할 수 없다고 말할 것인가? 아니면 초기 동성애자 활동가들처럼 전환 요구에 대해 평등 요구로 맞서면서, 우리는 변하지 않을 거라고 말할 것인가?

나는 불변성의 유혹을 이해한다. 빌 루벤스타인이나 조너선 캐츠의 책처럼 어떤 책이 나를 받쳐 주고 있다고 말하는 데에는 불변적 탁월함이 주는 감동이 한몫을 한다. 하지만 나를 더 감동시킨 것은 이 책들이 당시의 문화에 저항했다는 점이다. 그때는 이러한 책들이 존재할 필요가 없었고, 바로 이 점이 이 책들의 존재를 기적으로 만든 것이다. 이 책들은 중력만큼이나 강하게 끌어당기는 힘에 맞서 버티고 서 있다. 쓰러트리려는 압박에 맞서서 이 책들은 우리를 떠받치고 있다.

동성애자 패싱

새뮤얼 테일러 콜리지(Samuel Taylor Coleridge)의 「늙은 선원의 노래」에서는 한 선원이 알바트로스를 쏜 것에 대한 속죄로, 길조인 그 새를 왜 죽였는지를 반복해서 이야기하는 모습이 그려진다. 선원은 이야기를 반드시 들어야 할 사람이 누구인지를 본능적으로 알아채고 자신의 '반짝이는 눈'으로 그들을 꼼짝 못하게 붙들어 둔다.[1] 그 선원은 말해야 하고, 사람들은 들어야 한다. 그래서 언젠가는 그 이야기가 정말 제대로 전해지기를, 너무 많이 해서 더 이상 말할 필요가 없게 되기를 기다리며 그는 말하고 또 말한다.

우리는 모두 제대로 전달될 때까지 되풀이해야 하는 이야기를 하나씩 가지고 있다. 그 이야기는 편의적 요소들이 수정되고 단순화된 부분이 밝혀지기 전에는 끝나지 않는다. 동성애자인 우리에게는 어떻게 커밍아웃을 했는지가 바로 그런 이야기인 경우가 많다. 어떨 때는 내가 그 선원이 된 것처럼 느껴지고, 얼마나 더 내 이야기를 해야 하는지 궁금해지기도 한다. 때로는 유사성이 너무나 크게 다가와서 나도 「커밍아웃의 노래」를 만들어야 하는 건 아닌지 고민스럽다. 내 이야기를 들려줄 때마다 해방감을 느끼지만, 이것은 내가 해방되기를 갈망하는 데에서 나온 이야기이기도 하다. 그런데 도대체 누가 나를 해방시킬 수 있었을까? 해방은 강요를 내포하는데, 나에게 말하라고 강요하는 사람은 아무도 없다. 심지어 언제 커밍아웃했는지 묻는 사람들조차 보통은 내가 자주하는 대답, 그러니까 '대학 졸업하고 그다음 해'라는 한마디를 기대할 뿐 그 이상은 듣고 싶어 하지 않는다.

그 선원처럼, 나의 강요도 내면에서 나온 것이었다. 나의 한 줄짜리 대답은 부모님께 커밍아웃했던 순간을 묘사하고 있기 때문에, 나는 그것을 진실이라고 느낀다. 하지만 동시에 이것이 불완전하다고도 느낀다. 커밍아웃은 들어야 할 이들이 끝없는 만큼이나 끝나지 않는 과정이다. 만약 내가 사실적인 묘사를 하려고 한다면, 내가 다른 이야기를 할 수 있게 해방시키는 그런 유형의 이야기를 한다면, 일련의 청자들과 일련의 순간들을 묘사할 필요가 있을 것이다.

———

정육면체 속의 정육면체처럼 생긴 필립스 엑시터(Phillips Exeter) 아카데미 내의 루이스 칸 도서관(Louis Kahn library)은 건축

학도의 메카다. 가장 놀라운 부분은 각각의 내부 정육면체 세로 벽에 어마어마하게 커다란 원형 구멍이 뚫려 있다는 점이다. 학생 때 나는 종종 바닥에 깔린 동양풍 카펫 위에 멈춰 서서 그 원형 구멍으로 4층 서가를 쳐다보곤 했다. 마치 개미 농장을 보는 듯한 느낌이었다. 일하는 일개미들의 내부 모습을 아무도 모르게 은밀히 들여다보는 것 같았다.

열일곱 살의 어느 봄날 오후, 고개를 들었는데 그가 보였다. 매튜는 내가 서 있던 바닥에서 6미터쯤 위에 있는 원형 구멍의 곡면 위에 누워 있었다. 다른 사람이 있는지 이리저리 고개를 돌려 보았지만 그와 나뿐이었다. 다시 한 번 더 쳐다보았다. 매튜의 얼굴은 늘 약간 노곤해 보였다. 미국 중서부의 느릿느릿한 말투는 대화를 더디게 만들었고, 축구장의 공도 그에게는 천천히 굴러가는 것 같았다. 매튜는 그 나른함을 마치 증류해 없애 버리려는 듯이 원형 테두리에 자리 잡고 누워 있었다. 그는 내려다보다가 나를 발견하고서 손을 흔들었다. 나도 따라서 손을 흔들었을 땐 내가 오히려 추락의 위험에 빠진 사람이 되고 말았다.

그날 밤 나는 교회에 갔다. 당시 나는 특정 종교에 구속되지 않는 애매한 신앙인이었다. 교회에서 일을 하기도 했지만 종교적 신념이라기보다는 학교에서 안전하고 따뜻한 곳을 찾으려는 고양이 같은 본능에 이끌린 것이었다. 긴 스코틀랜드식 성(姓) 대신에 우리가 맥 선생님이라고 불렀던 목사님이 화요일 저녁마다 강독을 해주시곤 했는데, 내게는 일주일 중 가장 중요한 시간이었다.

83

키가 크고 혈색이 좋은 데다 머리가 벗겨진 맥 선생님은 낮에 보면 디킨스의 소설에서 튀어나온 사람 같았다. 종교 수업 시간 동안 학생이 답을 하지 못하고 힘들어하면 마치 우리는 한편이라고 말해 주듯 커다란 양손으로 학생의 어깨를 감싸곤 했다. 심지어 일요일 예배 시간에도 그는 아주 유쾌했다. "주님께 즐거운 소음을 들려드리자."라며, 우렁차게 찬송가를 끝내고 나면 "다행히도 소음이네요, 노래가 아니라."라고 말하곤 했다. 그러나 저녁이 되면, 긴 그림자를 드리우며 제임스 애지(James Agee)의 서한집을 읽거나 파울로 프레이리(Paulo Freire)의 책을 읽었다. 나는 해가 지고 나서는 맥 선생님이 농담하는 것을 한 번도 들은 적이 없다.

예배가 끝나면 그는 같은 자리에서 나에게 이야기를 해 주곤 했다. 나는 촛불을 끄고, 마이크 전원을 빼고, 육중한 문을 잠갔다. 그러고 나서 그의 연구실에 들러서 안녕히 주무시라고 인사를 했다. 이야기를 나누기도 했다. 통금 시간을 지켜야 했기에 담소를 나누는 시간은 길지 않았지만 기억에 오래 남는 경우가 많았다. 맥 선생님은 내가 누구인지에 대한 나의 감각을 당시의 누구보다 확장시켜 주었다. 거북등 껍질로 테를 한 안경을 들어 올리거나, 콧등을 꼭 부여잡고, 수수께끼처럼 간명한 말을 하곤 했다. 나는 어떻게 그가 나에게 메시아적 충동을 불어넣었는지 궁금해졌다. 내가 어떤 위대한 일을 할 운명을 타고났다거나, 내가 행복이 아니라 즐거움을 위해 태어났다고 말해 준 것이 나에게 무슨 효과가 있었을까? 그러나 맥 선생님의 금언들은 오래도록 잊히지 않았다.

그날 밤 나는 맥 선생님께 도서관의 한 거대한 원형 구멍에 반듯하게 누워 있던 학생을 보았다고 말했다. 매튜에 대해 고자질하려고도, 그를 감싸려고도 하지 않았다. 나는 빛이 사라지듯 희미해져 가는 그 장면이 환상이 아니라 기억이라는 것을 스스로에게 확신시키려 애쓰고 있었다. 맥 선생님은 듣고 있었다. 그러고 나서 그는 온기와 부담감으로 만든 견장처럼 양손을 내 어깨 위에 올리고 나를 내려다보았다. 우리는 마치 춤을 추고 있는 것 같았다.

"너의 가장 큰 재능은" 선생님이 말씀하셨다. "너 스스로를 직시하는 능력이란다." 이 말은 기숙사로 돌아가는 길에서부터 시작하여 몇 해 동안 계속해서 가슴에 박혀 있었다. 내 생각에 그것은 웃긴 말이었는데, 나는 자신을 심지어 말 그대로 바라볼 수조차 없었기 때문이다. 거울 근처에 있으면 정말로 불안했고, 비스듬히 다가가지 않으면 거울을 쳐다볼 수가 없었다. 몇 걸음 뒤로 물러났다가 다시 거울 쪽으로 쭈뼛쭈뼛 다가가는 식이었다. 마치 자신의 모습을 너무 빨리 보면 전신을 다 보게 될 것이고, 그렇게 되면 철저히 분리시켜 놓았던 반쪽이 함께 덤벼들까 봐 두렵다는 듯이. 그래서 나는 쳐다보지 않았다. 그리고 용기 없는 나를 질책했다.

지나고 보니, 나는 스스로에게 누구보다 조심스러웠다. 보지 않으려는 나의 욕망이 자기 보호의 한 형태였음을 알고 있다. 나는 자신의 첫 번째 관객이었고, 아직 준비가 되어 있지 않았다. 하지만 곁눈질로 내 모습을 볼 수 있었다는 것은 내가, 불규칙적이긴 했지만 준비를 하는 중이라는 뜻이었다.

초기 동성애자 인권 운동에서도 비슷한 조심스러움이 느껴진다. 운동이 언제 "커밍아웃"을 했는지에 대한 답은 분명하다.[2] 바로 1969년의 스톤월 항쟁이다. 그 이전 수십 년간은 황폐했던 시대로 묘사된다.[3] 전환 치료의 호황기에는 많은 동성애자들이 자신의 이야기를 절대 입 밖에 내지 않은 채 관같이 생긴 벽장 속에서 죽어갔다. 다른 이들은 도시 변두리의 시커먼 유리창이 달린 술집이나, 호모필(homophile, 초기 동성애 옹호 단체)의 공산당식 비밀 조직 또는 전환 치료사의 소파 위에서 커밍아웃을 했다.[4]

동성애 혐오자들은 동성애자들이 스스로를 바라보기 힘겨워한다는 것을 알았다. 작가인 주디 그랜(Judy Grahn)이 묘사한 랑데뷰 술집에서의 불시 검문 사건은 사춘기 시절 내 안에 있었던 공포를 떠오르게 했다.

지난밤에 순찰 중이던 경찰관 두 명이 친구와 내가 앉아 있던 테이블로 왔다.[5] 플래시로 우리 눈을 비추더니 일어나라고 명령하면서 불응하면 체포하겠다고 했다. 그리고 우리에게 최대한 큰 목소리로 실제 이름과 성을 여러 차례 말하라고 명령했다. 명령에 따르는 동안 옆구리로 땀이 비 오듯 흘러내렸다. 경찰들이 떠난 후 친구와 나는 앉아서 고개를 푹 수그렸다. 우리의 무력함이 너무 수치스러워서 주변을 돌아볼 수도, 심지어 서로의 얼굴을 쳐다볼 수도 없었다. 우리는 무력함이 만들어 낸 자기혐오에 대한 내면적 방어 수단을 가지고 있지 않았고, 억압을 개인의 성격 결함이 아닌 억압으로서 인식할 수 있도록 도와주는 연구도 없었다.

그랜의 이 이야기는 동성애자의 자기혐오를 경찰이 얼마나 교묘하게, 마치 전환 치료사처럼 전략적으로 활용했는지를 보여 준다. 두 여성에게 자신의 실명을 말하도록 강요하는 것은 그런 술집에서의 관례를 산산이 깨 버리는 행위였다. 그런 장소에서 성(姓)은 절대 사용하지 않았으며, 이름도 보통 가명을 썼다. 경찰의 강요는 그들이 아직 바라볼 준비가 되어 있지 않은 거울을 보게 만드는 것이었다.

하지만 나에게 커밍아웃하기 전 몇 해가 드러냄을 위한 준비 기간이었듯이, 조지 촌시(George Chauncey), 존 디밀리오(John D'Emilio) 그리고 릴리언 패더먼(Lillian Faderman) 등 새로운 세대 역사가들의 연구에 나타난 스톤월 항쟁 이전의 수십 년 역시 토대를 마련하는, 생각보다 중요한 시기였다.[6] 이 역사가들은 이성애자들의 세계와 나란히 존재했던 동성애자들의 세계, 즉 특유의 복장과 눈짓, 빨간색 남성용 스카프, 비밀 문으로 특징지어지는 그 늘진 세계를 파헤쳤다. 이런 세계는 1950년에 조직된 매타친 협회(Mattachine Society), 1955년에 설립된 빌리티스의 딸들(Daughters of Bilitis)과 같은 동성애 옹호 단체뿐만 아니라 랑데뷰 같은 술집의 존재를 계속 가능케 했다.[7]

현대적 기준으로 보면 이러한 저항은 너무나 모호해서 진가를 인정받기가 쉽지 않았다. 초기 동성애자 운동이 아이러니컬한 점은 그 운동에서 가장 이름난 사람들조차 가명을 사용했다는 것이다. 에드워드 사가린(Edward Sagarin)은 1951년 미국에서 최초로 동성애자 평등에 대한 책을 발간하면서 도널드 웹스터 코리(Donald Webster Cory)라는 필명을 썼다.[8] 매타친 협회를 설립한 다섯 명 가운데 한 명은 역사가인데 아직도 R이라고만 알려져 있다.[9] 동성애 옹호 단체들의 이름 역시 감추어져 있었다. 매타친 협회는 중세 시대 복면을 쓴 미혼남들의 단체 중 하나에서 이름을 차용했다.[10] 매타친 협회의 발간물인《원(One)》에서는 토머스 칼라일(Thomas Carlyle)을 인용하며 "형제애의 신비로운 유대감이 모든 남성을 하나로 만든다."라고 언급했다.[11] 빌리티스의 딸들은 피에르 루이스(Pierre Louys)의 산문시집인『빌리티스의 노래』[12]에서 이름을 따 왔다.

이런 식의 회피 때문에 이 시기의 동성애자 운동은 한심한 분위기로 묘사되기도 했다. 그러나 지금의 내가 커밍아웃하지 않고 숨어 지냈던 그 시절을 부끄럽게 생각하지 않듯이, 이 단체들을 조롱하는 어떤 말에도 나는 동의할 수 없다. 스톤월 항쟁 이전의 활동가들은 혼자서 일해야 하는 경우가 훨씬 더 많았고 따라서 오늘날 미국 동성애자 인권 단체의 평균적인 구성원에 비해 훨씬 용감했다. 내가 그랬던 것처럼 그들에게도 침묵은 산문으로 발현되기 이전에 시의 단계를 거쳐야 했다.

옥스퍼드에서의 첫 학기가 끝날 무렵, 아버지가 나를 보러 오셨다. 아버지께 내가 게이라는 말도, 브라이언과 사랑에 빠져 있다는 말도 하지 않은 상태였다. 그저 20대의 위기를 겪는 중이라고만, 무엇이 되고 싶은지 모르겠다고만 말씀드렸다. 하지만 아버지는 내 목소리에서 깊은 슬픔을 들으셨다.

아버지가 묵는 호텔 근처에서 저녁 식사를 했다. 아버지는 부모의 직감으로 마치 CT 촬영을 하듯 눈을 깜박이며 나를 훑어보셨다. 아무 말씀도 하지 않았지만, 야위고 면도도 하지 않은 내 모습에 충격을 받았다는 것을 알 수 있었다. 당신은 단추가 채워진 셔츠와 양모 코트를 완벽하리만큼 단정하게 차려입고 있었다. 저녁을 먹으면서 친구나 수업 내용, 영국 음식 공포증에 대해 이야기하면서 평범한 대화를 하려고 애썼다. 유머를 시도하기도 했다. 영국의 시골길이 왜 이렇게 아름다운지 아세요? 영국 사람들이 아직 이걸 요리하는 방법을 발견하지 못해서래요. 아버지는 정말 큰 소리로 웃음을 터뜨렸다. 식사가 끝나고 아버지는 방으로 올라가자고 했다.

아버지는 하려던 말을 바로 시작하지 못했다. 침대 옆에 놓인 요상하게 생긴 기계 때문에 주의가 흐트러졌던 것이다. 키플링의 소설 『정글 북』에 나오는 몽구스처럼, 아버지의 좌우명은 "달려가서 확인하라."였다. 아버지는 그 기계를 이리저리 보기 시작했다.

"이 물건은 뭐지?"

"바지 다리는 다리미예요."

"여기에서는 호텔에 바지 전용 다리미를 비치한다고?"

"네."

"이걸로 바지를 다린다고?"

"아니요, 농담이에요, 아빠. 팩스 보내는 거예요."

"아, 그렇구나." 아버지가 활짝 웃었다. 그리고 좀 더 다정하게
말했다.

"(네가 힘든 게) 학과 공부 때문은 아니지, 그렇지?"

"네, 공부 때문은 아니에요." 나는 도저히 거짓말을 할 수 없는
상태였다. 만약 아버지가 단도직입적으로 물으셨다면, 나는 대답하
고 말았을 것이다. 그러나 내가 먼저 그 말을 할 수는 없었다. 아버
지는 등이 높은 의자에 편히 앉아서는 내가 짙은 색의 다마스크직
이불에 털썩 주저앉자 내 쪽으로 몸을 돌렸다. 그리고 아버지는 기
다렸다. 아버지는 이렇듯 선생님으로서의 재능, 즉 학생이 가진 역
량의 한계점을 찾아내는 능력과 그 한계점에서 기다리면서 학생이
뛰어넘기를 기다릴 줄 아는 능력을 가지고 있었다.

나는 아버지를 위해 항상 뛰어오를 수 있었다. 수영장에서 아버
지가 나에게 두 팔을 벌렸던 그날부터 내가 엑시터 아카데미에, 하
버드 대학교에, 옥스퍼드 대학교에 입학할 수 있다고 말했던 날들
까지, 나는 아버지를 믿고 뛰어올랐다. 아버지가 열여덟 살의 나이
에 미국에 와서 교수가 될 수 있었다면 나는 내 조국에서, 나의 모

국어로 무엇이든 할 수 있는 것이다. 그런데 지금 나는 어디에 있는 가? 제자리에 가만히 앉아서 한 문장도 읽을 수 없었다. 나는 억지로 겨우 먹을 수 있었다. 나는 다 자란 모습을 감추고 있던 등껍질을 벗은 바다거북처럼 아버지 앞에 앉았다.

"죄송해요, 아버지." 내가 겨우 입을 열었다. "저는 아무것도 할수가 없어요. 실패했어요. 아무것도 한 게 없어요." 그러고 나서 잠시 멈추었다. 이걸 말할 수 있을까? 할 수 없었다. 그래서 잘 안 들리게 중얼거렸다. "전 아무것도 아니에요."

아버지의 목소리를 듣기도 전에 아버지가 느껴졌다. 평소와 같은 딱딱한 포옹이 아니었다. 마치 아버지의 팔이 따스한 대괄호가 되어서 나를 당신의 일부로 만든 것 같았다.

아버지는 이렇게 말했다. "넌 내 아들이야."

나는 곧 흐느껴 울기 시작했다. 어쩌면 우는 것은 벽장의 횡포 중 최악일지 모른다. 우느라 "너를 사랑한단다."라는 말을 듣지 못하게 만들어 버리기 때문이다. 그 말은 부모님이 나에게 해 준 말이었고, 나는 사랑이라는 말은 믿었지만 '너'라는 말은 믿지 못했다. 진짜 나는 감추어져 있었다. 그러니까 부모님이 사랑하는 '너'는 다른 사람, 더 나은 아들이었다. 그러나 아버지가 나에게 "이 어둠의 자식, 나의 자식"[13]이라고 말하는 순간 내 머리를 쓰다듬고 있는 이 조용한 경제학자가 내가 어떤 사람이든 옆에 있어 주리라는 생각이 들기 시작했다. 울고 나니 내 안에 있던 무언가가 사라졌고, 그제야 사랑이 서사적 승인이며 승인된 범위 안에서만 이야기가 전해질 수 있다는 것을 이해하게 되었다. 하지만 그날 밤 내가 낼 수 있는 소리라곤 짐승의 소리뿐이었다. 그리고 아버지는 계속해서 나를 안아 주었다.

3주 후에 나는 크리스마스를 보내기 위해 집으로 돌아갔다. 사랑과 걱정이 가득한 작은 새 같은 어머니가 로건 공항으로 마중 나왔다. 나는 그때까지도 동물 상태 언저리에서 벗어나지 못하고 있었다. 어머니는 내게 말을 시키지 않았다. "너무 많이 생각하지 말거라."라고 일본어로 말했다. "인생은 그렇게 간단한 게 아니야." 나는 어머니의 이런 면이 좋았다. 다른 많은 부모들은 인생이란 그렇게 복잡하지 않으니 너무 골몰하지 말라고 자녀에게 말하리라 생각했다.

다음 날 저녁, 나는 찰스 강변에 있는 부모님의 아파트에서 창밖을 내다보며 몇 시간을 보냈다. 유리창에 비친 내 모습을 똑바로 보려고 애쓰면서 마치 내가 유령같이 보인다는 것도 알아챘다. 나를 통과해서 바깥을 볼 수 있었으니 말이다. 오래 보아 왔던 바깥세상이 생소해 보일 정도로 눈이 내리고 있었다. 강물이 다리 아래를 간신히 흐를 때, 얼어붙은 찰스 강은 달빛을 받아 이탤릭체 에스 자로 보였다. 나를 초대하는 것 같았다.

나는 강을 따라 걸었다. 브라이언의 눈을 바라보았던 장소를 찾아 그 강둑에 드러누웠다. 별을 올려다보면서 팔다리를 쭉 뻗자 내 모습이 별 모양이 되었다. 내가 들었던 커밍아웃 사연들을 생각해 보았다. 가장 좋았던 이야기는 자기 아들을 안으며 이렇게 말했던 어떤 어머니의 이야기였다. "혼자서 너무나 외로웠겠구나." 이 말이 "너를 사랑한단다."보다 나았다. 한 사람의 삶을 즉각적으로 이해하는 말이었다. 최악의 이야기는 눈 오는 날 열여덟 살 아들을 맨발에 잠옷 바람으로 쫓아내고 의절한 부모의 이야기였다. 발이 시퍼렇게 변했을 때 현관문이 열렸고, 소년은 '그럼 그렇지, 부모님이 진심은 아니었겠지'라고 생각했다. 그 순간 자기 옷이 가득 담긴 트렁크가 밖으로 날아왔고, 현관문은 다시 닫혔다. 영원히. 나 자신의 이야기는 어떤 식이 될까 생각해 보았다. 이 둘 중 어느 것도 아닐 터였다.

무거운 걸음으로 집으로 걸어갔고, 나의 커밍아웃 스토리가 곧 모습을 드러냈다. 자기 전에 이야기를 좀 할 수 있을지 여쭈어 보았기 때문에 부모님은 나를 기다리고 있었다. 두 분이 마치 학부모-교사 회의에 온 것마냥 옷을 차려입고 계신 것을 보니 마음이 괴로웠다. 어머니 옆으로 가서 깔끔한 아이보리 소파에 앉았다. 그리고 무슨 말로 시작하려고 했었는지 떠올려 보았다.

내가 아홉 살 때, 어머니는 보이지 않는 붉은 실에 대해 이야기해 주었다. 우리는 찜통같이 더운 도쿄 시부야 역에서 기차를 기다리고 있었다. 어머니가 자판기에서 칼피스 소다를 사서 건네주었다. 광고 문구대로라면 "첫사랑의 맛"인 달콤한 유산균 음료였다. 물방울무늬에 파묻힌 그 문구를 보면서, 어머니는 미소를 지으며 사랑에 대해 말해 주었다. 일본 사람들은 우리가 사랑하는 사람과 보이지 않는 붉은 실로 묶여 있다고 믿는다고 하셨다. 누가 연인이 될지는 이미 정해져 있고, 내가 그 실을 단단히 움켜쥐어야만 그

여인을 사로잡아 차지할 수 있다는 것이다. 어머니가 나를 재미있게 해 주려고 애쓰는 것을 알았기에 이해하기 힘든 그 실이 나를 둘러싼 듯한 기운을 느끼면서 어머니의 이야기를 계속 들었다. 그때 갑자기 생각이 났다. 나는 실이 보이지 않는데 어떻게 그 실이 붉은 색인 걸 아냐고 어머니에게 물었다. 어머니의 눈이 커지면서 내 목덜미에 손을 얹고, 더운 날씨인데도 불구하고 그대로 있었다. 그리고 내게 핵심을 잘못 이해하고 있다고 말씀하셨다.

카뮈(Albert Camus)는 겨울의 한가운데서 자기 안에 무소불위의 여름이 도사리고 있음을 깨달았다고 했다.[14] 옥스퍼드에서 지낸 지난 수개월 동안 나는 결코 내 몸을 따뜻하게 녹일 수 없을 것 같았다. 기차역에서 어머니가 나를 어떻게 바라보았는지를 기억해 내려고 노력했다. 어머니의 따뜻한 손을 생각해 내려 했다.

"두 분을 걱정시켰다는 거 알아요." 나는 시선을 내리깔고 말했다. "죄송해요, 설명을 드리고 싶어요. 브라이언에 관한 거예요." 그 이름을 내뱉고 나니 말이 더 안 나왔다. "브라이언과 함께 있으면서 처음으로 뭔가를 느꼈어요. 내가 사랑하게 될 사람이, 나와 함께할 사람이 여자가 아니리라는 것을 알게 되었어요."

마치 소리가 나지 않는 전화기처럼 침묵이 곡선을 그리다가 떨어지고, 또 곡선을 그리며 떨어졌다.

아버지가 천천히 그리고 조용히 "네가 게이 '한 명'이라는 말이니?(Are you saying that you are a gay?)"라고 물었다. 아버지의 문법에서 평상시의 완벽함을 벗어난 부분이 크게 들렸다. 하지만 용기를 낸다 해도 내가 입 밖에 낼 수 없는 단어들로 이루어진 그 문장의 구조를 트집 잡을 생각은 없었다.

"네, 맞아요." 내가 대답했다.

나는 고개를 들었다. 아버지를 쳐다보던 어머니의 얼굴은 내가 절대 표현할 수도 잊을 수도 없는 모습이다. 내가 말할 수 있는 것이라곤 어머니의 눈이 해석을, 위안을 구하고 있었다는 것뿐이다. 평생 처음으로 아버지가 해결해 줄 수 없다는 뜻이다. 나는 이렇게 생각했다. 언어라면 누구보다 자신이 있는 내가 지금 언어의 한계에 부딪혔구나. 언어의 그물에서 건져 내는 그 어떤 단어로도 어머니의 그 눈길을 정확히 묘사할 수 없을 터였다.

"만약에 그렇다면" 어머니가 일본어로 말했다. "우리는 절대 일본으로 돌아갈 수 없을 거다." 그제야 부모님께 커밍아웃하는 것이 왜 두려웠는지 깨달았다. 누군가가, 즉 나 자신이나 어머니, 아버지가 죽을 수도 있었다. 당혹감으로 몸을 웅크리고 세상에 등을 돌리고 죽을 수 있다. 그 말을 했을 때 나는 어머니가 은유적인 죽음, 사회적인 죽음, 어쨌거나 죽음을 말하고 있다는 것을 알았다. 이것이 내가 죽인 알바트로스, 바로 어머니의 십자가 형상의 순수함, 고향에 대한 어머니의 관념이었다.

어머니는 내가 움츠리는 것을 보았다. 이번에는 영어로 말했다. "네가 한 일은" 어머니가 말을 이었다. "아주 용감한 일이야." 마치 하나의 언어로는 어머니의 다른 두 가지 생각을 담지 못하는 것 같았다.

우리는 어색하게 헤어졌다. 나는 침대에 누워 달리기를 끝낸 듯이 숨을 몰아쉬었다. 나는 이때를 수년간의 침묵과 거짓, 얼버무림을 깨부수고 끝낸 순간으로 경험했다. 더 이상 다른 사람의 이야기에 등장하는 단역 배우가 아니라, 마침내 자신의 이야기에 주인공이 된 것처럼 카메라가 이동하는 것을 느꼈다. 이 순간은 내 삶이 분절되는 지점이었으며, 인생이라는 시험에서 낙제하지 않았다고 스스로를 안심시키기 위해 만지는 부적이었다.

성 소수자 운동에 있어서 이 순간은 1969년 6월 27일에 발생했다. 경찰이 스톤월 인을 급습했을 때, 술집 안에 있던 동성애자들은 조용히 끌려가기를 거부했다. 이들은 술집 안에서 방어벽을 만들고 맥주병을 투척하며, "동성애자의 힘(Gay Power)"과 같은 구호를 외쳤다. 그 술집 자체가 상징적인 벽장이었기 때문에 당연한 듯이 패싱을 요구하는 것에 대한 조직적인 저항이 그곳에서 시작되었다. 동성애자들은 마침내 벽장에 대한 통제권을 탈취했다.

스톤월은 동성애자 권리에 대한 새로운 투쟁을 불러일으켰다. 이 항쟁으로 여러 신생 단체들, 예컨대 게이해방전선(Gay Liberation Front), 급진레즈비언들(Radicalesbians), 제3세계게이혁명(Third World Gay Revolution) 등이 조직되었다.[15] 이 단체들은 (시가 아닌) 산문으로 이야기했다. 언론인인 더들리 클렌디넌(Dudley Clendinen)과 애덤 내고니(Adam Nagourney)의 말처럼 "이 새로운 활동가들은 자신들의 소명을 애매모호한 제목으로 위장하지 않았다.[16] 호모필이나 매타친, 빌리티스라는 제목도 쓰지 않았다." 또한 스톤월은 새로운 발간물을 탄생시켰는데, 호모필 운동 단체들의 잡지인 《원 (One)》이나 《래더(Ladder)》와는 달리, 《게이 타임스(Gay Times)》, 《게이 플래임스(Gay Flames)》, 《게이 선샤인(Gay Sunshine)》 등 발간 물 제목에 '게이'라는 단어를 자랑스럽게 드러냈다.[17]

이 항쟁으로 동성애자 인권 운동의 서막이 열렸다. 신디 패튼 (Cindy Patton)의 설명처럼 "등장 이래 시간이 멈춘 듯 변함없던 억압의 세월은 스톤월 항쟁을 기점으로 역사적 시대 구분이 가능해졌다.[18] 1969년 이전의 우리가 그저 분노나 하면서 자신의 온전한 가능성을 포기해야 했다면, 1969년 이후의 우리는 우리가 누구인지 말할 수 있었고, 단결된 목소리의 힘을 낼 수 있었으며, 맞서 싸웠다." 나는 스톤월 항쟁이 동성애자의 역사가 움튼 시점으로 기념되는 것이 기이하다고 생각하곤 했었다. 그 항쟁은 일주일을 버티지 못했고, 주류 언론은 이 항쟁에 아무 의미도 부여하지 않았다. 그러나 개인의 삶에 존재했던 커밍아웃의 순간을 그대로 재현하는 순간이 우리 커뮤니티에도 필요했고, 그 때문에 스톤월 항쟁의 순간이 선택되었던 것이다. 이 점을 나는 나중에야 알게 되었다.

———

그러나 이 이야기는 거기에서 끝나지 않았다. 심지어 동성애자들은 처음 벽장에서 나와 커밍아웃한 후에도 다시 벽장으로 들어가

곤 했다. 역시나 문제는 청중이다. 부모님께 커밍아웃을 하고 며칠이 지난 후에 나는 대학의 멘토 한 분을 찾아갔다. 존은 나와 개인적으로 친한 사이는 아니었지만 학업 부분에서 나를 도와주었고 옥스퍼드에 입학하는 길을 순조롭게 만들어 주었다. 존은 내가 수업을 듣는 옥스퍼드의 교수님들과 알고 지내는 사이였기 때문에 내가 힘들어하고 있다는 것을 알고 있으리라 생각했다. 그에게 꼭 설명을 해야 했다.

적어도 부모님에게 커밍아웃했던 일보다는 쉬울 것 같았다. 그러나 미국으로 돌아왔다는 것이 나를 어느 정도까지 다시 이성애자 역할로 내몰지는 예상할 수 없었다. 옥스퍼드에 있을 때는 불행했던 것만큼이나 익명성이 주는 해방감 또한 컸다. 예전의 세계로 돌아왔을 때, 나는 제자리로 돌아와 결박되었다. 나는 소인국에서 셀 수 없이 많은 가는 실에 묶인 채로 깨어난 걸리버가 된 것 같다고 느꼈다. 그 실 중에 하나를 끊는 것은 쉬웠겠지만, 한데 엮인 그 실들은 나를 꼼짝 못하게 만들었다.

존의 집에 들어가자마자 어떤 구속감이 느껴졌다. 그는 턱살이 처지고 늘 금방 물에 데친 것처럼 보이는 남자였다. 그의 태도는 마치 불안한 모습을 진정시키려는 듯 쾌활했는데, 그날도 예외는 아니었다. 존은 내 대학 시절 친구 한 명에 대해서 물었고, 계속해서 그 친구를 내 '여자 친구'라고 불렀다. 대화 사이의 공백은 곧 직업적인 수다로 채워졌다. 그 집의 거실은 자녀들의 사진으로 가득했고, 어느 순간 난데없이 자녀를 가진 것이 자기의 인생 업적이라고 말했다. 나는 존이 내가 게이라는 것을 알고 있고 그 말을 듣고 싶어 하지 않는다고 확신했다. 처음으로 자기 주위에 저항의 지대를 만들어 놓고 내게 커밍아웃하지 말라고 밀어내는 사람을 만난 것이다. 이런 일은 언제나 나를 화나게 했다. 대화를 가장한 수다를 통해 말을 막으려는 방식으로 행해질 때 특히 그랬다. 내가 존의 수다를 어떻게든 뚫고 말을 하려 하자, 존은 악수를 하면서 나를 집 밖으로 밀어냈다.

심지어 사람들이 몹시 알고 싶어 하거나, 알고 있을 때에도 나는 쉽게 말을 꺼낼 수 없었다. 모린은 나의 비밀을 재빨리 직감했고 매번 나에게 그 비밀을 말할 기회를 주었는데도, 나는 모린과 친해지고 수개월이 지나도록 그녀에게 커밍아웃하지 못했다. 그 당시 모린의 일기장에는 마치 내가 아직 도착하지 않는 편지나 되는 양 "오늘도 역시 나에게 말하지 않았다."라는 투의 글이 적혀 있다.

많은 동성애자들이 이런 '공공연한 비밀'을 가졌던 경험이 있다. 나는 게이이고, 그녀는 내가 게이라는 것을 알고 있고, 내가 게이라는 것을 그녀가 안다는 것을 나는 알았다. 서로서로 거울을 비추고 있는 것처럼 모린과 나는 앎을 무한히 뒤로 되감고 있었다. 그러나 문학 평론가인 밀러(D. A. Miller)의 말처럼, 아는 것과 아는 것을 인식하는 것은 다르다.[19] 왜냐하면 나는 모린과 내가 둘 다 알고 있다는 것을 결코 인식하지 못할 터였고, 모린 역시 그럴 수 없었기 때문이다. 그래서 매주 전보다 더 부자연스러워진 채로 지냈다. 나는 말을 하기로 결심을 했고, 모린이 내가 자기를 신뢰하지 않는다고 생각할 거라며 스스로를 질책했다. 물론 나는 모린을 신뢰했지만 말할 때를 놓쳤다고 생각했다. 그런데 그때가 도대체 언제였을까?

스톤월 항쟁 이후의 동성애자 역사에서도 이렇듯 때를 놓친 순간들이 있었다. 동성애자 법조인 커뮤니티에서 지금은 공공연한 설인데 "바워스 대 하드윅(Bowers vs. Hardwick)" 판결이 내려졌을 당시 대법관 루이스 파월(Lewis Powell) 밑에서 일하던 게이 로클럭에 대한 이야기가 있다. 바워스 소송은 헌법상의 사생활 보호 권리가 동성애자들이 자신의 집에서 성관계를 하는 것까지 보호하지는 않는다고 판결한 1986년의 소송이었다.[20] 2003년에 이 판결이 번복될 때까지 바워스 판결은 동성애자의 권리를 가로막는 거대한 걸림돌이었다.[21] 사생활 영역에서의 동성 간 성행위를 범죄시하는 것이 용인되었다는 이유에서뿐 아니라, 양육권 거부나 취업 거부 등 동성애자에게 그 밖의 구속을 가하는 것이 허용되었기 때문이었다.

이 판결은 결론은 쉽게 뒤바뀔 수도 있었다. 5 대 4로 판결이 내려졌을 뿐만 아니라, 파월 대법관이 캐스팅 보트를 쥐고 있었는데 마지막까지 결정을 못 내리고 있었기 때문이었다. 파월의 전기를 쓴 존 제프리스(John Jeffries)의 글을 보면,[22] 그 순간 파월 대법관이 자신의 로클럭 중에 가장 진보적이었던 캐벌 친니스(Cabell Chinnis)와 이 사건을 논의했다고 한다. 파월은 몰랐지만 친니스는 게이였다.[23] 파월은 친니스와 이야기를 나누면서 지금까지 동성애자를 한 명도 알고 지낸 것 같지 않다고 말했다.[24] 친니스는 깜짝 놀라서 대법관에게 커밍아웃을 할지 말지 고민했지만, 하지 않기로 결심했다.[25] 그 대신 간절하게 간청하기로 마음을 먹었다.

"자기가 선택한 사람을 사랑할 권리는" 친니스는 말했다. "제가 생각하기에, 선거에서 투표할 권리보다 훨씬 중요할 것 같습니다."

"그럴 수도 있겠지요." 파월은 이렇게 대답했다. "하지만 그것이 헌법에 명시되어 있다는 의미는 아니지요."

그러고 나서 파월은 소도미법을 지지하는 쪽으로 결정적인 한 표를 던진다.

이 이야기가 알려진 후, 친니스는 많은 동성애자 집단에서 따돌림을 당했다.[26] 내가 1990년대 로스쿨에 다닐 때, 워싱턴에 사는 동성애자들이 여전히 친니스를 집에 초대하지 않는다는 소문을 들었다. 그에 대한 적대감이 이렇게나 강할 수 있다는 사실이 나로서는 믿기 어려웠다. 그러나 저널리스트 조이스 머독(Joyce Murdoch)과 뎁 프라이스(Deb Price)에 따르면, 친니스에게는 "자기혐오증을 가진 게이, 악마의 시녀 존 에드거 후버의 현대판"이라는 꼬리표가 붙어 있었다.[27]

이브 세즈윅은 로클릭 사건과 유대인 부림절(Jewish Purim) 이야기를 병치함으로써 이 분노를 설명한다.[28] 부림절(Purim) 이야기에서 아하수에로 왕은 아내인 에스더 왕후가 유대인이라는 사실을 자신에게 숨기고 있다는 사실을 알지 못한 채 유대인 학살 계획을 세운다. 왕이 그 계획을 실행하려고 하자 에스더는 왕에게 자신이 유대인임을 밝히고, 세즈윅의 표현에 따르면 "대학살이냐, 사랑하는 사람이냐?"를 선택하라고 종용했다.[29] 에스더는 왕이 자신을 죽임으로써 내적 갈등을 해결할 수도 있다는 것을 알았다. 에스더는 죽음을 각오하고 마음을 단단히 했다. 그러나 에스더의 이 작고 사적인 고백에 감동한 왕은 그 무시무시한 명령을 철회했다. 그녀의 사랑스러운 얼굴 생김새에서 왕은 수많은 유대인의 인간성을 본 것이다.

세즈윅은 이렇게 질문한다. 만약 친니스가 파월 대법관에게 커밍아웃했더라면 많은 사람들이 상상했던 일이 일어나지 않았을까? 이번에는 제프리스의 표현대로[30] 만약에 친니스가 "이해하기 힘든 여러 열망을 친숙한 얼굴"로 (대법관에게) 말해 주었다면, 그 열망이 "덜 기이하고 덜 위협적으로" 보이지 않았을까? 파월 대법관은 후에 자신이 바우스 건에서 "어쩌면 실수를 했을 수도 있다."라고 인정했다.[31] 그 고백에 힘입어 질문은 이렇게 구체화되었다. 친니스의 커밍아웃은 파월 대법관의 표결을 바꾸고, 대법원 역사상 최악의 반동성애 결정을 바꿀 수 있었을까?

변화를 일으키는 커밍아웃의 힘은 부림절 이야기보다 더 가까운 사례에서도 입증된다. 패더만은 제2차 세계 대전 중에 드와이트 아이젠하워(Dwight Eisenhower) 장군이 WAC(미육군여군부대) 조니 펠프스(Johnnie Phelps) 병장에게 부대에 있는 레즈비언들을 적발해서 전역시키라고 명령했던 일을 자세히 이야기해 주었다.[32] 펠프스 병장은 이렇게 대답했다. "네, 알겠습니다. 장군님이 원하신다면 기꺼이 이 조사를 하겠습니다……. 하지만 장군님, 솔직하게 말씀드리자면 제 이름이 그 명단의 맨 위에 있게 될 것입니다." 이어서 아이젠하워 장군에게 "모든 문서 담당병, 소대장, 대부분의 지휘관,

그리고 수송부를 교체하셔야 할 것입니다."라고 말했다. 아이젠하워 장군은 즉각 그 명령을 철회했다.

변화라는 환상을 좌절시켰다는 점이 친니스에 대한 격분을 일정 부분 설명해 준다. 그러나 전부를 이해시킬 수는 없다. 처음에는 나도 친니스가 겁쟁이라고 생각했다. 게이 커뮤니티에서 커밍아웃을 한 상태였던 그는 무슨 핑계로 다시 벽장으로 들어갔을까? 시간이 흐른 후에는 만약에 친니스가 겁쟁이라면 나 또한 겁쟁이일 것이라는 생각이 들었다. 나도 처음으로 커밍아웃을 한 이후에 선별적으로 패싱을 해 왔다. 존이나 모린에게 커밍아웃하지 못한 것은 걸려 있는 것도 작았고 위험도 분명 작았다. 나 역시 과거를 돌이켜봤을 때, 친니스의 입장이었다면 과연 어떻게 했을지 알 수 없는 일이다.

많은 동성애자들이 나처럼 자기들도 친니스와 똑같이 행동했을지 모른다는 두려움 때문에 그를 매도하고 있다는 생각이 든다. 친니스를 맹렬히 비판함으로써, 나는 그와 다르다고 스스로를 설득하는 것이다. 그러나 스스로가 얼마나 솔직하지 않은지에 대해서 보다 더 솔직해져야 한다. 내가 아는 모든 동성애자들은 때때로 (이성애자인 척) 패싱을 한다. 그 로클럭의 행동을 용서할 수 있을 때에야 비로소 우리도 용기 내지 못했던 스스로를 용서할 수 있게 될 것이라는 결론이 나온다. 그리고 난 후에야 책임 소재를 따질 수 있다. 친니스를 비난하는 것은 연방 대법원을 비난하는 것보다 쉽지만, 이는 동성애 운동의 착오다. 이것은 호모포비아의 내재화이며,

그 게이에게 그런 행동을 강요한 반동성애적 제도를 비난하는 대신 패싱을 한 그 게이를 비난하는 것이다.

동성애자를 한 명도 알지 못한다는 파월 대법관의 말은 무슨 의미였을까? 킨제이 이후의 시대를 살고 있는 파월 대법관은 그 주장이 통계적으로 불가능하다는 것을 알아야 했다. 더 중요한 것은 파월 대법관이 동성애자 로클럭을 채용하는 것으로 유명했으며, 그 중 다수가 그의 총애를 받았다는 사실이다.[33] 그가 사회적으로도 개인적으로도 동성애자의 존재를 자각하지 못했음은 그가 모르고 살기 위해 무척 애썼다는 의미이다. 자신이 모른 체했던 사람들에게 엄청난 피해를 가져왔던 바로 그 순간에조차도 그는 알려고 하지 않았다.

뻔히 보이는 것을 보지 않으려는 고지식한 고집은 장르가 딱 떨어지지 않는 경우, 대개 코미디로 귀결된다. 내가 아는 레즈비언 커플인 앤과 아이리스는 최근 옥스퍼드에서 기념행사에 참석했다. 축하연에는 다양한 세대의 사람들이 모였다. 둘은 호주에서 온 70대 부부와 같은 테이블에서 저녁 식사를 했다. 앤과 아이리스는 30대 중반이었다. 노부부가 앤과 아이리스에게 옥스퍼드를 졸업했느냐고 물었다. 아이리스가 호흡을 가다듬고서 앤이 옥스퍼드에 다녔고, 자신은 앤과 "함께 살았다."라고 말했다. 이 고백은 별다른 언급 없이 지나갔고, 함께 살고 여행했다는 것을 암시하는, 식사 중에 나누었던 여러 가지 말에 대해서도 아무런 반응이 없었다. 행사가 끝날 무렵, 노부부 중 남편이 앤에게 다가오더니 앤과…… 앤의 딸과 함께 저녁 식사를 해서 너무 좋았다고 말했다. 앤은 경악했다. 졸지에 딸이 된 아이리스는 그 정도까지 기분이 나쁘지는 않았다.

이 이야기들은 동성애자 권리의 시대를 담고 있다. 이 이야기들은 패싱 규범이 단지 동성애자의 침묵뿐 아니라 그런 침묵에 대한 반동성애적 강요에도 기반하고 있음을 강조한다. 1993년에 군 정책이 만들어지고 나서야 비로소 이 쌍무적 사회 계약은 "묻지도 말하지도 말라."라고 불렸다.[34] 하지만 그 합의는 군 정책에 훨씬 앞서 있었는데, 의회의 머리에서 갑자기 튀어나온 것이 아니라 기저의 문화에서 유기적으로 자라난 것이었다. 그때 문화적 영역이 아닌 전염병학 영역에서 패싱 규범에 대한 가장 심각한 충격이 발원한 것은 놀랍지 않은 일이다.

—

로스쿨에 재학할 때 나는 빌 루벤스타인 교수에게 어떻게 동성애자 권리 운동에 참여하게 되었는지 물었다. 빌은 로스쿨에 다니던 1980년대 중반에 에이즈가 미국을 강타했다고 답하면서 그 사건이 자신을 각성시켰다고 했다. "우리가 무언가 하지 않는다면, 누구도 행동하지 않을 거라고 생각했지." 나는 그의 사회적 의식을 존경하고 이 말을 귀담아 두면서도 그가 과장하는 것은 아닌지 궁금했다. 어떻게 단 한 번의 경험으로 일생의 진로를 결정한다는 말인가?

지금 생각해 보면, 그 대화는 세대 간 대화라고 생각한다. 동성애자 권리가 너무나 빨리 바뀌었기 때문에 10년이면 한 세대를 구성한다. 빌에게서는 그런 느낌을 받았던 기억이 없지만, 빌과 비슷한 나이 혹은 더 나이 많은 게이들이 뒤 세대에게 분노를 표출한다고 느낀 적은 가끔 있다. 내 생각에 이 분노는 베트남전 참전 군인이 걸프전 참전 군인에게 갖는 분노와 유사하다. 우리는 전쟁터에서 수년을 싸우고 사람들에게 욕을 먹는다. 그런데 너희들은 몇 주 싸우고 오니까 사람들이 퍼레이드를 열어 주네! 이 경험에서의 차이는 어느 정도 에이즈 위기 때문에 생겼다. 빌은 그 위기의 한가운데에서, 10년 뒤의 나라면 선택하지 않았을 방식으로 살았다. 이는 우리가 대화를 나누었던 1994년에도 사실이었고, 지금도 사실이다. 내가 아는 한 친구나 지인 중 누구도 에이즈로 사망하지 않았다. 몇 개월 만에 10년을 늙거나, 폐렴이나 장내 기생충 때문에 망가지거나 카포시 육종 변병(Kaposi's sarcoma lesions)이 온몸을 뒤덮거나, 피할 수 없는 죽음을 앞당기려고 자살하지도 않았다. 이것이 단백질 분해 효소 억제제와 그 혜택이 지금 의미하는 바다.

그럼에도 에이즈는 나에게 자신의 존재를 날카롭게 드러냈다. 나는 에이즈 양성이라고 말하며 겁에 질려 얼굴이 굳어지는 남성들을 지켜보기도 했다. 땀이 나거나 통증을 느낄 때마다 바이러스의 징후라는 생각에 불안이 엄습했다. 스스로 에이즈 검사를 받으면서 혈액의 잔혹함을 자각했고, 영원히 다른 삶을 살게 될 거라고 알려 줄 붉은 선이 흰색 스틱 위에 생기는지 지켜보았다. 그리고 나는 음성으로 나온 결과에 죄책감을 동반한 안도감을 느꼈다. 그러면서 게이인 내 친구들 모두가 젊은 나이에 죽을 수도 있다는 공포감과 어떻게 맞서 싸우는지를 보며 놀랐다.

에이즈는 게이 커뮤니티에 충격을 가했다. 인종적 맥락에서 백인으로의 패싱이 자신의 출신 공동체에서의 사회적 죽음으로 끝났던 것처럼, 패싱은 종종 죽음과 결부된다.[35] 게이의 입장에서, '패싱(passing)'과 '사망(passing away)'의 상징적 동일함은 에이즈로 인해 문자 그대로의 동일함으로 탈바꿈했다. 사망은 침묵 속에 감추어졌다.[36] 1986년에 1만 6000명 이상의 미국인이 에이즈로 죽었을 때, 에이즈와 관련된 사망임을 밝힌 부고는 몇 개 되지 않았다. 국가의 에이즈 교육 검열이 치명적이었던 것처럼, 침묵은 결국 또 죽음을 초래했다.[37]

1980년대와 1990년대에는 에이즈의 벽장이 곧 관이 되었기 때문에, 특히 남성에게서 동성애자 벽장의 체감 비용이 상승했다.[38] 에이즈 벽장과 동성애자 벽장은 같은 것은 아니었지만 서로 맞물려 있었다. 에이즈는 동성애자들이 이 위기에 대한 국가와 사회의 무관심에 맞서 싸우기 위해 커밍아웃하게 만드는 원인이 되었다. 에이즈의 영향으로 생긴 슬로건들 "침묵=죽음"이나 "우리가 여기에 있다, 우리는 퀴어다, 익숙해지라!"는 동성애자의 경험을 보다 폭넓게 진술하게 했다.[39] 에이즈 벽장은 동성애자 벽장을 위태롭게 만들기도 했다. 왜냐하면 동성애자 벽장은 안정성이 취약한 구조물이기 때문이다. 이 질병은 그 희생자를 에이즈 감염인으로, 연이어

서 동성애자로 아우팅하는 표시를 남겼다. 아마 가장 흔한 표시는 카포시 육종 변병일 것이다.[40]

에이즈로 인해 급진화된 많은 동성애자들은 "묻지도 말하지도 말라."라는 사회 계약을 수정하라고 요구했다. 1990년대 초, 동성애자 운동은 아우팅의 형태, 즉 본인의 의사에 반하여 동성애자라는 사실을 공개하는 형식을 취했다.[41] 오랫동안 터부시되던 아우팅은 마침내 에이즈 활동가인 미켈란젤로 시그노릴(Michelangelo Signorile)을 교주로 추대했다.[42] 동성애자 잡지인《아웃위크(OutWeek)》가 설교 연단이었다.[43] 재계의 거부인 맬컴 포브스(Malcolm Forbes) 같은 공인을 아우팅하는 시그노릴의 기사가 이 잡지에 연속적으로 게재되었다.

공개적인 아우팅은 곧 사라졌다. 많은 동성애자들에게 아우팅은 술집을 급습한 경찰이 사용했던 전술처럼, 동성애 혐오자들이 자백을 강요하는 것과 기분 나쁘도록 유사하게 다가왔다.[44] 심지어 주류 언론은 더 적대적이었다.[45]《아웃위크》는 1991년에 폐간됐다.[46] 광고주들이 그 잡지에서 손을 뗐기 때문이라는 소문도 있었다. 아우팅 규칙은 벽장에 숨어 있는 동성애자가 동성애 혐오에 적극적인 경우에만 정당화되는 것으로 한발 물러섰다.[47] 하원 의원 바니 프랭크(Barney Frank)가 말했듯이 "프라이버시의 권리는 있지만 위선의 권리는 없다." 요즈음엔 아우팅 때문에 논쟁이 붙는 일이 거의 없다는 점이 놀랍다.

동성애자 커뮤니티처럼 패싱도 에이즈 위기를 넘겼다. 누군가가 전환을 하면, 그 사람은 모든 상대방에게 전환을 한 것으로 간주된다. 패싱의 경우에는 자신의 인간관계에 속하는 관객의 숫자만큼 많은 벽장이 존재한다. 이 점이 커밍아웃을 시시포스적 과업으로 만든다. 개인적으로도 그렇고 집단의 차원에서도 그렇다. 부모님께 커밍아웃을 한 지 12년이 지난 지금도 여전히 어떤 상황에서 내가 패싱을 하는 이유가 바로 이것이다. 그리고 스톤월 항쟁 이후 37년이 흘렀지만 패싱이 여전히 동성애자 커뮤니티의 주요 이슈인 이유도 바로 이것이다.

———

스톤월 항쟁 이후 동성애자에게 요구되는 동화는 전환에서 패싱으로 그 중요성이 옮겨 갔다. 동성애자의 권리라는 관점에서 볼 때 이 변화는 진일보했다는 표시이다. 이것은 미국 사회 일각에서 전환 대신에 침묵을 받아들이는 지점까지는 동성애를 수용했다는 의미이다. 벽장 속에 숨어 지내는 것이 아무리 나쁘다 해도 전기 충격 요법 보다는 낫다.

그러나 전환과 패싱은 서로 겹쳐져 있었고, 때문에 하나에서 다른 것으로 이동하는 것이 항상 진전을 의미하지는 않는다. 동성애에 관한 미국군의 군 정책을 예로 들어 보자. 동성애는 "군 복무와 양립할 수 없다."라고 명시한 1981년의 규정이 미국 군대의 기준이었던 적이 있다.[48] 이것은 공식적으로 전환의 체제였다. 이 제도하에서 동성애자는 복무를 위해 이성애자로 전환해야 했다. 동성애자라는 이유 하나만으로 군 복무를 못하게 하는 규정은 1990년대 초반 맹공격을 받았다. 1993년에 의회와 국방부에서는 '묻지도 말하지도 말라'라는 정책으로 대응했다. 이 정책은 (2007년 현재) 여전히 유효하다.* '묻지도 말하지도 말라' 정책하에서 동성애자들은 단순히 동성애자라는 이유로 배제되지는 않지만 커밍아웃을 하는 경우에는 배제될 수 있다.[49] 1981년의 정책에서 1993년의 정책으로의 변환은 전환 요구에서 패싱 요구로의 이동을 보여 준다. 군대와 언론에서는 이 변환이 동성애자들을 위한 명백한 진전이라고 선전했다.

하지만 진전이 있었던가? 군대에 복무하는 벽장 속의 동성애자들은 언제나 그곳의 일원이었기 때문에 이 새로운 정책으로 동성애자들의 삶이 바뀌지는 않았다. 동성애 혐오자들의 삶도 바뀌지 않았다. 그들은 여전히 동성애자들과 마주치는 것을 피할 수 있다. 양성애자나 퀘스처닝(questioning) 군인들의 삶도 바뀌지 않았으며, 이들에게 동성 간의 섹슈얼리티가 실현 가능한 삶의 방식임을 보여 줄 수 있는 롤 모델은 여전히 없었다.

우리는 '묻지도 말하지도 말라' 정책이 그 이전 정책보다 동성애자에게 더 좋은 것이 아니라고 주장하는 선에서 멈출 수 있다. 혹은 더 나아가 법학 교수인 재닛 핼리(Jaret halley)의 주장에 동조해서

* 미국은 2011년 9월 20일 이 정책을 폐지하였다.

이 새로운 정책이 "훨씬 더 나쁘다."라고 말할 수도 있다.[50] 핼리 교수의 주장이 극단적으로 들리긴 하지만, 숫자를 보면 그녀가 옳았음이 입증된다.[51] '묻지도 말하지도 말라' 정책이 시행된 후 몇 년 동안 군대에서 강제 전역당한 동성애자의 숫자가 증가했다. 나는 이러한 전역 급증의 원인이 일정 부분 이 새로운 정책으로 완성된 여론 조작에 기인한다고 생각한다. 이전 정책이었다면 법정에서 폐지되었겠지만 이 새로운 정책은 다음과 같은 진보의 스토리에 감싸여 있다는 이유로 수용되었다. 한때 동성애자들은 전환을 요구받았다. 보다 문명화된 오늘날, 우리는 패싱만을 요구받는다.

실제 그렇지 않은데도 군대는 패싱 요구가 전환 요구보다 합리적이라고 믿고 있다. 우리는 이것이 부풀려진 속임수임을 지적해야 한다. 전환과 패싱은 복잡하게 얽혀 있기 때문에, 나는 이 두 가지가 흥망성쇠를 함께한다고 생각한다. 어떤 특정한 유형의 사람이 될 권리가 있는 한, 그 사람이 자신이 어떤 사람인지 말할 권리가 있는 것이 논리적으로나 윤리적으로 당연하다고 생각한다. 군대가 동성애를 적대시하는 게 아니라 공개적으로 동성애를 드러내는 것에만 적대적이라고 말할 때, 모순적이라는 생각과 함께 (동성애를 적대시하는 게 아니라는) 앞부분의 주장까지도 의심하게 된다.

이 이유에서 수정 헌법 1조는 스스로를 동성애자로 정체화하는 개인들을 보호해야 한다. 연방 대법원에서는 아직까지 이 권리에 대해 선고하지 않았다. 그러나 이 이슈에 대해 의견을 내놓은 최상급 법원에서는 이 권리의 존재를 거부한 바 있다. 1984년 연방 항소 법원에서는 진학 상담 교사였던 마조리 롤랜드(Marjorie Rowland)가 양성애자로 커밍아웃했다는 이유로 공립 학교에서 해임되었던 사건을 다루었다.[52] 판례들을 대조하는 과정에서, 법원은 "공적 관심사"를 말하고자 하는 롤랜드의 이익과 효율적인 교육 서비스를 증진하려는 학교의 이익을 견줘 보아야만 했다.[53] 법원은 롤랜드가 '단순히 자신의 개인적 이익'에 따라 말했기 때문에 '커밍아웃' 발언이 "공적 관심사"의 수준까지 올라가지 못했다고 보았다.[54] 이 법원은 롤랜드의 해고를 인정했다.[55]

보다 최근에 다른 관할 지역의 하급 법원에서는 만약 동성애자 직원 한 명이 커밍아웃한 것에 대해서 그렇게 많은 개인들이 관심을 가졌다면, 그 직원의 커밍아웃 발언은 공공의 문제라고 분별력 있게 판단함으로써 커밍아웃이 개인적인 일이라는 롤랜드 소송 판사들의 주장에 반대했다.[56] 두 법원이 서로 다른 결론을 내림에 따라 연방 대법원이 개입해서 이 불일치를 해결할 가능성이 높아지고 있다. 그때가 되면 연방 대법원은 롤랜드 판결에 대한 윌리엄 브레넌(William Brennan) 대법관의 비판을 반드시 염두에 두어야 할 것이다.[57] 대단한 진보주의자였던 브레넌 대법관은 연방 대법원이 롤랜드 사건의 심리를 기각한 것에 반대하면서, 롤랜드의 발언은 "단순히 자신의 성적 지향의 자연스러운 결과일 뿐"이므로 "그 발언을 롤랜드의 신분으로부터 분리하는 것이 현실적으로 불가능"한 이상 커밍아웃 발언은 보호받아야 한다고 말했다.[58] 연방 대법원과 국가는 이 논리, 즉 "존재할 권리"가 있다면 "그 존재가 무엇인지 말할 권리"도 있다는 것을 수용해야 한다.

———

알바트로스를 죽인 그 선원처럼 나도 지금 내 이야기를 했지만, 이 이야기에서 해방될 수 있으리라는 생각이 미련한 짓이었음을 알겠다. 내가 여지껏 했던 그 어떤 설명보다 완결성 있게 진술했지만 이조차도 얼버무림과 단순화로 가득 차 있다. 아마도 그 선원의 처지가 이랬을 것이다. 사로잡혀 있음을 인지하면서도 절대 벗어나지 못하는 이야기들 속에 있는 것 같다.

그럼에도 그 이야기를 하는 동안 나는 일말의 만족감을 느꼈다. 내 이야기를 그만해도 될 정도로 해방되지는 못했지만, 어쩌면 다른 사람의 이야기를 더 잘 들을 수 있을 정도로 해방되었을 수는 있다. 커밍아웃했을 때, 나는 이기적이라는 소리를 많이 들었다. 미묘한 방식으로도, 노골적인 방식으로도 무수히 들었다. 사람들은 나에게 쾌락주의자, 나르시스트, 색골이라고 했다. 하지만 돌이켜 보면 내가 가장 이기적이었던 시기는 커밍아웃하기 이전의 시기, 스스로를 너무나 두려워하고, 친밀함의 표현은 절대 할 수도 받을 수도 없었던 그때였다. 보다 진정한 자아로 살아갈 때의 위대한 미덕은 그 사람이 보다 활발해지는 동시에 보다 차분해지는 것이고, 이두 가지는 모두 다른 사람을 만나는 데 유리하다.

내가 빌에게 커밍아웃을 했듯이, 이제는 동성애자인 학생들이 내게 와서 커밍아웃을 한다. 그들 중 일부는 내가 그 나이였을 때보다 훨씬 앞서 있다. 10대 때 커밍아웃한 이야기, 학부에서 퀴어 연구를 부전공으로 선택한 이야기를 내게 한다. 그들이 부럽다. 자신의 성 정체성을 이 정도로 완벽하게 이론화해서 로스쿨에 오는 것은 어떤 기분일까? 그러나 어떤 학생들은 떨고 있었고, 빌이 내 자리에, 그리고 내가 그 학생들의 의자에 앉아 있었던 때를 떠올리게 했다.

나는 빌이 나에게 했던 것처럼 그 학생들을 대하려고 노력한다. 거기에는 내 수업을 듣지 말라는 충고도 포함된다. 내가 "성적 지향과 법"을 강의하면, 몇몇 학생들은 혹시 내가 성적표에 기재되는 수업명을 변경해서 회사에서 자기를 동성애자로 여기지 않도록 할 수 있을지 묻는다. 나는 수업명을 바꾸는 것이 우리 측의 암묵적인 굴복일 수 있다며 거절한다. 그 학생들에게 이런 이유로 자신들을 차별할지 모르는 고용주에게 채용되고 싶은지 물어본다. 또 그들에게 나중에 수강하라고, 준비가 되면 그 수업을 들으라고, 그동안 내가 여기에 있겠다는 말도 한다.

진정한 드러냄은 학생들이 숨어 있는 다른 벽장들에 대한 이해심을 고취했다. 선생이 된다는 것은 커밍아웃 이야기가 보편적임을 아는 것이다. 최소한 내가 가르치는 과목에서라도 말이다. 무릎에 손을 모으고 긴장한 채, 하고 싶은 말이 있는 이들은 동성애자 학생들만이 아니다. 한 다민족 학생이 자신이 어떻게 패싱했는지를 말했을 때, 나는 '패싱'이라는 단어가 남북 전쟁 이전에 노예들이 백인으로 패싱하던 관행부터 최근의 '사이버 인종(cyber-race)'이나 인터넷에서의 인종 패싱까지, 역사적으로 주로 인종과 연관되어 있음을 떠올렸다.[59] 가톨릭 신자인 한 학생은 신앙인임을 밝히는 것이 두렵다고 했다. 로스쿨에서 자신의 지적 수준을 25퍼센트 정도 깎아 볼 것이라고 생각해서였다. 이러한 대화를 근거로 나는 패싱이라는 단어가 더 이상 동성애자들만의 전용어가 아님을 예감했고, 이를 테스트하기 위해 마구잡이로 들려오는 뉴스 방송에서 '클로짓'이라는 단어를 추적했다. 내 예상은 빗나가지 않았다. 뉴스 속에는 클로짓 시인, 클로짓 공화당원, 클로짓 도박꾼, 클로짓 예술가, 야구 팀 템파베이데블레이즈의 클로짓 팬들이 가득했다. 우리는 모두 비밀스러운 자아를 가지고 있다.

이러한 비밀들은 세상 밖으로 나오고 싶어 한다. 수많은 늙은 선원들이 그러했듯, 나의 학생들도 반짝이는 눈으로 나를 붙들고 자신들의 정체성에 관한 이야기를 하고 또 한다. 그 이야기들이 너무 진부하게 들릴 때조차, 나는 이 상투적인 말들 속에서 즐거움을 느낀다. 이 상투적인 말은 바로 그 진부함을 통해서 다음 세대를 위해 이 정체성들을 보존한다. 어떤 때에는 예상치 못한 순간에 지난날의 선명했던 놀라움을 끄집어내는 이야기도 듣는다. 그 이야기는 커밍아웃하던 매 순간에 가졌던 열정과 절박함, 이제 새로운 삶이 시작된다고 말해 주던 휘몰아치는 감정을 떠오르게 한다.

동성애자 커버링

1995년 어느 날, 첫 남자 친구였던 폴이 자다가 경련을 일으키는 바람에 잠에서 깼다. 자는 도중에 폴의 몸이 마치 전기 폭풍이 지나가는 것처럼 요동칠 때가 있었지만, 폴은 깨지 않고 나만 깨곤했다. 처음 몇 달 정도는 이렇게 놀라서 깨는 것이 좋았다. 내 삶에서 그의 놀라운 존재감을 보여 주는 것 같았기 때문이다. 폴과는 처음부터 사랑을 나누는 것이 자연스러웠다. 나에게는 폴의 몸에 대한 나만의 지도가 있었다. 그가 곁에서 자고 있는 것을 보면 경외심이 느껴지면서 고요해지곤 했다.

제일 좋아하는 이탈리안 레스토랑에서, 그곳의 웨이터로 일하는 폴과 처음 만났다. 잡담을 나누다가 폴은 그 레스토랑의 '특별 이벤트'를 알려 주는 카드를 작성하라고 건넸다. 며칠 후 나는 "당신의 웨이터 알아 가기" 이벤트에 당첨되었다는 편지를 받았다.

그 웨이터와 친해지면서, 그가 줄리아드 음악 학교에서 바이올린을 전공했다는 것을 알았다. 졸업이 가까워 올 즈음 폴의 팔은 전문 바이올리니스트가 해야 하는 장시간의 연습을 견디지 못하는 상태가 되었다. 스물세 살인 그는 음악을 떠나 예일 대학교 영문학 학사 과정 중반에 있었다.

나는 폴이 기숙사 콘서트에서 연주하는 것을 처음으로 들었다. 나는 음악을 잘 몰랐다. 하지만 폴의 연주를 들은 후 '그동안 폴과 모국어가 아닌 언어로 얘기하고 있었구나.'라는 점은 확실히 알게 되었다. 그의 재능을 듣는 것은 그의 상실, 그 몸의 배신을 느끼는 것이었다.

폴은 음악을 그만둔 후 모든 것을 차선의 삶이라고 여겼다. 그럼에도 그는 그 삶에 완전히 최선을 다했다. 한번은 자기 전에 웨이터 유니폼을 다림질하는 것을 보고 내가 까다롭다고 놀리자, 그는 이렇게 대답했다. 이제 이것이 나의 삶이고, 나는 할 수 있는 한 최고의 작가이자 최고의 웨이터가 되어야 한다고. 나는 그때 폴과 사랑에 빠졌다. 우리는 내가 로스쿨에 다니던 마지막 두 해 동안 사귀었다.

아마도 우리 중 누구도 낭만적 사랑을 천부적 권리라고 여기지는 않았을 것이다. 다만 어느 정도의 자신감이 있어야 이것을 인정할 수 있을 것이다. 자라면서 나는 내가 어떤 단어와도 운율이 맞지 않는 단어라고 생각했다. 마치 '실버'나 '오렌지'라는 단어처럼 밝게 빛나지만 소네트는 엉망이 되고, 언제나 혼자 떠돌아다녔다. 먼 곳에서의 대화 소리를 듣는 것처럼, 어디선가 사랑이 진행 중이라는 것은 알았지만 내가 가는 길 위에서는 일어나지 않았다.

따라서 폴을 품에 안고, 햇빛에서 그늘로 시선을 옮길 때 그의 눈꺼풀 아래 눈동자는 어떤 색깔일까 궁금해하는 것은 정말로 엄청난 일이었다. 벗은 몸의 표면이 타인의 피부에 의해 충분히 압박될 때 어떤 일이 일어나는지, 그 누구도 적절하게 쓴 적이 없다. 이는 자아가 느리게 해체되는 과정이고, '나'를 '나 아닌 것'으로부터 구분하는 본능이 중지되는 과정이다. 다른 세기였더라면 이 필수 불가결한 따스함을 경험하지 못한 채로 죽었으리라는 확신에 몸을 떨었다. 나는 폴을 가까이 끌어당겼다. 그는 나의 룸펜, 실체가 있는 사람, 영광스러운 도치이자, 상상을 달래러 온 현실이었다. 잠에 빠져들면서, 나는 지금 여기서 모든 것이 멈추었으면 했다.

멈춘 것은 없다. 우리는 일어나 옷을 입고, 폴은 액트업(AIDS Coalition To Unleash Power, ACT UP)★ 집회에 가기 위해 스커트를 걸친다. 어떤 때 우리는 전화벨 소리에 잠이 깬다. 부모님일 수도 있기 때문에 나는 폴에게 전화를 받지 말라고 한다. 또 어떤 때는 일어나서 그에게 아침을 차려 준다. 파트너와 함께 오라는 파티에 폴을 데려가지 않아 죄책감을 느끼기 때문이다. 우리의 싸움이 거의 언제나 바깥세상과 관련된다는 것을 깨달은 이후로, 내 소원은 음식이 배달되는 무인도에 둘이 격리되어 사는 것이라고 말했다. 폴은 내가 둘을 위해 지어진 벽장을 원하는 것이라고 말했다.

★ 국제적인 에이즈 운동 단체인 '권력의해방을위한에이즈연대'를 가리킨다.

이 말을 들었을 때 화가 났다. 그즈음 나는 부모님, 친구, 학우, 교수들에게 커밍아웃을 했었다. 나는 동성애자 권리를 내 연구 주제로 삼는 등 어떤 면에서는 폴만큼이나 활발하게 활동했다. 그러나 나는 그가 무슨 말을 하는지 안다. 폴은 나보다 더 급진적인 퀴어이다. 그는 샌프란시스코에서 자랐고 열다섯 살 때 커밍아웃을 했으며 완전히 티 낼 수 있는 평등 이하의 것은 모두 자기혐오라고 생각한다.

둘 다 게이로 커밍아웃하고 살지만 우리가 게이다움을 수행하는 방식을 놓고 얼마나 많이 싸웠는지 곰곰이 생각해 본다. 비록 그때는 깨닫지 못했지만, 우리는 그 시대의 중요한 동성애 관련 논쟁을 하고 있었다. 그것은 노멀(normal)과 퀴어(queer)의 커버링을 둘러싼 논쟁이다.

———

새 천 년이 되면서 동성애자들이 스스로를 설명하는 방식은 마지막 단계로 진입했다. 사회학자 스티븐 시드먼(Steven Seidman)의 2002년 저서 『벽장을 넘어서(Beyond the Closet)』에서 보듯이, 많은 동성애자들은 "벽장을 넘어선 삶을 선택할 수 있지만 (……) 대부분의 제도가 이성애적 지배를 유지하는 세상에서 계속 생활하고 관계 맺어야만 한다."[1] 동성애자들에게 요구되는 동화는 전환에서 시작하여 패싱을 거쳐 커버링까지 변해 왔다. 미국 일부 지역에서, 우리는 이제 동성애자로 살 수 있고 드러내고 살 수 있다. '튀지' 않는 한 말이다.

내 주변의 동성애자들은 더 이상 전환과 패싱에 대해 논쟁하지 않는다. 단호히 전환에 반대하고, 패싱에 반대하고, 동시에 개개인이 자신의 뜻대로 커밍아웃하는 것을 중요시한다. 그러나 커버링에 대해 질문하면 여전히 의견이 분분하다. 개인이 동성애자로 커밍아웃한 '이후에' 주류에 얼마나 동화해야 하는가? 동성애자들이 '이성애자처럼 행동'해야 하는가, 아니면 젠더 비정형성을 채택해야 하는가?[2] 자신의 섹슈얼리티에 대해 조심스러워해야 하는가, 아니면 이것을 '티 내야' 하는가?

전환이 동성애자와 전(前) 동성애자를 구분하고 패싱이 커밍아웃한 동성애자와 그렇지 않은 동성애자를 갈랐다면, 커버링은 '노멀'과 '퀴어'를 가른다. 이 마지막 구분은 여러 모습으로 나타난다. 동화주의자와 해방주의자의 구분으로, 또는 성적 보수주의자와 급진주의자의 구분으로 말이다. 우리가 뭐라고 부르든, 이것은 오늘날 동성애자 커뮤니티의 주요 단층선이다.

나는 동화의 정치학을 받아들이는 커밍아웃 한 동성애자들을 '노멀'이라 부르고자 한다. 저술가 앤드루 설리번(Andrew Sullivan)이 이 입장을 대표한다. 1993년《뉴 리퍼블릭(New Republic)》에 영향력 있는 에세이를 쓴 이래, 설리번은 "문화적 전복으로서의 섹슈얼리티의 개념"은 "자신의 성적 지향이 천부적이라고 여길 뿐만 아니라 있는 그대로 사회에 통합되기를 바라는 대다수의 동성애자들을 소외시키므로" 동성애자들은 이를 거부해야 한다고 주장했다.[3] 설리번은 동성애자들이 (설리번의 1995년 저서 제목처럼) "사실상 노멀(virtually normal)"이 되고 있다고 믿었기에, 다음과 같이 매우 온건한 정치학을 주장했다.[4] 즉, "동성 결혼을 비롯한 몇 가지가 법제화되면, 우리는 파티를 열고 동성애자 권리 운동을 영원히 접어야 한다."[5]

나는 주류와의 차이를 강조하는 동성애자들을 '퀴어'라고 부르려 한다.[6] 럿거스(Rutgers) 대학교의 영문학 교수인 마이클 워너(Michael Warner)가 이 입장을 대표한다. 워너의 1999년 저서 『노멀과의 트러블(The Trouble with Normal)』은 설리번의 '사실상 노멀'에 대한 퀴어의 응답이다. 워너는 퀴어들에게 동성애자 권리 운동의 노멀화에 저항하도록 촉구한다.[7] "규범에 대한 변이적 집합으로 규정되는 사람들이 삶의 방식과 관계의 가치를 정상성의 척도로 재기 시작하면, 그것은 일종의 사회적 자살행위다." 이러한 이유로 워너는 퀴어들이 "지배 문화가 퀴어 문화에 동화하기를 주장해야 한다. 그 반대가 아니라."라고 생각한다.[8] 그의 정서는 슬로건 "우리는 여기 있다. 우리는 퀴어다, 익숙해져라."에서 나타난다. 이는 퀴어들에게 공간적 존재감과 이름("우리는 여기 있다. 우리는 퀴어다.")을 부여할 뿐만 아니라, 퀴어가 아니라 비퀴어에게 이 차이를 받아들이라고 명령한다.("익숙해져라.")

이러한 구분은 '양복쟁이들(Suits)'과 '기이한 사람들(queer)'이라는 스톤월 시대의 논쟁으로 거슬러 올라가지만 최근에 더 두드러진다. 동성애자들에 대한 사회적 태도가 부드러워지면서, '좋은' 이성애자들과 '나쁜' 동성애자들을 가르던 역사적 경계선이 어떤 면에서는 '좋은' 이성애자들 및 노멀들을 한편으로, '나쁜' 퀴어들을 다른 한편으로 구분하는 것으로 옮겨 갔다. 동성애자들은 더 이상 하나의 획일적인 병리적 집단이 아니지만, 충성 맹세를 하라는 압박을 점점 더 느끼게 된다. 즉 기쁘게 주류로 녹아들어 가든가, 아니면 계속되는 차이의 이름으로 저항하라는 것이다. 아프리카계 미국인들이 통합과 분리주의로 갈라졌듯이, 또는 여성들이 평등과 차이의 페미니즘으로 갈라졌듯이, 동성애자들은 노멀함과 퀴어다움으로 갈라지고 있다.

노멀과 퀴어는 너무 분열되어서 때로는 동성애 혐오에 맞서 싸울 때만큼이나 격렬하게 싸운다. 노멀은 퀴어가 모든 동성애자에게 오명을 씌운다고 생각하며 비난한다. 저술가 브루스 바워(Bruce Bawer)는 동성애자 자긍심 행진에서 "삼각 수영복을 입은 남자들"과 "가슴을 드러낸 여자들" 같은 눈에 띄는 예외적인 몇 명이 "계속되는 불평등을 강화하는 잘못된 인식을 뒷받침한다."라고 맹공격한다.[9] 퀴어 역시 노멀을 공격한다. 왜냐하면 노멀이 이성애자들에게 받아들여지려 애쓰면서 퀴어를 배신한다고 느끼기 때문이다. 워너는 노멀이 "존중의 사다리 더 아래에 있는 이들에게 치욕을 안긴다."라고 비난한다.[10]

이러한 논쟁은 나를 매혹시켰다. 그 이유 중 하나는 내가 두 편 모두에 속해 보았기 때문이다. 나는 폴에 비해서는 상대적으로 노멀한 역할을 맡았다. 젠더 구분이 없는 방식으로 옷을 입고 싶지 않았고 공공장소에서 애정을 표현하고 싶지 않았으며, 폴이 그러는 것도 좋아하지 않았다. 그러나 이제는 내가 다른 이들보다는 상대적으로 퀴어한 역할을 한다고 생각한다. 예를 들어 나는 동성애자 권리 연구 때문에 "전투적"인 사람처럼 보인다는 소리를 듣는다. (대개는 나를 이 '전투'에서 멀어지게 하려는 사람들이 이렇게 말한다.) 많은 동성애자들처럼 나는 자신을 어떤 이슈에서는 노멀로, 어떤 이슈에서는 퀴어로 여기게 되었다.

이는 동성애자들이 다양한 축을 따라 커버링할 수 있음을 보여준다. 나는 네 가지 축이 존재한다고 생각한다. '외양(appearance)'은 신체적으로 자신을 세계에 내보이는 방식과 관련이 있다. '소속(affiliation)'은 문화적 동일시와 관련이 있다. '액티비즘(activism)'은 자신의 정체성을 얼마나 정치화하느냐와 관련이 있다. '연계(association)'는 연인, 친구, 동료 등 동행인의 선택과 관련이 있다. 동성애자들은 이 네 가지 차원 위에서 자신이 정확히 얼마나 동성애자이기를 원하는지 결정한다.

이 장에서는 그야말로 일반적인 유형을 상정하고 주장을 편다. 전환이나 패싱과 달리 커버링은 소수 인종, 여성, 종교적 소수자, 장애인 등 전형적인 민권 집단에만 국한되지 않고 모든 집단에 적용 가능한 동화주의 전략이다. 이 네 개의 축은 우리 '모두'가 정체성을 절제하거나 과시할 수 있는 근본적인 차원들이다. 앞으로의 논의에서 이 네 가지 축이 공식적으로 언급될 일은 없을 것이다. 하지만 이에 대해 명료하게 소개하고 싶다는 생각에, 이 장에서 공식적으로 언급하고자 한다.

외양

동성애자의 외양에 기반한 커버링에 대해 생각하는 것은 동성애가 결국은 그렇게 비가시적이지 않음을 인식하는 것이다. 사람들은 흔히 게이는 '여성적'이고, 레즈비언은 '남성적'일 것이라 생각한다. 19세기에는 이러한 관련성이 "(성) 전도", 즉 남성의 몸에 갇힌 여성 혹은 그 반대의 상태이기 때문이라고 여기기도 했다. 남성의 몸에 갇힌 여성은 남성에 대한 욕망뿐 아니라 '여성적' 정서도 표현할 것이라고 여겨졌다. 푸코는 동성애자의 성 정체성은 "그의 얼굴과 몸에 노골적으로 쓰여 있으며 (……) 언제나 스스로를 누설하는 비밀이다."[11] 라고 말했다.

이러한 고정 관념과는 반대로 "이성애자처럼 행동"하는 동성애자는 이성애자의 수용을 얻을 가능성이 높다. "네가 동성애자일 거라곤 상상도 못했어."라는 말은 남자보다 더 남자다운 게이 또는 여자보다 더 여자다운 립스틱 레즈비언을 위해 남겨 놓은 칭찬이다. 개인 또는 집단으로서 동성애자들은 외양적 차원에서의 자기표현에 대해 남의 시선을 매우 의식한다. 나는 최근에 얼마나 '이성애자처럼 행동'하고 있는지 동성애자들이 확인하도록 도와주는 웹 사이트 하나를 우연히 발견했다.[12] 예컨대 촛불을 켜고, 페디큐어를 받고, (내가 제일 좋아하는) 꽃 주문을 즐기는 남성에게 위험 표시가 뜬다. 그리고 동성애자 권리의 대표 얼굴로 법정이나 세상 앞에 나서는 동성애자 원고들의 면면을 보면, 해군 장교 후보생 조지프 스테판(Joseph Steffan)이나 스카우트 리더 제임스 데일(James Dale) 등 '이성애자처럼 행동하는' 남성들이다.[13] 드랙 퀸 시몬을 연기하는 아프리카계 미국인 군 요원 페리 왓킨스(Perry Watkins)는 똑같이 모범적인 이력을 가지고 있지만 원고로서는 보기 드문 경우다.[14] 여기서 동성애자 권리 소송이나 홍보는 다음과 같은 동일한 정언 명령에 의해 움직인다. 마치 실험실에서 대조군을 만들듯, 성적 지향 말고는 모든 면에서 이성애자와 똑같은 동성애자를 내세워라. 1993년 《뉴욕 타임스》 기사는 스테판을 "이 투쟁의 완벽한 상징"인 "절제된, 말쑥한 옆집 청년"의 체현이라고 묘사했다.[15] '완벽'이 '이성애자처럼 행동하기'를 의미한다는 것을 강조하기 위해, 이 기사는 "누구도 조 스테판을 끼순이*라고 부를 수 없을 것이다."라고 부연 설명했다.

젠더 순응의 해악은 무엇인가? 순응은 즐거움과 동시에 고통을 가져다주기에, 나의 대답은 복잡하다. 자라면서 여자는 미스터리한 존재가 아니었다. 나는 여자가 어떤지 알았다. 또는 안다고 생각했다. 내게는 남자가 미스터리한 존재였고, 남자의 폭력성, 성욕, 그리고 사냥 능력을 잘 알 수 없었다. 여러 해 동안 나는 '이성애자처럼

★　Screanimg queen, 한눈에 동성애자임을 알 수 있도록 과장된 행동을 하는 남성 동성애자.

행동하기' 규범에 순응하려고 애쓰지 않았다. 내가 할 수 있을 것이라고 생각하지 않았다. 그리고 아마도 그 포기를 통해 나 자신의 고결함을 획득했다.

역설적으로 '이성애자처럼 행동하라'라는 추동력은 동성애자들로부터 나왔다. (고프먼의 말처럼 낙인찍힌 집단은 스스로를 '규범화'하기 위해서 특별히 노력하는 경우가 많다.[16]) 스물두 살에 커밍아웃을 한 후, 나는 게이 커뮤니티가 남성성에 얼마나 집착하는지 알게 되었다. 게이의 연락용 광고는 어디에서나 이렇게 쓰여 있다. "이성애자 같이 행동할 것." "여성스러운 사람을 좋아한다면 여자랑 사귀었겠지." 착각일 수도 있지만, 나는 내가 이 세계에서 데이트를 하고 싶다면 '이성애자처럼 행동하는' 몸을 만들어야 한다고 생각했다.

그래서 나는 헬스클럽으로 향했다. 거기서 알게 된 것이 나를 얼마나 기쁘게 했는지! 나는 남자의 몸에 어떤 미스터리도 없다는 것을 깨달았다. 그곳에서는 그저 무거운 물체를 들어 올렸다가 다시 내려놓기만 하면 되었다. 그 정도쯤은 나도 할 수 있었다. 계단을 잘라 놓은 것 같은 운동 기구 스테어마스터에 몸을 맡기고 남자다움의 계단을 오르도록 했다. 운동을 하면서 지극히 남자다운 생각을 하지 않았다는 점은 인정하겠다. 나는 레즈비언 시로 반짝이는 헬스클럽을 상상했다. 수영장에서는 에밀리 디킨슨(Emily Dickinson)의 시 「나는 보고 싶다. 그것이 수십 리나 되는 길을 달리고」[17]를, 덤벨 선반에서는 에이드리언 리치(Adrienne Rich)의 「죽음으로서의 반복의 경험」[18]을 떠올렸다. 하지만 누구도 그것을 알 필요는 없었다.

그러나 '이성애자처럼 행동하기' 규범으로 동화되는 모든 행동이 은총처럼 느껴진 것은 아니다. 대학 강의를 시작했을 때, 나는 내가 어떻게 보일지 걱정했다. 많은 젊은 교수들과 마찬가지로 학생들이 내게 몰려들었다. 물론 나는 학생들과 일하는 것을 진정으로 즐겼지만, 그러면서도 경계선을 설정하기 위해 분투했다. 나의 1차적 걱정은 성적 지향과는 전혀 관계가 없었다. (그보다는) 내 연구 성과에 따라 종신 교수직이 결정된다는 것을 알았기에 연구를 위해 시간을 할애해야 했다. 다만 아주 작은 목소리가 나를 압박했다. 자상한 게이, 즉 남성에게는 드문 연민과 감수성을 지닌 판에 박힌 게이라는 고정 관념을 피하라는 목소리였다. 나는 내가 진지하게 받아들여지기를, 그래서 나의 지적인 적극성을 이성애자 남자 동료들만큼 공개적으로 표현할 수 있기를 원했다.

다른 여러 커버링 요구처럼, 이러한 목소리는 내면에서 나온 것이었다. 어떤 동료도 내게 그런 말을 한 적이 없었다. 나는 그 목소리를 듣지 않았다. 나는 자상한 특질을 가지고 있었고 그 특질을 소중히 여겼다. 고정 관념을 반박하려고 학생들에게 자상함을 베풀지 않는 것은 문제를 키우는 일이었고, 심지어는 비윤리적이었다. 요즘 내가 경계선을 유지하는 경우가 있다면 그것은 다른 이유 때문이다.

소속

몇 해 전 여름, 나는 파이어아일랜드(Fire Island)의 여행 대열에 동참했다. 수년간 게이들이 나에게 왜 파인스(Pines)의 게이 커뮤니티에 가지 않았는지 물었고, 나는 계속해서 난색을 표했다. 나의 저항은 교수라는 정체성에서 기인했다. 책벌레 같은 나의 자아가 그 장소와 어울리지 않을까 봐, 클리셰에 무릎을 꿇을까 봐 두려웠다.

나는 호기심에 지고 말았다. 첫 번째 외출에서 여행의 매 구간이 갈수록 게이스러워지는 방식이 재미있었다. 펜 스테이션(Penn Station)에서 바빌론(Babylon)까지 가는 기차의 승객들 중에는 동성애자가 눈에 띌 만큼 많지는 않았다. 바빌론에서 세이빌(Sayville)까지 가는 동안 인구 분포가 점차 동성애자로 편중되었다. 세이빌 페리 정류장에 도착할 즈음에는 모든 사람이 동성애자였고, 거기서 게이는 레즈비언과 나뉘었다.

도착한 곳에 폭우가 내려서 흥이 좀 식었다. 덮어 버릴 듯한 비는 항구의 픽셀 하나하나를 점묘법으로 채웠고, 그 유명한 판자 길의 위용을 벗겨 버렸다. 나는 우산이 없었고, 혼자였고, 숙소를 찾을 수 없었다. 동지애와 우산으로 만개한 남자들 한 무리가 반대 방향으로 들어섰다. 나는 그들이 지나갈 수 있게 판자 길 다른 쪽으로 물러섰다. 그중 하나가 무리에서 떨어져 나와 자기 우산을 권했고, 입을 열어 피노스 섬에서의 내 캐릭터가 된 말을 했다.

"자기." 그가 말했다. "이 우산 받아요. 머리카락이 녹았네."

그때 유대 전통을 따르지 않는 유대인 동료가 처음으로 이스라엘을 방문하고 느꼈던 바를 설명하던 일이 생각났다. 그 역시 주변 사람들에게서 왜 아직도 안 갔느냐는 질문을 받았다. 그 역시 성인이 될 때까지 저항해 왔다. 그러나 엘 알 이스라엘 항공기가 텔 아비브(Tel Aviv)에 착륙했을 때, 그리고 승객들이 이스라엘 국가「하티크바(Hatikvah)」를 부를 때, 그는 그 땅 위에 입 맞추고 싶어졌다.

최근에 어머니와 함께 파이어아일랜드에 간 한 게이 친구는, 어머니들도 다양하다는 점을 알려 주었다. 나는 미국 중서부 출신의 70대 어머니가 자기네들 일에 열중해 있는 번쩍거리는 벌거벗은 윗통들 사이를 누비며 지나가는 장면을 상상해 보았다. 나는 그에게 대체 무슨 생각이었느냐고 물었다. "어머니가 나에게도 문화가 있다는 것을 알아줬으면 했어." 그는 약간 도전적으로 턱을 기울이며 말했다. 나는 그 문화에 대해 설명해 달라고 했다. 그는 자신의 평범한 욕구가 특별한 것이 아닌 문화, 동성애자 평등을 상상할 수 있는 문화, 벽장이 무대를 향해 열린 문화라고 말했다. 그가 결코 가지지 못했던 시간을 만회할 수 있는 문화, 끔찍한 비밀 때문에 친구와 멀어져 본 경험이 없는 청소년기를 경험할 수 있는 문화라는 것이다. 그는 또 자신을 역사와 지리를 가진 하나의 커뮤니티로 묶어 주는, 섹스와 끼와 기발함의 문화라고 말했다. 나는 그에게 어머니가 이 문화를 이해했는지 물었다. 그는 이해했을 거라고 답했다. 집으로 돌아오는 배에서 어머니가 동성애자들은 이성애자 문화에서 매우 억눌리는 느낌이었겠다고 말했다는 것이다. 그 억압에서 자유로워졌을 때 그렇게 많이 티를 내야 할 만큼 말이다. 그리고 그에게 근력 운동을 좀 더 해야 하지 않겠느냐고 물었다고 한다.

이 장소는 하나의 견본에 불과하다. 동성애자 문화망은 이제 미국 전역으로 확장되고 있다. 예를 들면 「엘 워드(The L Word)」나 「윌 앤 그레이스(Will and Grace)」 같은 동성애자의 이야기를 담은 TV 드라마, 케이 디 랭(k. d. lang)이나 엘튼 존(Elton John) 같은 동성애자 뮤지션, 칼하트나 복서브리프 같은 게이 패션, 주디 갈란드(Judy Garland)와 그레타 가르보(Greta Garbo) 같은 게이 디바들, 반스(Djuna Barnes)와 와일드(Oscar Wilde) 같은 게이 작가들, 스페셜 K와 포퍼스(poppers)같이 게이 마약이라 불리는 식품들, 피겨 스케이팅이나 체조 같은 게이 스포츠 등이 있다. 역사적으로 소위 '헤어핀 떨어뜨리기'라고 하는 게이 문화를 암시하는 행동들은 게이들이 외부 세상에서 패싱을 하면서 서로를 알아보는 수단이었다.[19] 이제 이러한 레퍼런스들은 오픈리 동성애자의 특징이다. 동성애자 문화를 향유하는 동성애자들은 성 소수자 TV 프로그램 「인 더 라이프(In the life)」에서 볼 수 있고, 이를 멀리하는 동성애자들은 주류에서 볼 수 있다고 여겨진다.

동성애자들에게 문화적 커버링을 요구하는 사람이 있기는 한지 물을 수도 있다. 미국은 동성애자들에게 동성애자 문화를 침묵하도록 강요하기는커녕, 점점 더 이를 과시하라고 부추기는 듯 보인다. 최근의 예시는 히트한 「퀴어 아이(Queer Eye for the Straight guy)」 시리즈이다. 이 프로그램에서는 5명의 게이가 각자의 전문 영역인 패션, 음식과 와인, 인테리어 디자인, 외모 관리, 문화적인 면에서 이성애자 남자를 (그리고 시청자들을) 변신시킨다. 「퀴어 아이」의 성공은 최소한 게이 남성만큼은 모범 소수자로 여겨진다는 뜻이다. 즉 한국계 미국인인 해럴드 고(Harold Koh) 예일 대학교 학장의 말처럼 "게이는 새로운 아시아인"이다. 아시아계 미국인들이 긍정적인 고정 관념 역시 고정 관념이라고 지적했듯이, 게이들은 「퀴어 아이」가 게이라면 누구나 당근을 어떻게 채 써는지 아는 것처럼 보여 주면서 게이들을 한 가지 이미지에 가두었다고 주장했다. 하지만 이 쇼의 옹호자들은 곧바로 "동성애 혐오보다는 이게 낫다."라고 응수한다. 동성애자들을 이성애자로 전환시키려는 시도로 시작되는 역사를 감안하면 이 쇼는 놀랍다. 이제 게이 남성이 이성애자 남성에게 어떻게 행동해야 할지를 가르치고 있으니 말이다, 그 반대가 아니라.

그러나 「퀴어 아이」의 승리는 완전한 승리에는 미치지 못한다. 친구 어머니가 파이어아일랜드를 일상 속의 동성애자 문화 억압에 대한 하나의 징후로 독해한 것은 옳았다. 문화적 커버링 요구를 어디서 경험했는지 생각할 때 나는 피노스 섬에서 되돌아오는 여정을 떠올린다. 기차를 타고 오는 길에 주변을 둘러보다가 어느 순간 국면이 바뀌었음을 깨달았다. 이성애자 문화가 다시 효력을 발휘하기 시작한 것이다. 서로 팔을 둘렀던 남자들은 떨어졌고, 맞잡고 있던 손가락은 풀어졌고, 문신한 몸은 옷 아래로 사라졌고, 얼굴은 굳어졌다. 계절이 바뀌는 순간이나 사랑에서 헤어 나오는 순간만큼이나 감지할 수 없는 순간이었다.

동성애자 패션? 괜찮아! 동성애자 사랑? 안 돼! 라는 식으로 동성애자 문화를 선택적으로 향유하는 것은, 그 수용 기준이 동성애자의 존엄보다 이성애자인 문화 소비자의 욕구에 있음을 보여 주는 것이다. 소비자가 소수자 문화를 차용할 때 선택을 하는 것은 당연하다. 소비자는 자신에게 의미 있는 부분, 자신에게 즐거움과 자기 규정을 부여하는 부분을 취한다. 그런 면에서 소수자 문화의 소비자들은 그 문화의 구성원들과 그리 다르지 않다. 어떤 특질의 대중적 인기에 관계없이 그 특질을 갖고 있는 이들이 가치를 두는 것을 받아들이는 것이 진정한 다원주의다.

액티비즘

부모님에게 커밍아웃을 한 때가 2001년이니 벌써 10년이 지났다. 하지만 나는 여전히 똑같은, 마치 꿈속의 소파처럼 아직도 티 하나 없이 말끔한 아이보리색 소파에 앉아 있었다. 나는 《뉴욕 타임스》에 나올 내 연구에 대한 기사에서 내가 게이라는 사실도 언급될 참이라는 사실을 부모님에게 말하려고 보스턴에 왔다.[20] 부모님에게 커밍아웃을 한 지 얼마나 오래되었는지를 감안하면, 이 알림이 중대한 일은 아니어야 했다. 하지만 중대했다.

부모님에게 커밍아웃을 한 후에, 우리는 '묻지도 말하지도 말라' 형태로 타협했다. 나는 부모님에게 나의 사생활에 대해 아무것도 말하지 않았고 부모님도 묻지 않았다. 나는 폴을 만났고, 데이트했고, 헤어졌다. 부모님은 폴의 존재를 알지 못했다. 지금은 더 강하게 밀어붙이지 않은 것을 후회한다. 나를 위해, 폴과 그다음 사람들을 위해, 그리고 부모님을 위해서 말이다. 하지만 일본인인 부모님의 눈에 동성애가 얼마나 받아들이기 힘든 것일까 하는 생각 때문에 자신을 억눌렀다.

나는 20대 후반에 일본의 동성애에 대해 공부하기 시작했다.[21] 나는 19세기 중반의 전반기까지 이어진 남성-남성 섹슈얼리티의 전통에 대해 읽었다. 이 전통은 그리스 전통과 유사했는데, 나이 든 남성은 여성과 성관계를 가지면서도 젊은 남성을 성적인 면 등 여러 측면에서 남성다움으로 이끌기도 했다. 이하라 사이카쿠(井原西鶴)는 1687년에 널리 팔린 저서 『남색대감(男色大鑑, the Great Mirror of Male Love)』에서 양성애자 독자에게 "어느 것이 더 좋은가?"로 시작하는 일련의 질문을 던진다. "소년 남창과 즐기는 방에 번개가 치는 것인가, 아니면 잘 알지도 못하는 기생이 같이 죽자고 면도날을 건네는 것인가?"[22]

일본 스스로 선택했던 '세계로부터의 고립'이 1868년 메이지 유신으로 끝나면서 일본의 남성-남성 섹슈얼리티의 전통도 시들해졌다. 서구 국가에 종속되는 악명 높은 '불평등 조약'을 체결한 후, 일본은 동료로 대우받기 위해서는 근대화를 해야 한다는 것을 깨달았다. 근대화에는 메이지 헌법을 채택하고, 산업화를 수용하며, 동성애와 같은 '야만적인' 문화적 관행을 부정하는 것 등이 포함되었다. 일본 역사는 동성애를 오지에서만 있었던 일이라고 다시 쓰기 시작했다. 숙청은 효과가 있었다. 태어날 때부터 학부를 졸업할 때까지 한 번 빼고는 여름을 모두 일본에서 보냈음에도 나는 커밍아 웃한 일본인 동성애자를 만나 본 적이 없었고, 심지어는 들어 본 적 도 없었다.

일본에서 동성애자 권리가 싹트고 있다는 소식이 들린다. 1994 년에 첫 동성애자 자긍심 행진이 열렸다.[23] 1997년에 도쿄 항소 법 원이 결사의 자유 문제에 대해서 동성애자 인권 단체를 지지하는 판결을 내렸다.[24] 친동성애 법원과 논객들은 일본의 토착적인 동성 애 전통을 인용하기보다는 다시 서구를 본보기 삼아 미국의 동성 애자 권리 운동을 참고했다. 일본은 번번이 선생님과 충돌하더라도 그의 말을 잘 따르는 착실한 학생처럼, 처음에는 동성애는 혐오스 러운 습성이라는 서구의 말을 따랐고, 이제는 동성애가 온건한 다 양성이라는 말을 따르기 시작했다.

내가 아는 한 변화의 속도는 빙하의 움직임처럼 더디었다. 아 니, 어쩌면 얼어붙어 있는 것은 나였을지도 모른다. 지금까지도 "나 는 동성애자입니다."라고 일본어로 말하지 못한다. 나 자신의 이중 정체성을 이용해서 부모님의 시점으로 동성애를 보는 것이 가능했 다. 이 탓에 여러 해 동안 모든 발언이 무산되었다.

그래서 우리는 다시 여기에, 내가 커밍아웃을 하던 날과 같은 모습으로 마주하고 있다.

"네가 게이라는 것은 받아들였다." 어머니가 일본어로 말했다. "하지만 왜 네가 잔 다아쿠가 되어야만 하는지 잘 모르겠구나."

"뭐라고요?" 나는 일본어로 물었다. 나는 이 말이 외래어라는 것은 알았지만, 어느 언어에서 온 것인지는 몰랐다. 일본어는 모든 언어에서 말을 가지고 온다. 파트타임 일을 지칭하는 아루바이토는 독일어에서 왔고, 빵을 말하는 팡은 포르투갈어에서 왔다.

"깃발 들고 다니는 사람."

"누구요?" 갑자기 화제에서 벗어난 대화를 나누는 것이 우리 사이의 소소한 즐거움이다.

"프랑스를 구하라는 하느님의 계시를 들은 여자."

"조앤 오브 아크(A Joan of Arc)?"[*]

"그래." 프랑스어에서 온 말이었다. "수많은 동성애자들이 그걸 자신의 대의로 삼지 않고도 살아가잖아. 그런데 왜 넌 그래야 하는 거니?"

나는 여러 해 동안 이 질문과 씨름해 왔다. 자기비판을 하자면, 나의 액티비즘이 지나치게 저항적이고, 자기혐오에 맞서는 방어였다고 생각한다. 또는 오이디푸스의 절규, 내 말을 들어줄 때까지 계속해서 말하려는 시도일 수도 있었다. 이 답변 중 어느 것도 맞다고 생각되지 않았다. 그렇다고 내가 하고 싶은 대답인 "나는 언제나 사회 정의에 헌신해 왔다." 역시 맞는 것 같지 않다. 자라면서 나는 정치학보다는 미학에 관심이 많았다. 로스쿨조차도 나는 타인이 아니라 자신을 보호하기 위해 진학했다.

자연스럽게 다가오는 것을 하다 보니 이 연구로 이끌려 왔다.

---

[*] 잔 다르크의 영어식 발음.

나의 연구는 내가 누구이며 어디에 있고 어느 순간에 존재하는지에 대한 답처럼 보인다. 제임스 볼드윈(James Baldwin)의 중요한 시구처럼, 나는 내 피가 끓는 길을 갔다.[25]

"그게 제가 하는 일이에요." 나는 변변치 않게 말하며 '동성애자 활동가' 유전자를 주장하는 것은 어떨지 생각했다.

"하지만 왜 꼭 너야?" 어머니가 물었다. "동성애 법이 아니라 헌법을 가르쳐도 되잖아. 너는 비난을 도맡아 받을 거야. 사람들은 널 싫어할 거야."

"그런 말 하기에는 조금 늦었어요." 나는 말했다. "벌써 욕 메일을 받고 있어요"

"욕 메일을 받는다고?" 나는 아버지가 이 디테일 때문에 재빠르게 입을 뗀 이유가 궁금했다. 불현듯 그에게서 1950년대 미국의 열여덟 살짜리 일본인의 모습이 비쳤다.

"제가 무언가를 성취하고 있다는 것을 아는 방법 중 하나지요." 나는 가볍게 말했다. 나는 이름을 붙일 만큼 충분히 느끼지 못하는 감정의 표면을 미끄러지듯 가로지르며 모든 어조를 가볍게 유지하려고 노력했다. 하지만 그것은 실수였다. 너무 건성으로 말하는 것처럼 들렸던 것이다.

"네가 하는 일은 우리에게도 영향을 끼친단다." 어머니의 목소리가 갑자기 슬픔으로 무거워졌다. "네가 너무 큰 목소리를 낸다면, 우리의 세계가 아주 작아질 거야".

나는 절망의 표면으로 고꾸라졌다. 수년간 나는 희미하게 국가들이 표시된 빛바랜 지도가 나오는 꿈을 계속 꾸었다. 루비색 얼룩이 종이의 긴 수직 섬유를 따라 지도 위로 퍼진다. 얼룩의 출처는 보이지 않고, 나는 그것이 저절로 없어지기를 기대한다. 하지만 얼룩은 지도 전체를 거침없이, 메스껍도록 움직인다. 이 꿈은 내가 커밍아웃하기 오래전에 시작되었고, 아마도 내 성적 지향과는 상관없을 것이다. 하지만 나는 이것을 나의 '동성애자 꿈'이라고 여기게 되었다.

어머니의 말을 들으면서, 나는 동성애자로서 가장 어려운 때가 언제인지 생각했다. 벽장 안에 있을 때일 수도 있고, 요절할지 모른다는 걱정으로 잠 못 이룰 때일 수도 있다. 그리고 부모님이 나의 연구를 살 만한 세상에 서식하는 얼룩 하나 정도로밖에 보지 않는다고 느끼는 이 순간일 수도 있다.

연계

1996년, 폴과 나는 헤어졌다. 폴은 침대에서 무릎을 감싸 안고 앉아 있었다. 우리 둘 다 졸업을 앞두고 있었다. 나는 로스쿨을, 그는 대학교를. 나는 졸업 후에 뉴헤이븐에서 로클럭을 하기로 되어 있었다. 폴은 사랑하는 샌프란시스코로 되돌아가는 대신 여기서 한 해 더 지내는 데에 합의하고 싶어 했다. 내가 좀 쉬면서 자신과 시간을 더 많이 보내는 것이 조건이었다. 나는 그럴 수 없다고 말했다. 풀타임으로 일하며 교수직을 찾으려던 참이었다. 나는 폴에게 이것은 몇 년 동안 준비 해 온 일생일대의 싸움이라고 말했다. 그리고 끝이었다.

　이성애자든 동성애자든, 수많은 커플들이 매일 이런 대화를 한다. 우리의 이별에서 특히 내가 게이이기 때문에 경험했고 또 후회하는 점은 나에게 유연성이 부족했다는 것이다. 폴이 여자였다면 이렇게까지 융통성 없이 굴지는 않았을 것이다. 늘 하던 대로, 우리 관계보다 내 커리어를 우선시하는 것이 쉬웠다. 커리어는 명성이며, 공적 지위의 원천이다. 관계는 낙인찍혀 있고, 대개 비밀이다. 나는 로스쿨의 친구들이나 부모님에게 폴을 소개한 적이 없다. 폴은 내가 그렸던 세계나 미래에 등장하지 않았다. 그가 결코 존재한 적 없던 삶에서 그를 삭제하는 것은 간단한 일이었다. 얼마나 고통스럽든지 간에 말이다.

　우리의 관계를 부정하던 시기에, 나는 동성애자 커플보다 동성애자 개인을 더 받아들이기 쉽다고 말하는 문화에 귀 기울이고 있었다. "쟤들이 침대에서는 뭘 하든 신경 안 써." 캠퍼스에서 입 맞추고 있는 두 남자를 지나쳐 가며 한 친구가 말했다. "왜 공공장소에서 저러는지 이해가 안 갈 뿐이지." 그 당시에도 나는 동성애자의 단골 답변으로 응수할 수 있었다. 그녀가 두 남성의 입맞춤을 이성애의 기준선에 어긋나는 티 내기로 보고 있다고 말해 주었다. 그녀 역시 남자 친구와 공공장소에서 애정 행각을 하지만, 그것은 그저 일상적인 일이었다. "나는 동성애자야."라는 말에는 당황하지 않는 사람이 누군가가 동성애자임을 표현하는 상황을 볼 때에는 왜 그렇게 불쾌해하는지 그 당시에도 의아했다.

내가 제일 좋아하는 것은 푸코의 답변이다.[26] 1988년에 푸코는 이렇게 말했다. "사람들은 동성애자 둘이 함께 자리를 뜨는 것은 용납한다. 하지만 그다음 날 그들이 미소를 지으며, 손을 잡고 다정하게 안고 있는 것은 용서하지 못한다. 용납할 수 없는 것은 쾌락을 위해 자리를 뜨는 것이 아니라, 바로 행복하게 잠에서 깨는 것이다." 이것이 포착하는 반직관적인 진실 때문에 나는 이 인용을 사랑한다. 동성애자, 특히 남성 동성애자는 종종 불안정하고 고립되고 난잡하게 그려진다. 이러한 묘사에는 동성애자들이 보다 존중받을 만하다면 더 존중받으리라는 의미가 담겨 있다. 동성애자들이 서로 사랑할 수 있다면, 사람들에게 더욱 사랑을 받을 수 있을 것이라는 뜻이다. 푸코는 이러한 일반적 통념에 이의를 제기한다. 푸코는 동성애자가 사랑을 해도 사람들(이 책에서 나는 '일부 사람들'이라고 하겠다.)은 동성애자를 더 사랑하지 않을 것이라고 말한다. 만약 동성애자들이 사랑이 아닌 은밀한 관계를 갖는다면 도덕주의자들은 그 관계 역시 비천하게 그릴 것이다. 결국 "쾌락을 위해 자리를 뜨는 것"은 이탈일 뿐이다. 사람들은 동성애자 커플이 어디로 가는지를 알 필요가 없고, 보이지 않는 곳에서의 행위가 사람들이 바라는 것처럼 덧없고 불행하리라 마음대로 상상할 수 있다. 그들이 분개하는 지점은 관계가 유지되는 행복한 동성 커플을 보는 것이다.

폴은 행복하게 잠 깨는 것에 능했다. 타인의 시선을 의식하지 않는 것은 아니었지만, 나보다 그 시선을 잘 무시했다. 휘트니 애비

뉴(Whitney Avenue)를 걸을 때면 폴은 무의식적인 애정의 발현으로 내 손을 잡곤 했다. 나는 스스로 속이 좁다고 느끼면서도 대개는 그 손을 거절했다. 기억에 남아 있는 한 장면은 아직도 몸을 움찔하게 한다. 폴과 나는 병원에 갔는데, 어쩌면 심각할지도 모르는 폴의 진단 결과를 듣기 위해서였다. 대기실에서 그는 오른쪽 다리를 착암기처럼 덜덜 떨었다. 폴이 내게 손을 뻗었지만, 나는 은근슬쩍 밀쳐 냈다.

손잡는 게 뭐가 중요한가? 나는 그렇게 생각했을 것이다. 폴은 내가 걱정하고 있다는 것을 안다. 우리 아파트에서, 둘만 있는 곳에서 보여 주었으니 말이다. 하지만 지금의 나는 폴의 행동을 다르게 해석한다. 나는 동성애자라고 말하면서, 내 자신을 가치 있는 존재로 여기겠다는 의지를 보였다. 폴은 나에게 손을 뻗으면서 내가 자기에게도 똑같은 우선순위를 부여하는지 물었던 것이다.

2004년, 폴과 폴의 파트너는 샌프란시스코에서 처음으로 동성 결혼을 한 커플들 중 하나가 되었다. 언제나 실용적인 폴은 친구들에게 결혼 선물 대신 휴먼 라이츠 캠페인(Human Rights Campaign)에 후원금을 보내 달라고 부탁했다. 나는 폴이 이 나라에서 다른 남자와 결혼한 최초의 남자 중 한 사람이 되어서 기쁘다. 이것이 그가 온갖 역경에도 굴하지 않고 손을 뻗은 것의 보상이라고 생각한다.

커버링은 전환이나 패싱보다 복잡한 형태의 동화이다. 가장 기본적인 수준에서, 커버링은 분류하기가 더 골치 아픈 이슈다. 예컨대 간혹 어떤 이들은 내게 동성 결혼을 커버링 행동이라고 생각하는지, 티를 내는 행동이라고 생각하는지 질문하곤 한다. 나는 둘 다라고 생각한다. 소속의 축에서 보자면 결혼은 커버링 행동이다.[27] 왜냐하면 결혼은 역사적으로 이성애 문화와 관련되어 있기 때문이다. 이것이 워너와 같은 퀴어들이 결혼을 비난하고 설리번 같은 노멀들이 결혼을 동화주의적 행동으로 지지하는 이유이다. 그러나 외양, 액티비즘 또는 연계의 축에서 볼 때 결혼은 과시의 행동이다.[28] 이것이 우익 도덕주의자들이 동성 결혼을 동성애자들이 평등을 주장하는 데 있어 점점 뻔뻔해지는 신호라 여기며 반대하는 이유다.

커버링은 또한 도덕적으로 복잡하다. 전환과 패싱이 심각하게 해가 된다고 인정하는 이들도 커버링에 대해서는 그렇게 느끼지 않는 경우가 많다. 그들은 종종 커버링 요구가 매우 적절하다고 인식한다. 동성애자들이 젠더 구분 없이 옷을 입고, 웃통을 벗고 춤을 추고, 스스로 수갑을 차고 정부 청사로 가는 시위를 하고, 공공장소에서 손을 잡아야만 할 필요가 있을까?

패싱에는 반대하지만 커버링에는 찬성하는 이들에게 쉽게 대응하려면 그런 입장은 유지하기 어렵다는 점을 지적하면 된다. 패싱과 커버링은 구분할 수 없는 경우가 많기 때문이다. 동성인 누군가와 손을 잡지 않는 행동처럼, 똑같은 행동이 관객의 독해력에 따라 패싱이 될 수도 있고 커버링이 될 수도 있다. 고프먼이 관찰한 것처럼 "모르는 사람에게 낙인을 감추는 행동은 그 낙인을 아는 이들의 마음도 편하게 만들 수 있다."[29] 전환과 패싱이 서로 맞물려 있는 것처럼 패싱과 커버링도 그러하다.

하지만 나는 직접 겪은 전환, 패싱, 커버링 요구의 경험에서 우러나온 더욱 깊고 본능적인 반응을 보인다. 나는 동성애자일 권리, 내가 동성애자라고 말할 권리를 중요한 특권으로 경험했다. 그러나 나는 또한 이 권리들을 최소한으로 경험했다. 커버링 요구를 극복하기 시작하고서야 비로소 내가 동성애자인 것이 나의 상태에서 삶으로 변했다. 이것이 내가 나의 감정, 문화, 정치학, 연인을 진정으로 갖게 되고, 동성애자로서의 삶이 즐거울 수 있다는 것을 알게 된 지점이다.

누군가는 내가 '진짜' 동성애자는 모든 차원에서 티를 내야 한다고 말하는 걸로 이해할 수도 있다. 그렇지 않다. 나는 마이클 워너가 앤드류 설리번보다 진정성 있는 동성애자라고는 생각하지 않는다. 반대로 나는 개개의 사람들이 진정성을 각기 다르게 보고 다르게 느낄 것이라고 믿는다. 나는 한편으로는 커버링을 하고 다른 한편으로는 티를 내면서 나의 동성애자 정체성을 다듬었고, 앞으로 차츰 이 균형을 바꿔 나갈 것이다. 나는 모든 커버링에 반대하지 않는다. 단지 강요된 커버링에 반대할 뿐이다. 이러한 이유로, 나는 동성애자 개개인의 커버링 '수행'보다는 동성애 혐오자에 의한 커버링 '요구'에 훨씬 저항한다. 마치 내가 친니스의 패싱 수행보다 파월 대법관의 패싱 요구에 더 비판적인 것과 마찬가지다. 또한 나는 모든 강요된 커버링에 반대하지 않는다. 다만 정당성 없이 강요된 커버링에 반대할 뿐이다. 내가 중요하게 생각하는 것은, 내게는 편견으로 인한 제약 없이 모든 차원에서 정체성을 발견하거나 만들어 갈 자유가 있다는 것이다.

내가 전념하고 있는 것은 무엇이 진정한 동성애자 정체성을 구성하는가에 대한 엄격한 개념보다는 자율성이다. 이는 개개인이 자신의 진정한 자아를 다듬을 수 있는 자유를 부여하는 것이다. 이 장에서는 강요된 동화주의에 초점을 맞춘다. 이는 미국 역사에서 강요된 동화주의가 동성애자의 자율성을 가장 크게 위협했다고 생각하기 때문이다. 동성애자 권리 소송을 살펴보면, 동성애자 티를 내라는 강요로 인한 소송은 흔치 않다. 법적으로 이러한 역커버링 요구가 있었던 경우는 내가 알기로 딱 한 번이다.[30] 이민의 과정에서, 동성애자 망명 신청자들은 박해의 공포가 있음 직함을 성립시키기 위해 '충분히 동성애자스럽다.'라는 것을 증명해야만 했다. 나는 자율성을 신봉하는 입장에서 이러한 역커버링 요구에도 반대한다. 하지만 대개 동성애자 원고는 전환, 패싱 그리고 커버링의 형태로 강요된 순응에 맞서 싸우기 위해 소송을 한다. 로빈 샤하르(Robin Shahar)의 사례는 이러한 소송의 마지막 세대다.[31]

로빈 샤하르의 예전 이름은 로빈 브라운(Robin Brown)이었다. 샤하르는 랍비 샤론 클라인바움(Sharon Kleinbaum)의 주례로 1991년 7월에 결혼하면서 현재의 성을 갖게 되었다. 이 예식 때문에 샤하르는 조지아 주 법무부의 전담 변호사 자리를 잃었다. 문제는 샤하르가 여성인 프랜신 그린필드(Francine Greenfield)와 법적으로는 아니지만 종교적으로 결혼을 했다는 것이다. (이 부부는 샤하르라는 성을 쓰기로 했는데, 이는 고대 히브리어로 '새벽'을 의미한다. 혼동을 피하기 위해 프랜신은 이전 성인 그린필드라고 쓰겠다.)

샤하르는 내게 1990년부터 시작된 법무부와의 관계, 로스쿨에서의 여름 인턴십에 대해 이야기해 주었다. 그녀의 최고 상관은 조지아 주 법무 장관인 마이클 J. 바워즈(Michael J. Bowers)였다. 그는 조지아 주의 대법원까지 올라가 소도미법을 성공적으로 방어한 바워즈 대 하드윅 재판으로 유명했다. 그러나 샤하르는 특별히 불안해하지 않았다. 이미 커밍아웃한 지 5년이 된 그녀에게는 원칙이 있었다. "만약 누군가가 내 남자 친구에 대해 묻거나 주말에 뭐 했냐고 물어보면 거짓말하지는 않겠다. 다만 먼저 말하지도 않겠다." 이러한 원칙 때문에 샤하르의 동료 대다수가 그녀가 동성애자라는 것을 알고 있었다. 패싱은 하지 않았지만 커버링은 하는 샤하르의 전략은 통했다. 가을에 샤하르가 로스쿨을 마치자 바워즈는 샤하르에게 법무부에서 정식으로 근무할 자리를 주었다.

이 자리를 받아들일 때, 샤하르는 그린필드와의 유대식 결혼을
준비하고 있었다. 당시에 어떤 미국 사법 관할 구역에서도 동성 결
혼의 적법성을 인정하지 않은 반면, 유대교 재건주의 운동은 신앙
안에서 행해진 동성 결혼의 유효성을 인정했다. 유대교 재건주의
운동은 이러한 결혼을 두 개인의 서약일 뿐만 아니라 신도와 모든
유대인에 대한 서약으로 보았다. 이 운동은 이러한 결혼을 성스럽
게 여겼기 때문에 랍비의 개입 없이는 둘을 서로 떼어 놓을 수 없다
고 보았다.

1990년 11월, 샤하르는 이를 염두에 두고 법무부 인사 서류를
작성했다. 이런 문항이 있었다 "조지아 주 정부에서 근무하는 친족
이 있습니까?" 샤하르는 당시를 이렇게 회상했다. "어떻게 쓰고 싶
은지 오랫동안 심사숙고했던 것이 기억납니다. 내 생각에 이건 이
해가 상충되는 질문이었어요. 프랜은 조지아 주 정부에서 일했습니
다. 하지만 이성애자 사회의 관점에서 프랜이 내 배우자가 아니라
는 것도 사실입니다. 결국 나는 나의 원칙으로 돌아갔습니다. 거짓
말하지 않는다는 원칙으로요." 샤하르는 '예비 배우자' 그린필드가
조지아 주 정부에서 근무한다고 썼다. 법무부는 이 서류를 받고 별
말 없이 철해 두었다.

샤하르의 이야기를 들으면서, 나 같으면 절대 샤하르처럼 답하
지 못했을 것이라고 생각했다. 나는 솔직하고 정치적인 답변으로
간단하게 '아니오.'라고 했을 것이다. 샤하르의 고결함에 화가 나서
찌릿한 통증까지 느꼈다. 원고 중에 트러블메이커가 많다는 사실은

변호사들에게 숨기고 싶은 비밀이 된다. 이런 원고들은 경건하면서도 굽히지 않는 코델리아(Cordelia)다. 하지만 그러고 나서는 폴도 샤하르처럼 그 질문을 분석하고 응답했을 것이라고 생각했다. 샤하르처럼 폴은 평등에 대한 자신의 본능적인 원칙에 입각하여 대답했을 것이다. 나는 폴을 통해 깨달았다. 샤하르는 나를 대신해서 행동했다는 것을, 이등 시민 지위에 맞닥뜨릴 때 고개를 떨구는 우리들을 위해 동성애자의 권리를 진전시켰다는 것을 말이다.

1991년 5월, 샤하르는 에모리 로스쿨을 졸업했다. 그녀는 우수한 성적으로 특별 장학금을 받았고 대학 법학 저널에서 일했다. 졸업한 그 달에 샤하르는 법무 차관 로버트 콜먼(Robert Coleman)과 곧 있을 채용에 대해 의논했다. 샤하르는 결혼을 하니 출근을 늦추어 달라고 요청했다. 샤하르는 상대방이 여자라고 구체적으로 말하지는 않았고, 콜먼은 샤하르를 축하해 주었다.

콜먼은 동료들에게 샤하르가 결혼하게 된다고 말했다. 샤하르가 보기에 콜먼은 이 소식에 집착하는 것처럼 보였는데, 그는 결혼 소식을 듣고 샤하르가 이성애자로 전환되었다고 생각했던 것이다. 콜먼이 이성애자들의 우리로 되돌아온 탕녀를 보고 크게 기뻐했던 게 사실이라면, 그는 곧 실망했을 것이다. 콜먼은 한 동료에게서 샤하르가 여자와 결혼한다는 이야기를 들었다.

이 소식은 대혼란을 일으켰다. 5명의 선임 보좌관들은 몇 차례 회의를 했고, 샤하르의 인사 서류에서 그녀가 그린필드를 자신의 '예비 배우자'라고 작성한 것을 확인했다. 바워즈에게 이를 보고하자, 그는 샤하르의 일자리 제안을 철회하기로 결정했다. 바워즈는 샤하르의 계약 해지를 차관에게 위임했고, 그는 증인이 있는 곳에서 서류를 읽어 주었다. 차관은 샤하르에게 바워즈가 고용 계약을 취소했다고 말했고, 이의가 있다면 바워즈에게 서면으로 연락하라고 말했다. 서류를 읽어 주며, 차관은 이렇게 끝맺었다. "와 줘서 고맙네. 좋은 하루 되게."

샤하르는 자기 귀를 의심하면서 끝까지 앉아 있었다. "충격적이었습니다. 나는 바워즈와 마주 앉아서 어떤 일인지 설명하기만 하면 그가 이해하리라고 생각했습니다." 샤하르는 바워즈가 자신을 만날 생각이 없다는 이야기를 들었다. 샤하르는 자신의 실업 상태를 받아들이려고 노력했다. "믿을 수가 없었어요. 예식 두어 주 전이었습니다. 나는 로스쿨을 졸업했고, 내가 찾던 일자리를 잡았고, 5년 동안 함께하던 여자와 주말 내내 서약식을 하려던 참이었습니다. 여기에 폭탄이 떨어진 셈이었죠."

결혼식은 사우스캐롤라이나의 캠핑장에서 열렸고, 샤하르가 "시간을 벗어난 주말"이라고 묘사한 이 식을 위해 100명의 사람들이 모였다. 랍비는 바워즈 사건에 대해 짧게 언급하고 지나갔다. "우리가 이렇게 하지 않기를 바라는 이들이 있습니다. 하지만 우리는 우리가 창조하고자 하는 것을 창조해 왔습니다." 샤하르에게 있어 이 말은 이 예식의 의미를 정확히 꿰뚫는 것이었다. "우리는 무엇을 만들고 싶은지 알았고, 그대로 해냈습니다. 우리는 유대인 문화 환경 안에 있을 뿐만 아니라 원가족을 지지의 장소로 데려오는

데 성공했습니다. 이 결혼식은 고립되어 있지 않습니다. 우리의 공동체에 둘러싸여 있는 것입니다."

이 부부는 그리스로 신혼여행을 떠나기 전에 미국시민자유연합(ACLU)의 변호사를 만났다. 바로 교수가 되기 이전의 빌 루벤스타인이었다. 빌은 이 소송을 맡겠다고 했지만, 샤하르는 소송을 제기하는 것에 대해 확신을 갖지 못했다. 변호사로서 그녀는 주요 민권 소송에서 원고가 되는 것은 매우 힘든 일이라는 점을 알고 있었다. 부부는 신혼여행 기간 동안 숙고해 보기로 했다. 부부가 귀국했을 때, 양가의 어머니 두 분이 소송을 말리려고 공항에서 기다리고 있었다. 하지만 그들은 소송을 하기로 했다.

계약이 해지되었을 때, 샤하르는 할 말이 있으면 바워즈에게 서면으로 보내라는 이야기를 들었다. 1991년 10월, 그녀는 소송의 형태로 그렇게 했다. 샤하르는 종교를 행사할 권리, 사적 및 표현적 결사의 권리, 성적 지향에 대한 평등 보호의 권리, 정당한 법적 절차에 대한 권리를 침해당했다고 주장했다. 샤하르는 연방 지방 법원에서는 모두 패소했지만, 그 후 샤하르의 항소를 정식으로 심리할 것인지를 판단하는 3명의 판사로 구성된 재판부에서는 승리를 거두었다.[32] 이 시점에서, (13개의 연방 관할 구역 중 하나인) 제11순회 법원의 판사 과반수가 전원 합의체에서 재심리를 요청하는 이례적인 모습을 보였다.[33] 이 12명의 구성체는 샤하르의 이전 승리를 무효화하는 전원 합의체 판결을 냈다.[34]

나는 바워즈의 행위가 평등보호조항에 따라 성적 지향을 이유로 한 차별 행위에 해당한다는 샤하르의 주장에 초점을 둔다. 이러한 주장에 대한 바워즈의 대응은 커버링 요구로의 이동을 반영한다. 사실 관계를 심판할 수 있는 사실심 법원이 언급했듯, 바워즈는 "단지 성적 지향만 근거로 동성애자를 채용에서 배제하지 않았다."라고 주장했다.[35] 이 주장에서 바워즈는 샤하르가 자기 밑에서 일을 하기 위해 전환할 필요는 없었다고 말했다. 또한 바워즈는 "원고에게 채용 제안을 했을 때, 원고의 성적 지향에 대한 추정적 지식을 가지고 있었다."라고 진술했다.[36] 바워즈는 이 진술에서 샤하르에게 패싱을 요구하지 않았다고 주장했다. 바워즈가 전환 및 패싱 요구를 부인했다는 것은 동성애자 권리가 얼마나 많이 진전했는지를 보여 준다. 이전 몇십 년 동안, 관공서에선 개인이 동성애자라는 사실 자체만으로 계약을 해지하는 것이 일상이었다.

바워즈는 샤하르의 계약을 해지한 이유는 단 하나, 샤하르가 커버링에 실패했기 때문이라고 했다. 바워즈는 이 커플이 서약식을 한 것으로, 성(姓)을 바꾼 것으로, 동거하는 것으로, 공동 보험을 든 것으로 동성애를 과시했다고 했다. 그는 이러한 행동이 '활동가'처럼 보인다고 했다. 실제로 에모리 로스쿨 학장에게 쓴 편지에서 바워즈는 샤하르가 액티비즘을 위해 법무부의 일자리를 얻어 자신에게 누명을 씌웠다는 가설을 제기했다.[37] 법정에서 바워즈는 샤하르처럼 동성애를 티 내는 사람을 채용하는 것은 법무부의 신뢰성을 해쳐서 동성 결혼 증명서의 거절이나 소도미법 집행을 더욱 어렵게 만들 수 있다고 주장했다.

순전히 법적 전략이라는 측면에서 보면 바워즈가 샤하르의 행동에 초점을 맞춘 것은 영리했다. 1996년의 '로머 대 에반스 소송(Romer v. Evans)'에서 연방 대법원은 콜로라도주 헌법의 반동성애 개정안을 폐지했다.[38] 연방 대법원의 의견은 최소한 동성애자라는 신분만으로 처벌하는 것은 바람직하지 않다는 것이었다.[39] 1991년 샤하르의 계약 해지 이유에서 과시적 행동을 꼭 집어낸 바워즈는 영리하게도 판례법의 추세를 직관적으로 알고 있었다.

'로머' 소송 다음 해에, 전원 합의체 법원은 바워즈의 주장을 채택했다. 전원 합의체 법원은 바워즈의 이익을 논하면서, 조지아 주 법무부가 샤하르를 고용한다면 신뢰성을 잃을 것이라는 바워즈의 주장을 받아들였다. 그러면서 KKK단에 소속된 보안관의 고용 계약을 해지한 선례를 인용했다.[40] 법원은 샤하르의 이익을 논하면서 바워즈가 그녀를 동성애자라는 신분이 아니라 행동 때문에 불이익을 주었다고 지적했다. 법원은 로머 소송을 선례로 적용할 수 없다고 했는데, "로머 소송은 사람의 신분에 관한 것인 반면 샤하르 소송은 한 사람의 행동에 관한 것"이었기 때문이다.[41] 바워즈의 이익과 샤하르의 이익을 형량하면서, 법원은 바워즈의 이익이 더 크다고 판단했다.

그러나 샤하르를 계속 고용할 경우, 법무부가 동성 결혼 증명서를 거부하기 힘드리라는 바워즈의 주장은 믿기 어렵다.[42] 샤하르는 그린필드와 법적으로 결혼하고자 하지도 않았고, 동성 결혼의 법제화를 요구한 적도 없었다. 조지아 주 시민들은 샤하르가 사적인 종교 의례를 치렀다고 해서 동성 커플에게 공적인 증명서가 부여될 것이라고는 생각하지 않았다.

샤하르가 결혼식을 했기 때문에 소도미법 집행력이 저하될 것이라는 바워즈의 진술이 표면적으로는 더 효과적으로 보였다.[43] 문제는 그의 반론이 오직 샤하르만을 해고하는 것을 정당화하기에는 너무나 광범위하다는 것이었다. 조지아 주의 소도미법(이후 폐지되었다.)은 "한 사람은 성기로, 그리고 상대방은 구강 혹은 항문으로 행하는 어떠한 성적 행위"도 처벌했다.[44] 이 법령은 동성 간 행위뿐 아니라 이성 간 행위도 금지했기 때문에, 법무부의 어떤 이성애자도 구강 섹스를 해 본 적 있다면 샤하르만큼이나 소도미법 집행에 위협적이었다.[45]

법원은 바워즈의 이익을 과대 추정한 것만큼이나 샤하르의 이익을 과소 추정했다. 법원은 샤하르의 행동이 아닌 신분만을 보호할 것이라고 했다. 내가 보기에 법원이 던진 질문은 샤하르가 결혼을 하지 않고도 동성애자로 지낼 수 있는지 여부이다. 물론 대답은 '그렇다.'이다. 하지만 이는 잘못된 질문이다. 동성애자의 평등을 이해하는 사람이라면 문제가 되는 행동이 동성애자로 살아가기 위해 반드시 필요한 것인지 묻지 않을 것이다. 동성애자는 평등을 포함하여 많은 것이 없이도 살아갈 수 있다. 더 나은 질문은 동일한 행동이 이성애자에게는 용납되고 동성애자에게는 용납되지 않는지 묻는 것이다. 샤하르의 소송에서는 이러한 이중 기준이 확실히 존재했다. 그녀가 결혼한다고 말했을 때, 콜먼은 축하해 주었다. 하지만 샤하르가 여자와 결혼한다는 것을 알게 되자, 콜먼은 그녀를 해고하라고 로비했다. 사실 샤하르가 신분보다는 행동 때문에 계약 해지되었다고 말하는 것은 맞지 않는데, 왜냐하면 종교적 결혼이라는 동일한 행동이 완전히 다르게 해석되는 것은 샤하르의 신분에서 비롯되기 때문이다. 샤하르는 결혼 때문에, 또는 여자와 결혼한 것 때문에 해고당한 것이 아니다. 그녀는 여자로서 여자와 결혼한 것 때문에 해고당한 것이다.

전원 합의체 결정은 1997년 5월 30일에 내려졌다. "할 말이 없었어요." 샤하르는 말했다. 그리고 그 순간을 떠올리면서 다시 아무 말도 하지 못했다. "법원은 나를 KKK 모집자와 비교했습니다. 나는 견딜 수가 없었어요." 샤하르는 변호사를 통해 연방 대법원에 이 사건의 검토를 요청했다. "이렇게 결론이 난 소송에 내 이름이 붙도록 둘 수 없었어요." 연방 대법원은 이를 거부했다.[46]

바워즈가 이 소식을 들었을 때, 그는 조지아 주지사 선거에 나가려고 법무 장관직을 사임한 상태였다. 바워즈는 유력한 공화당 지명 후보였지만 "모든 것이 이상하게 느껴졌다."라고 말했다.[47] 유권자들은 곧 그 이유를 알게 되었다. 바워즈는 법무부 전 직원과의 15년간의 혼외 관계를 시인했다.[48] 조지아 주에서 혼외 관계는 오랫동안 범죄였다.[49] 말하자면, 바워즈는 하드윅에게 성 관련 법을 적대적으로 집행하여 연방 대법원까지 끌고 갔으면서 자신은 그 법을 어기고 있었던 것이다. 게다가 성 관련 법을 어기는 사람이 그 법을 집행해서는 안 된다는 이유로 샤하르를 해고했었다. "바워즈 씨는 솔직하다는 이유로 나를 처벌했습니다." 샤하르는 ABC 뉴스와의 인터뷰에서 말했다.[50] "자기는 거짓말로 이득을 보면서 말이죠."

바워즈는 자신의 위선이 언론을 통해 만천하에 드러난 후 아무런 정치적 경험도 못 하고 공화당 지명 후보 자리를 잃었다. 이제는 공직에서 은퇴하여 개업 변호사로 일하고 있다.

지금 샤하르는 애틀랜타 시에서 변호사로 일하고 있다. 이 자리에서 샤하르는 동성 커플을 위한 동거관계등록조례의 초안을 썼고 이를 지켜 냈다. 샤하르와 그린필드는 최근에 14주년 결혼기념일을 축하했다. 시간이 지났지만 이 판결은 아직도 그녀를 짓누른다. 나는 이러한 부담을 어느 정도는 이해하는데, 내게도 군대 내 동성애자 원고였던 친구가 있기 때문이다. 그 친구는 지금도 자신의 퇴역을 확정하는 결정문을 차마 읽지 못한다. 본인의 소송을 판결한 사법 관할에서 일하는 변호사로서, 샤하르는 자신의 판결을 잊어버리는 호사를 누리지 못했다. 최근에는 자신의 부서에서 다루는 문제의 선례로서 본인의 소송에 대해 다시 읽어 보아야 했다. 그녀는 말했다. "내 이름을 결정문에서 보는 것은 여전히 끔찍한 일이에요."[51]

———

법이 동성애자 커버링을 다루는 방식을 연구하면서, 나는 샤하르와 같은 사례가 드물 것이라고 예상했다. 대개는 티를 내는 동성애자들이 조심스러운 동성애자들보다 공감을 얻지 못할 것이다. 하지만 나는 논리성과 품위를 지켜야 하는 법원이 이 둘을 구분할 것이라고는 생각하지 않았다.

내 예상은 틀렸다. 나는 게이나 레즈비언 개개인이 커버링을 하는지 여부로 자격을 심사하는 여러 사례들을 발견했다. 심지어 동성애자로 알려진 사람이라도 동성애 섹슈얼리티가 '조심스럽거나' '은밀한' 이들은 일자리나 자녀를 지켰다. '악명 높거나' '노골적인' 사람들은 그렇게 운이 좋지 못했다. 샤하르의 사례는 특이한 사건이 아니라, 동성애자 권리 소송에 있어서 신흥 세대의 전형을 보여주었다.

양육권과 관련된 판례에서 커버링이 가져오는 핵심적인 차이가 드러난다. 여기서 나는 두 사람의 이성이 결혼하고 출산을 한 이후에, 둘 중 하나가 동성애자라고 커밍아웃하고 자녀에 대한 권리를 다투는 특정한 형태의 양육 논쟁에 초점을 맞추고자 한다. 양육권 또는 방문권을 규율하는 규칙은 주별로 제정되기 때문에 다양하다. 그러나 주의 관행을 조사해 보면 동일한 규칙으로 수렴한다. 즉 커버링을 하는 동성애자는 자기 자녀를 데리고 있을 수 있고, 커버링에 실패한 동성애자는 자녀를 빼앗길 위험에 직면한다.

역사적으로, 여러 주에서 동성애는 개인이 양육권 또는 방문권을 얻을 자격을 자동적으로 박탈했다. 양육을 하기 위해서는 형식상 이성애자가 되어야만 했던 전환의 체계였던 것이다. 시간이 지나면서, 대다수 주는 동성애자에게도 양육권 및 방문권을 부여하는 규칙으로 옮겨 갔다. 단 동성애자들이 커버링을 하는 전제에서 말이다. 1994년, 인디애나 주 항소 법원은 일반적 기준을 적용한 후에 레즈비언 어머니에게 양육권을 부여했다.

어머니가 소년 앞에서 부적절한 성적 행동을 노골적으로 했다는 증거가 드러났다면, 사실심 법원은 그녀가 부적격하다는 것을 정당화했을 것이고, 따라서 양어머니에게 양육권을 부여했을 것이다.[52] 그러나 사실심 법원은 자녀에게 부정적인 영향을 주는 행동의 증거 없이는 자신의 아들에 대한 어머니의 양육권을 좌우할 근거가 없다고 본다.

"노골적" 또는 "부적절한"이라는 법원의 언급이 시사하듯, 법원은 과시자라고 여겨지는 부모를 처벌하는 데에는 주저함이 없었다. 캘리포니아주 항소 법원은 1975년 한 레즈비언 어머니에 대한 양육권 부여 거부를 옹호하면서 이렇게 말했다. "항소인은 단순히 자신이 동성애자라고 말하기만 한 것이 아니다. 항소인은 동성애적 행위를 함께한 다른 여자와 동거했고, 이러한 환경에서 딸들을 키우고자 했다."[53] 1988년에 유사한 결론을 내린 코네티컷 주 대법원은 사실심 법정이 "성적 지향 그 자체가 아니라, 그 성적 지향이 자녀들에게 미칠 영향, 즉 M이 함께 거주하는 동안 자녀들이 집에서 자신의 어머니와 M 사이의 부적절한 육체적 애정 표현을 목격하는 것"을 우려한다고 기술했다.[54]

물론 나도 부모들이 성적 행동 대부분을 자녀에게 노출해서는 안 된다고 생각한다. 그래서 '부적절한 성적 행동'에 반대하는 법원들이 이성 간에 일어나도 문제가 될 성적 행동을 언급한 것인지, 아니면 포옹, 입맞춤 혹은 이성 부부에게 기대될 여타 행동들을 언급하고 있는 것인지 여부를 알아내고자 했다. 법원들이 너무 모호한 터라 어떤 종류의 행동을 염두에 두고 있는지 알 수 없는 경우도 있지만, 대부분은 이성애자들에게 적절하다고 여겨지는 행동이 동성애자들에게 명백히 금지된다. 법원은 동성애자들에게 법 앞에서는 단순히 커버링을 요구하는 반면, 자녀들 앞에서는 종종 패싱할 것을 요구한다. 미주리 주 항소 법원은 1998년에 "자녀들이 어머니의 성적 선호를 알지 못했고, 어머니는 자녀 앞에서 성적이거나 애정을 표현하는 행동을 한 적이 없다."라는 것을 밝히고 레즈비언 어머니에게 양육권을 부여했다.[55] 1990년에 한 레즈비언 어머니에게 동일한 기준으로 양육권 부여를 거부한 루이지애나 주 항소 법원은 "성정체성 형성기의 자녀가 있는 곳에서, 단순한 우정을 넘어선 공개적이고 무분별한 애정 표현"을 했다고 언급했다.[56] 만약 동성 커플에게 허용 가능한 성적 표현이 우정의 모습으로 제약된다면, 부모에게 기대하는 성적 지향이 확실히 중립적이지는 않다.

이러한 커버링이 요구되는 이유 역시 유념하라.[57] 바로 부모가 티를 내면 '성 정체성이 형성되고 있는' 자녀를 전환시킬 수 있기 때문에 위험하다는 것이다. 동화에 대한 세 가지 요구 모두 동시에 작용하고 있다. 자녀가 전환되어서는 안 되기 때문에, 부모는 자녀에게 패싱을 해야 하고 법원에서는 커버링을 해야 한다. 내가 설명한 전환, 패싱, 커버링까지의 변화는 하나가 다른 하나를 대체하는 범주의 변화가 아니라, 강조점의 이동이다.

법원은 방문 제한을 통해 커버링을 훨씬 더 노골적으로 요구할 수 있다. 1974년에 뉴저지주 법원은 이혼한 게이 아버지가 다양한 방식으로 동성애를 과시했다고 지적했다.[58] 그 이유는 그가 전국동성애자태스크포스(National Gay Task Fore)의 국장이었고 법원의 표현을 빌리자면 '동성애자들의 전당'인 '파이어 하우스'에 자녀를 데려갔다는 것이었다. 이러한 사실 관계에 따라,[59] 법원은 방문 기간 동안 아버지는 "① 법적 배우자 이외의 다른 사람과 동거하거나 동침할 수 없고, ② 자녀를 '파이어 하우스'에 데려가거나 가도록 허락할 수 없으며, ③ 동성애 관련 활동이나 홍보에 자녀를 연루시킬 수 없고, ④ 연인과 함께 있지 않도록" 했다.

보다 최근인 1982년에, 미주리 주 항소 법원은 한 게이 아버지가 자녀를 "동성애자들 사이의 '종교적 결합(holy union)'을 결혼과 동급으로 인정할 정도로 동성애 관례를 지지하는" 교회에 자녀를 데리고 가는 것을 금지했다.[60] 인디애나 주 항소 법원은 1998년에 이 사례를 인용하며 게이 아버지가 "자녀가 있을 때 비혈연 관계인 사람을 집에서 하룻밤 묵게 하는 것"을 금지했다.[61]

나는 이러한 사례들을 보며 분노했다. 법원은 동성애자들이 정치적 옹호 또는 결사의 자유와 같은 시민으로서의 기본권을 포기하도록 강요하기 위해 모든 부모들이 자녀에게 취약하다는 점을 이용한다. 그렇게 함으로써, 법정에 있지 않은 동성애자들의 표현조차

경직시킨다. 내가 아는 어느 레즈비언은 몇 년 동안 활동가로 용감하게 일했다. 그러나 아들이 태어나자 자신의 액티비즘을 침묵시켰다. 변호사인 그는 판례법을 통해 주가 자녀를 인질로 잡고 있다는 것을 알았다. 섹스 칼럼니스트 댄 새비지(Dan Savage)는 자신과 자신의 남성 파트너가 입양한 아들 DJ에게 자기들이 어렸을 때는 전혀 관심도 없었던 남아용 장난감을 가지고 놀라고 시켰다는 이야기를 썼다.[62] 동성애자 부모가 자녀를 전환시킬 것이라는 두려움에 법이 신빙성을 부여한 점을 감안하면, 이러한 행동이 비합리적이라고 말할 수 없다. 새비지는 자신이 오래전에 극복한 이성애 규범 앞에서의 취약성을 자녀를 통해 다시 한 번 경험하고 있다.

샤하르의 사례는 결코 예외적이지 않다. 법원은 전환이나 패싱 요구는 금지했지만 커버링에 대한 요구는 여전히 허용한다. 법원은 커버링에 실패해 일자리나 자녀를 잃은 동성애자들을 보호하지 않는다. 커버링 요구는 동성애자 불평등의 최종 징후이자 미래의 동성애자 권리 운동이 맞닥뜨릴 난관이다.

—

2003년 3월 26일, 연방 대법원에 앉아서 '로렌스 대 텍사스(Lawrence v. Texas)' 판결의 구두 변론을 듣고 있던 중[63] 나는 얼마나 많은 오픈리 게이들이 법정을 채우고 있는지를 깨닫고 감명을 받았다. 놀랄 일은 아니었는데, 이 소송은 법원 역사상 가장 중요한 동성애자 권리 소송 중 하나였기 때문이다. '로렌스' 소송에서 법원은 텍사스의 소도미법에 대한 위헌 심사를 고려하고 있었다. 법원은 위헌 심사를 허용하면서 변호사들에게 '바워즈 대 하드윅' 판결을 번복하는 것이 맞는지 여부를 질문했다. 램다 리걸(Lambda Legal)과 미국시민자유연합에서 온 변호사들, 전국의 법학 교수들, 하원 의원 바니 프랭크(Barney frank)와 그의 수행원 등, 내가 생각할 수 있는 모든 동성애자 권리 운동가가 그 자리에 있었기 때문에 나는 내내 들떠 있었다. 내 뒤편으로 두세 줄 떨어진 자리에는 나와 함께 법정 의견서를 써서 제출한 몇몇 학생들이 보였다.[64] 그들은 약간 피곤해 보였다. 자리를 지키느라 대법원 계단에서 밤새 진을 쳤기 때문이다. 그 자리에 있던 게이 중 한 명은 "손주에게 들려줄 좋은 이야깃거리"가 될 것이라고 내게 편지를 썼다. 나는 그가 손주를 가질 계획이 있다는 사실이 좋았고, 이 소송의 결과를 통해 그가 손주를 갖는 것이 더 쉬워질 것이라고 생각했다.

연방 대법원 법정을 처음 방문하는 사람은 변호사가 대법관들과 얼마나 가깝게 서 있는지를 보고 놀라곤 한다. 이러한 근접성은 구두 변론의 드라마를 고조시킨다. 굳이 사람들의 눈길을 끌려고 하지 않아도 언쟁이 정숙하면서 강렬하기 때문이다. 심도 있는 논쟁이 진행되던 중 연방 대법원장 윌리엄 렌퀴스트는 동성애자 상고인 측 변호사인 폴 스미스(Paul Smith)에게 승소 판결이 내려지면 동성애자들이 유치원 선생님이 될 수 있는지 물었다. 스미스는 왜 주가 동성애자들이 유치원 선생이 되는 것에 반대하려 하는지 알고 싶다고 말했다. 대법관 앤토닌 스캘리아(Antonin Scalia)는 어린이들이 동성애로 이끌리는 것을 예방하는 것이 주의 관심사이기 때문이라고 답했다. 스캘리아가 이처럼 동성애 조장 금지론을 펼치자 믿기지 않는다는 듯한 웃음소리가 법정을 휩쓸었다.[65] 법정 경비 한 분이 내 자리 주변까지 왔고 이제 그만하라는 제스처로 웃음을 진정시키려고 했다. 나는 토머스 와이어트(Thomas Wyatt) 경의 시구 "나는 그물로 바람을 잡으려고 했네."를 떠올렸다.[66] 이 때가 우리가 이길 것을 확신하게 된 순간이다.

동성애자 권리 운동을 추적해 보는 방법 중 하나는 그 운동과 함께했던 웃음소리를 듣는 것이다. 1969년 스톤월 항쟁을 직접 경험한 에드먼드 화이트(Edmund White)는 바 안의 게이들 중 하나가 "게이는 좋은 것이다."라고 외쳤을 때, 다른 게이들이 비웃었다고 말했다.[67] 여전히 전환 요구에 사로잡혀 있던 동성애자들은 평등 주장을 진지하게 받아들일 수 없었다. 그러나 1986년에 '바워즈' 재판에서 사생활에 대한 권리가 동성 간 성관계를 보호한다는 주장을 "기껏해야 헛소리"라고 규정했을 때 동성애자 커뮤니티는 분개했다.[68] 우리 동성애자들이 스스로를 비웃기를 멈췄을 때조차 법원은 여전히 우리의 민권을 농담거리로 치부했다. 2003년이 되자 연방 대법원의 한 대법관이 성 정체성 탐색기의 청소년에 대한 동성애 조장 금지 주장을 할 때, 참관하던 동성애자들이 그를 비웃었다. 웃음의 주체와 그 속에 담긴 감정은 매우 빠르게, 아주 많이 바뀌었다.

동성애자 동화에 대한 우리의 역사는 이제 완성되었다. 우리는 전환에서 시작하며 패싱을 거쳐 커버링으로 이동해 왔다. 그리고 커버링 요구를 향해 움직이면서, 동성애자들은 완전한 평등에 가까워지고 있다. 다만 이러한 움직임 속에서 동성애자들은 동화에 대해 더욱 양가감정을 느낀다. 대다수의 동성애자들이 전환 및 패싱에는 맹렬히 저항하지만, 커버링은 받아들인다. 그들은 심지어는 커버링이 강요될 때조차 인격에 해가 된다고 생각하지 않는다.

하지만 우리는 이제 강요된 동화에 안주해서는 안 된다. 왜 동성애자들에게 커버링이 요구되겠는가? 동성 간 애정 표현에 대한 처벌을 생각해 보자. 나의 대학 친구는 입 맞추는 게이 커플을 비난했다. 샤하르는 동성 결혼식 때문에 해고당했다. 동성끼리 친밀한 행동을 한 부모들은 자녀를 빼앗겼다. 이 사람들이 이렇게 가혹하게 벌을 받아야 할 만큼의 어떤 과시를 했단 말인가? 이성애자들은 언제든 할 수 있는 이런 행동은 본질적으로 무분별한 것이 아니다. 나는 이들이 평등에 대한 스스로의 믿음을 과시한 것이라고 말할 수밖에 없다. 이들은 공적 영역에서 표현할 가치가 있는 인간적 유대의 종류가 무엇인지 결정하는 것은 주나 사회가 아니라 자기 자신이라는 믿음을 과시한 것이다.

따라서 커버링 요구는 결코 사소한 것이 아니다. 이는 한 집단이 다른 집단보다 우월하다는 것을 재확인시키는 불평등의 상징적인 중심지다. 이성애자들이 동성애자들에게 커버링을 요구하는 것은 우리에게 세상에서 작아지라고 요구하는 것이고, 이성애자의 특권을 단념하라고 요구하는 것이고, 따라서 평등을 포기하라고 요구하는 것이다. 만약 법원이 고용이나 양육권 같은 중요한 자격을 동성애자 커버링을 기준으로 심사한다면, 법원은 동성애자들의 이등 시민 지위를 적법화하는 것이다.

이러한 이유로 나는 동성애자 권리를 지지한다고 말하지만 동성애자들이 커버링하기를 원한다고 말하는 이들보다, 동성애자 평등에 반대한다고 말하고 동성애자가 전환하기를 원한다고 말하는 이들을 지적인 측면에서 보다 더 존중한다. 동성애를 혐오하고 동화의 세 가지 형태 모두를 요구하는 것이 차라리 일관성 있는 것이다. 동성애자 평등을 지지하지만 커버링 요구를 통해 동성애자들을 이등 시민의 자리에 밀어 넣는 것은 일관된 태도가 아니다.

동성애자들은 여기서 멈추지 말고 과거를 돌아보며 전진해야 한다. 처음부터 동성애자 권리 운동은 동화의 어두운 측면을 파악했고, 이러한 동화를 조건으로 영혼을 팔아 평등을 사서는 안 된다는 것을 이해하고 있었다. 이것이 동성애자들이 다른 집단에게 동화의 위험성에 대해 말할 거리가 많은 이유이다. 전환, 패싱, 커버링에 맞서 싸운 수십 년 동안 우리는 저항의 목소리를 농축시켜 왔다. 이제는 그 목소리를 더 크게 낼 때이다.

2부

인종 커버링

마을의 절에서 종이 울리는 이유를 아는 사람은 없다. 그러나 그 종소리는 8월의 더운 공기를 뚫고, 처마가 낮은 할아버지 댁의 벽을 뚫고, 부채의 빳빳한 종이를 뚫고 넓은 원을 그리며 퍼진다. 나는 조부모님과 고타쓰라고 불리는 낮은 탁자에 앉아 있다. 정사각형 빈 공간에 딱 맞춰 들여놓은 탁자에는 겨울이면 난방기가 탁자 아래 빈 공간 안에서 윙윙거리고, 테이블보가 온기를 가두어 둔다. 그러고 나면 조부모님이 온기를 찾아 여기로 오신다. 여름에도 여기에 자리를 잡는다. 의자가 없는 이 집에서 유일하게 다리를 펴고 앉을 수 있는 곳이기 때문이다. 나는 열세 살이 되어서도 오래도록 무릎을 꿇고 앉아 있지 못했다. 다행히 조부모님은 70대에 접어들면서 다리를 아래로 내리고 앉는 것이 얼마나 편한지 알게 되셨다.

두 분은 품위 있게 더위와 맞섰다. 집 안 곳곳에는 노 모양으로 생긴 부채들이 놓여 있었다. 파란색 바탕에 하얀 점들이 얼룩져 있는 부채였다. 할머니의 부채질은 맥박 뛰듯 빨랐지만 다다미 장판처럼 단정하게 빗은 머리카락을 흩뜨리지 못했다. 할아버지는 좀 더 규칙적으로 부채질을 하셨다. 우리 앞에는 뜨거운 차가 한 잔씩 놓여 있었다. 뜨거움을 참고 차를 마실 수 있다면 더욱 시원함을 느낄 것이다. 할머니와 할아버지는 차를 드셨다.

매번 끝날 듯한 종소리가 그 집을 스쳐 지나갔다. 할머니는 마개가 있는 유리병에서 은단을 꺼내 드셨다. 나도 은단 맛을 좋아하려 애써 봤지만 소용없었다. 생긴 것도 금속 같았고 맛도 그랬다.

할머니의 수다는 쉴 새 없이 이어졌다. 이웃 사람이 '백만장자'라는 명성에 걸맞지 않게 행동하는 이야기, 속눈썹이 길었던 그 사람의 딸은 살이 쪄서 결혼을 못하게 되었는데, 흡사 석양 아래에서 변신한 소처럼 되어 집으로 돌아왔더라는 이야기도 하셨다. 할머니 친구의 반려견이었던 아키타종 강아지는 여름 홍수 때 죽었는데, 집으로 돌아오는 길을 하나밖에 몰라서 그 길을 따라오다가 그만 홍수에 불어난 물에 빠진 거라는 이야기도 하셨다. 종소리는 계속 울렸다. 할머니 말씀으로는 어린 시절 아버지는 몇 시간씩 저 절의 지붕 위를 오르며 보냈다고 한다. 아버지 무릎이 미끄러지면서 초록색 기와 한 장이 떨어져서 마당을 쓸던 스님들이 깜짝 놀랐다는 이야기도 하셨다.

누군가는 종소리를 세고 있는 게, 그것도 주의 깊게 세고 있는 게 분명하다. 하지만 그 종소리는 절대 그칠 것 같지 않다. 할머니는 나를 원숭이라고 하셨다. 원숭이처럼 내 마음은 방금 울린 종소리를 따라 흔들리기 시작했다. 종소리가 잠시 멈추었다가 다시 울리기 시작했다.

그날 오후 늦게, 할머니는 나에게 서예를 가르쳐 주셨다. 나는 화선지를 접어서 네 면으로 만들었다. 글자를 위에서 아래로 써 내려갈 수 있도록 격자를 만들어 두는 초보자용 꼼수였다. 나는 벼루에 물을 붓고 매끄럽게 아래로 기울어진 벼루면에 새 먹을 갈았다. 벼루에 긁힌 먹의 모서리는 단단한 벼루 표면에 투항하며 끽끽 소리를 낸다. 단단한 것이 더 단단한 것에 당하는 모습이다. 물은 곧 흑옥처럼 검게 변했다. 말 털로 만든 붓을 담그자, 먹물이 붓에 스며들었다.

붓이 화선지 위로 내려오기까지의 순간은 길다. 17세기에 일본이 통일된 이래로 평화로웠던 수세기 동안, 사무라이는 칼 대신 붓을 들었다. 종이 위에 적힌 글씨는 그때나 지금이나 서예가의 성격을 드러낸다고 여겨진다.

할머니의 글씨체도 당신을 잘 표현한다. 할머니가 필기체 일본어로 엽서를 보내오시면 무슨 말인지 도통 이해할 수가 없다. 엽서의 분위기로 보아, 날씨나 벚꽃에 대한 의례적인 말들이리라 짐작된다. 그래서 나는 할머니께 엽서 내용을 설명해 달라고 한 적이 한 번도 없다. 할머니의 글씨들은 들여다보지 않아도 알 수 있는 공예품이다. 내가 별자리를 모르는 것을 감사하게 생각하는 것처럼, 할머니의 글씨들을 모르는 것을 소중하게 여긴다.

할머니는 '비(雨)'라는 글자를 쓸 때 비를 생각하라고 일러 주셨다. 가로 선 아래 반드시 그어야 하는 짧은 선(-)들은 지붕에서 새는 빗물이라 상상하라고 말씀하셨다. 나는 획 순서를 제대로 알게 되었다. '물고기[魚]'를 나타내는 글자의 하단이 어떻게 물고기의 꼬리처럼 펼쳐지는지, '날다[飛]'라는 글자는 왜 균형을 잡기 힘든지 등등, 한자에 대해 많은 것을 알게 되었다. 하지만 정작 글자를 쓸 때는 이 개념들을 잊어버렸다. 내 붓은 먹물을 너무 많이 적셔서 덩어리지거나 너무 말라서 붓의 털이 갈라지곤 했다. 화선지의 접힌 면은 줄 맞추어 글씨를 쓰도록 안내해 줘야 했지만 내 글자들을 질책했다.

할머니가 작은 벼루에 붉은 먹을 갈면서 한숨을 쉬셨던가? 이 먹은 선홍색이다. 도리이(신사의 일주문) 색깔이자, 일왕의 칙서 색깔이다. 할머니는 조금 작은 붓을 들고, 빠뜨린 획들을 보여 주기 위해 내가 쓰기 시작한 위치에서 한 획 한 획 긋기 시작하신다. 할머니는 어떻게 이렇게 매번 가느다래지다가 마디가 되거나 불이 획 지나가듯 끝나는 획을 만들 수 있을까? 특정한 실수에는 동그라미 표시를 하셨다. 할머니의 붓을 지켜보고 있으면, 그 붓이 내가 잘못 사용한 존댓말, 제대로 하지 못한 인사에 동그라미를 치면서 나의 여름 방학을 내내 누비고 다니는 듯했다.

—

도쿄의 중학교에서 두 달을 보낸 후에 조부모님 집으로 왔다. 부모님은 당신들의 두 자녀가 일본인다움을 잃지 않도록 키우기 위해 단호함을 보였다. 미국에서 지내는 동안에는 매달 일본의 통신 학교에서 노란 겨자색 종이 묶음이 배달되었다. 일본어로 된 숙제였는데, 우리가 신문을 읽을 수 있도록 글을 가르쳐 주는 것이었다. 어린 시절엔 나의 무능함을 적나라하게 드러내는 이 쪽지들이 싫어서 거기 적힌 내 이름을 보기만 해도 쓰러질 것 같았다. 하지만 일본어를 거부하면 부모님은 정색을 하셨다.

계획의 절정은 여름마다 누나와 나를 일본에 보내서 6월과 7월 동안 그곳에서 학교에 다니게 하는 것이었다. 우리는 패밀리 스쿨이라고 불리는 사립 학교에 다니기 시작했다. 그 학교의 사명은 우리같이 해외에서 살다 온 아이들이 일본 사회에 동화될 수 있도록 하는 것이다. 그곳에는 늘 질책의 기운이 맴돌았다. 일본에서 자란 아이들만 진정한 일본인이 될 수 있으므로, 일본의 아이들은 일본을 떠나서는 안 된다는.

이 학생들 가운데 다수는 부모 중 한 명이 백인이었는데, 일본인들은 이들을 '곤케쓰지(こんけつい)' 혹은 '혼혈아(あいのこ)'라고 불렀다. 점심을 먹으면서 누나와 나는 '하푸(ハーフ)', 즉 혼혈 일본인이 되는 편이 나은지 아니면 순수 일본인이 되는 편이 나은지에 대해 토론했다. '하푸'인 학생들은 우리가 패싱할 수 있기 때문

에 순수 일본인이 되기 쉬울 거라 말했을 것이다. 사람들이 지하철에서 눈으로 우리를 찬찬히 훑어보지는 않았다. 아이들이 우리 뒤를 쫓아오며 "하로."*라고 소리치지도 않았다. 같은 순수 일본인들은 우리가 지금 이 모습보다 더 일본인답기를 기대했다고 쏘아붙였을 터다. 일본 속담에 "튀어나온 못이 정을 맞는다."라는 말이 있는데, 일본 사회의 모든 이들이 정을 내려칠 자격을 갖춘 것처럼 보였다. 순수 일본인인 여자아이가 택시를 탔던 이야기를 들려주었다. 그 택시 기사는 계속 질문을 했고, 그 아이의 서툰 일본어를 듣다가 점점 화가 났다. 갑자기 기사는 택시를 길 한쪽에 세우고 둘 사이에 있던 가림막을 확 열어젖히고는 침을 튀기며 말을 퍼부었다. 그렇게 무지한 것이 창피하지도 않느냐면서. 그러다가 한순간 기사의 표정이 부드러워지면서 혹시 지적 장애가 있는지 물었고, 그 아이는 울면서 택시를 뛰쳐나왔다.

5학년이 되었을 때, 부모님은 패밀리 스쿨이 적합하지 않다고 결정하셨다. 해외에서 살다 온 아이들 틈새에서 우리가 어떻게 일본인이 되는 법을 배울 수 있겠는가? 부모님은 우리를 평범한 도쿄의 공립 학교에 입학시켰다. 부모님이 교장 선생님을 어떻게 설득했기에 해외 거주 학생 두 명이 1년에 두 달씩 그 학교에 다닐 수 있었는지는 모르겠다. 어쩌면 긴급한 상황이었던 것이 분명했을지도 모른다. 일어서서 자세를 똑바로 한 후 경례하기, 여덟을 세면서

---

* 'Hello'의 일본식 발음.

아침에 맨손 체조하기, 칼라를 세운 교복을 입고 대쪽같이 꼿꼿하게 앉아 있기, 손수건과 치아, 손톱 검사 통과하기 등 일본인의 몸으로 사는 것을 여기가 아니면 어디에서 배울 수 있단 말인가? 여기가 아니면 어디에서 서구 교회법을 수호하는 가장 보수적인 미국인들의 말마저 다원적으로 들리게 만드는 무모하리만치 획일적인 교육부 지정 교과서를 읽을 수 있겠는가? 또래 일본인들이 아니면 누구에게서 핑크 레이디스의 최신 히트곡 가사를 '재플리시' 스타일로 배우고, 거만하게 군다고 얻어맞지 않기 위해 모든 영어 문장의 엉터리 발음을 배울 수 있겠는가? 교사가 대학 입시 즈음에 학생들이 자살하는 것을 예방하겠다고 건물에서 뛰어내릴 때 공중에서 학생들의 신체가 어떻게 손상되는지 묘사하는 것을 여기가 아니라면 어디에서 들을 수 있겠는가?

내가 동화주의에 대해 알레르기 반응을 일으키기 시작했던 것은 아마도 히가시야마 초등학교, 마쓰모토 선생님의 5학년 교실에서부터였던 것 같다. 그 수업에는 특히 사랑받는 아이가 있었다. 쌍꺼풀이 뚜렷한 갈색 눈에, 피부가 너무 얇고 하얘서 손목의 푸른 정맥이 비치는 아이로, 마치 10대 초반 여자 아이들이 즐겨 읽는 소녀 만화의 여주인공 같았다. 그녀가 질문에 답을 하려고 일어서면, 다른 여자아이들이 '귀여워(かわいい)'라는 단어의 끝을 길게 빼며 "가와이이이."라고 나지막히 중얼거리곤 했다. 그 수업에는 따돌림당하는 아이도 한 명 있었다. 어깨가 구부정하고 웅얼웅얼 말하는 아이였다. 아이들은 그를 향해 '칙칙해(くらい)'라는 단어를 길게 늘여

"쿠라이이이."라고 외치곤 했다. 마쓰모토 선생님은 의례처럼 나오는 이 반응에 인자하게 웃음을 지으셨다. 의견이 모두 일치한다는 것은 좋은 것이었다.

일본학 학자인 에드윈 라이샤워(Edwin Reischauer)는 일본인들을 한 방향으로 돌진하다가 깜짝 놀라면 다른 방향으로 휙 돌아 헤엄쳐 가지만 항상 흐트러짐 없이 동시에 움직이는 물고기 떼에 비유한 적이 있다.[1] 나는 급우들을 표현할 다른 비유들을 수년간 고심했었다. 그 친구들은 가끔 집단의식이 하나뿐인 일개미 군단처럼도 보였고, 맨손 체조를 하면서 까딱거리는 모습이 마치 잘 길들여진 엔진이 달그락거리는 것처럼도 보였다. 그러나 일본인들이 지닌 우발적 아름다움을 포착한 표현은 라이샤워의 물고기뿐이었다. 나는 보스턴 아쿠아리움에서 이런 물고기 떼를 본 적이 있는데, 마치 각각의 물고기가 거대한 물고기의 비늘 조각인 양 한 몸이 되어 파도처럼 움직이고 있었다. 이 모습은 (장난감 물고기) 매직 피시의 쇠로 된 세모꼴 머리가 보이지 않는 자석을 향해 끌려가는 동작과 너무도 흡사했다. 나는 단 한 마리라도 그 고요한 격동에서 이탈하는 물고기가 있는지 주시했다. 그리고 깨달았다. 만약에 내가 그런 물고기를 발견하지 못한다면, 그것은 아마도 내가 바로 그 이탈한 물고기이기 때문인지도 모른다는 것을.

부모님은 일본 성적표에 기록된 성적은 중요하지 않다는 점을 강조했다. 이것은 사회 과목이나 화학을 배우는 것이 아니라 일본인이 되는 것을 배우는 교육이라고 하셨다. 나는 그 반대이길 바랐다. 수업 과목은 책으로 배울 수 있었지만, 일본인이 되는 것은 내가 처한 사회적 상황을 파악하는 능력을 필요로 했다. 그리고 이것은 내 능력을 벗어나는 일이었다. 나는 실외 운동화를 신고 실내에서 쿵쾅거리고 다니거나 나보다 학년이 높은 선배를 이름으로만 불렀다. 일본어는 합격이었지만 일본인이 되는 데는 낙제했다.

이것은 까다로운 주제이다. 일본인들은 자신들이 다른 인종보다 순수한 혈통을 지닌, 별도로 분리된 인종이라고 믿는다. 수년간 나는 일본인들의 인종 차별주의를 백인 미국인들이 분명하게 이해하는 모습을 반복적으로 지켜보았다. 처음에는 일본인들이 자신의 더듬거리는 일본어를 듣고 감탄하며 칭찬을 늘어놓는 모습에 매료되었을 것이다. 나에게 와서 일본 문화에 친밀감을 느낀다며, 자기 안에 일본인의 피가 흐를지도 모른다고 말한다. 나는 애매하게 고개를 끄덕인다. 그는 한 달, 1년, 아니면 5년 후에 자신이 결코 일본인으로 받아들여지지 않으리라는 걸 깨닫게 될 것이다. 그것은 처음 병원에 가서 의사가 자신의 '버터 냄새 나는' 상체에 움찔하는 것을 본 순간일 수도 있다. 혹은 아주 예외적인 일본 여성들만 자신과 진지하게 사귈 것이며, 그녀의 가족은 아마도 결혼을 반대할 것이고, 만약에 자녀가 생긴다면 그 아이들이 '혼혈아'라고 차별받을 것임을 깨달았을 때일 수도 있다. 역설적이게도 일본어를 완벽하게 구사하게 된 때일 수도 있다. 외국인이 서툰 일본어로 말하면 칭찬하지만, 유창한 일본어를 구사하면 '기모치 와루이', 즉 기분 나쁘다고 말하는 일본인들이 많다.

본토박이 일본인인 부모님 덕분에 나는 비일본계 미국인에게는 없는 것을 흡수할 기회가 있었다. 누나가 보여 주었듯이, 이것은 현실적인 기회였다. 지금 도쿄에 사는 누나는 현지인과 너무나 똑같이 사는 바람에 되려 영어를 잘한다고 칭찬을 듣는다. 누나가 어떻게 패싱을 하는지 불가사의하게 생각하곤 했는데, 어느 날인가 대학 캠퍼스에서 누나가 일본인의 태도와 버릇으로 전화 통화하는 모습을 본 후 누나가 더 이상 패싱하는 것이 아님을 깨달았다. 누나는 그냥 일본인이었다.

요즘 미국에서 나를 보는 일본인들은 백인 혼혈이냐고 자주 묻는다. 누나는 절대 이런 질문을 받지 않는다. 이것은 우리 둘 사이의 신체적 차이 때문일지도 모른다. 하지만 나의 행동, 예컨대 자세를 취하는 방식, 공간을 이동하는 방식, 말하는 방식으로 인해 내가 일본인으로서 부호화되지 않았기 때문일 가능성이 더 높아 보인다. 나와 교류했던 일본인들은 나의 다름 때문에 상처를 받는다. 그들은 내 몸에 그 차이를 입혀 본 후에야 겨우 다름을 이해한다.

일본에 있으면서 나는 인종 정체성에 행동적 요소가 있다는 것을 깨달았다. 인종이 사회적 구성물이라는 포스트 모더니즘적 개념을 말하는 것이 아니다. 개인의 인종에 대한 자각이 생물학 하나만으로 결정되지 않는다는 보다 조심스러운 개념이다. 누나와 나 모두 일본인의 혈통과 피부색을 가지고 있다. 그러나 이런 생물학적 특질은 '진짜 일본인'으로서의 지위에 필수적이었지만 충분하지는 않았다. 우리의 인종은 우리의 행동에 의해서도 규정되었다.

———

이러한 인식을 아시아계 미국인으로서의 정체성에 적용하기까지는 어느 정도 시간이 필요했던 것 같다. 미국 규범에 동화해야 한다는 요구는 당연히 인식하고 있었다. 내가 보스턴 유치원에 다닌지 이틀째 되는 날 어머니는 선생님께 전화를 받으셨다. 선생님은 내가 다른 아이들에게 일본어를 가르친다고 항의하면서, 돌이킬 수 없을 만큼 아이들을 혼란스럽게 하기 전에 나를 말리라고 요청하셨다. 그날 저녁 부모님은 내가 일본인임을 자랑스러워해야 하지만, 그 사실을 알려서는 안 된다는 것을 온화한 말투로 이해시키셨다. "미국에서는 100퍼센트 미국인이 되고, 일본에서는 100퍼센트 일본인이 되어라." 집에서 외우는 주문이 된 이 말을 부모님이 처음으로 언급한 때였다.

이 주문이 부모님의 삶을 형성했다. 부모님은 보스턴 아파트의 부부 침실에 일본 잡지와 신문이 구비된 인종 피난처를 만들었다. 내가 신문을 읽으며 일본어 실력을 테스트했던 곳은 킹 사이즈 침대 위, 무슨 글자인지 알 수 없는 거대한 적갈색과 황갈색 장식 아래였는데, 세로로 쓰인 그 신문은 내 검지가 열심히 훑고 지나가면 금세 얼룩이 생겼다. 여기에서 《분게이슌주(文藝春秋)》과월호를 대충 넘기며 읽기도 했다. 그 잡지의 표지에는 아이들의 알록달록한 소원들이 걸린 다나바타 대나무, 당근이나 숯 대신에 건미역으로 눈, 코, 입을 만들어 놓은 눈사람 등 틀에 박힌 그림이 그려져 있었다. 손님이 들어올 수도 있는 공용 공간에는 다른 책들, 즉 영어로 쓰인 책들이 가득했다. 전시용 책이 뻔해서 나는 읽어 볼 생각조차 하지 않았다. 한번은 끝도 없이 꽂혀 있는 금박이 새겨진 남색 양장본들 사이에서 『데이비드 카퍼필드(David Copperfield)』를 뽑아 들었다. 그 책은 축약본이었다. 그 책이 없는 서가는 마치 이가 빠져서 사이가 벌어진 것처럼 보였고, 나는 재빨리 책을 제자리로 밀어 넣었다.

하지만 우리 부모님도 미국에서는 순수한 미국인이 되어야 한다는 명령을 지키지 않았다. 부모님 아파트의 모든 창문에는 창호지로 된 여닫이창이 끼워져 있다. 어릴 적 나는 아버지가 학자라서 햇빛마저 종이를 통과해서 읽어야 하기 때문에 그런 거라고 생각했다. 나이가 들고 나서 한 친구가 "미국인들 보는 게 너무 지긋지긋해서" 온 집의 창문에 종이를 바르셨다는 그리스계 어머니 이야기를 들려주었다. 우리 부모님은 그보다는 우아한 해결책을 찾으셨구나 하고 생각했다.

그럼에도 어린 시절의 나는 그 명령을 액면 그대로 받아들였다. 교실에서 나는 언제나 유일한 아시아인이었고, 백합처럼 하얀 학교에 속아 지냈다. 나는 항상 백인들에게 둘러싸여 있었기 때문에 내가 다르다는 것을 반쯤 망각할 수 있었다. 얼마 전, 일본 문학 교수인 한 백인 친구가 일본에서 지내는 동안 가장 싫었던 물건이 거울이라고 말했다. 거울에 비친 모습을 보지 않는다면, 그는 일본어로 말을 하면서 일본인들에게 둘러싸여 일본인처럼 살 수 있었다. 일본인이 아니라면 무엇이겠는가? 그의 말을 들으면서, 나는 어린 시절에 거울을 혐오했던 경험을 다른 시각에서 보았다.

기숙 학교에 가서야 비로소 아시아계 미국인들과 많이 만났다. 입학 후 얼마 되지 않아 집에 전화를 하던 중 한번은 아버지께 이곳에 아시아인들이 많고, 아시아인 동아리까지 하나 있다고 말씀드렸다. 아버지는 내가 그 동아리에 가입할 계획인지 물으셨고, 나는 모르겠다고 대답했다. "그 아이들이 네가 아직 모르는 어떤 것을 가르쳐 줄 수 있을까?" 아버지가 질문하셨다. 어디선가 들어 본 듯한 말이었다. 일본에서 아버지는 내게 패밀리 스쿨을 그만 두게 하셨다. 순수 일본인만이 나에게 일본인이 되도록 가르쳐 줄 수 있기 때문이었다. 이제 아버지는 순수한 미국인만이 나에게 미국인이 되도록 가르쳐 줄 수 있다고 말씀하신다. 그리고 여기서 순수란 백인을 가리켰다. 나는 그 동아리 대신 학생회에 가입했다.

돌이켜 보니 아버지와 나는 그 아시아계 미국인 동아리의 목적을 오해하고 있었다. 동아리의 목적 중 한 가지는 미국인이란 곧 백인이라는 고정 관념에 맞서는 것이었다. 하지만 나는 여전히 아버지가 내게 바랐던 것에 고마움을 느낀다. 아버지는 내가 일본인으로서든 미국인으로서든 그 밖의 어떤 것을 경험하든 그 중심부에서 겪어 보길 원하셨다. 나를 대담하게, 중심에 있는 것을 두려워하지 않도록 가르쳐 준 아버지에게 늘 감사드린다.

다른 소수자 학생들도 부모님에게서 비슷한 충고를 들었던 게 아닌가 생각된다. 엑시터 아카데미는 특권의 요새이며 의식적으로 영향력 있는 사람이 되도록 학생들을 훈련시킨다. 그곳의 많은 소수 인종 학생들은 백인 규범에 동화되기를 특히 선호했다. 집단을 불문하고 공통적으로 나타나는 행동 중 한 가지가 소수 인종 동아리를 피하는 것이었다. 또 다른 한 가지는 계급적 특권을 행사하는 것이었다. 소수 인종 학생들의 핵심 그룹은 마치 "돈이 백인을 만든다."라는 브라질 속담을 준수하려는 듯 명문 사립 고등학교 학생들 사이에서 더 유난스러웠다. 카탈로그에서 걸어 나온 듯한 그들의 차림새에서는 인종적 소수자의 특징을 찾아볼 수 없었다. 그리고 각 집단은 자신들만의 전략을 좇았다. 아시아계 미국인들은 쌍꺼풀 수술을 받았고, 아프리카계 미국인들은 머리카락을 폈으며, 라틴계 학생들은 이름에 있는 억양 표시를 없애 버렸다.

나를 가장 괴롭혔던 고정 관념은 아시아계 미국인을 영원한 외국인으로 묘사하는 것이었다. 보스턴에서 자랐다고 실컷 이야기했는데도 "'진짜' 출신지는 어디예요?"라고 물어보는 것이 정말 싫었다. 나는 이 이방인의 티를 언어로 지워 냈다. 이 과정에서 조금 더 신중했더라면 좋았을 것이다. 내가 언어에서 얻는 즐거움은 다른 어떤 정체성과도 무관하다고 생각하기 때문이다. 하지만 인종 정체성은 영어를 장악하고 싶은 나의 의지를 제대로 자극했다. 부모님이 생소한 언어 때문에 고생하시는 모습을 보았다. 그리고 나 자신은 일본어 배우기에 실패해서 직접적인 문맹을 경험했다. 나는 영어 단어들을 부적인 양 긁어모았다.

엑시터 아카데미에서는 이 언어적 탁월함이 나를 백인으로 만드는 것을 감지했다. 수학 역시 좋아했다. 미적분학에서 직사각형들이 "마치 공기처럼 얇게 다져진 금처럼"[2] 가늘어지면서 곡선이 되는 것이 매력적이었다. 그러나 수학을 뛰어나게 잘하는 것은 아시아적 사고가 주판 같다는 시각을 뒷받침하는 것 같아 기분이 그저 그랬다. 저돌적으로 발표에 나서서 책에 대해 이야기하는 나를 보고 선생님의 눈이 휘둥그레졌던 때는 영어 수업 시간이었다.

대학 시절에 비슷한 경험을 했던 여자 친구와 사귀었다. 재닛은 한국계 미국인으로 영문학을 전공한 의예과 학생이었다. 우리는 시 작문 세미나에서 만났다. 재닛에게 끌린 이유 중 하나는 언어와 맺고 있는 관계가 나와 유사하다고 느꼈기 때문이었다. 재닛의 부모님도 이민자였다. 그래서 재닛은 부모님에게 영어로 말하고, 부모님은 한국어로 대답했다. 이해하기 힘든 아시아계 미국인의 경험에서 벗어나 우리 스스로에 대한 글을, 그것도 가장 전통적인 방식으로 쓰고 싶은 욕구가 우리 둘 모두에게 있다는 것을 알아차렸다. 우리는 아시안-아메리칸 문학처럼 소수 인종의 표식이 있는 수업을 경멸했다. 우리는 고전 문학의 심장부로 뛰어들었다. 나는 셰익스피어를, 재닛은 밀턴을 전공했다.

우리 둘의 저녁 시간은 읽고 쓰기를 배우는 사람들의 행복으로 채워졌다. 마치 논쟁을 즐기는 머리가 두 개 달린 문학 생명체처럼, 소파의 양쪽 끝에 앉아서 서로에게 책을 읽어 주었다. 우리가 느끼는 즐거움은 대부분 인종과 관련이 없었다. 하지만 인종은 명백히 우리 관계의 일부였다. 우리는 둘 다 글쓰기가 강요한 인종적 색맹 상태를 사랑하고 있다고 고백했다. 누구의 글이든 검은 것은 잉크요, 흰 것은 종이였다.

재닛과는 아시아계 미국인의 동화에 대해 논쟁했고, 그 후에는 폴과 동성애자 동화에 대해 논쟁했다고 생각하니 지금은 웃음이 난다. 한번은 함께 알고 지내던 아시아계 미국인 여성이 쌍꺼풀 수술을 받은 것을 알고 재닛이 격분한 적이 있는데, 재닛은 이 수술을 '아시아판 코 성형 수술'*이라고 말했다. 재닛은 이런 수술이 자기혐오이며, '백인처럼 행동'하려는 노력이라고 생각했다. 나는 일본에서도 쌍꺼풀에 집착하고, 수술 역시 한다는 사실을 재닛에게 재차 알려 주었지만 시간 낭비였다. 재닛은 쌍꺼풀 수술이 전 세계적으로 유행하는 것은 백인의 미적 기준이 이 세계를 지배한다는 것을 증명할 뿐이라고 주장했다. 나더러 동화에 '실패'했다며 재닛이 자주 잔소리했었다는 점을 지적해 보았지만, 이 또한 소용이 없었다. 내가 머리카락을 짧게 자르고 올 때마다 '아시아에서 온 티'를 내는 것 같다고 신경을 건드렸던 사람은 다름 아닌 재닛이었다. 이 두 입장 간의 모순을 넌지시 말하자 재닛은 휘트먼을 인용했다. "나는 광활하며, 내 안에는 수많은 인간이 살고 있다."[3]

---

* 매부리코가 유대인의 민족적 외형으로 인식되면서, 19세기 말부터 독일 거주 유대인들은 독일인으로 동화하기 위해 코 성형 수술을 받았다. 같은 맥락에서 아시아인들이 쌍꺼풀 수술을 받는 것도 백인으로 동화하기 위한 성형 수술로 보는 시각이다.

어머니는 어이없다는 듯 머리를 갸우뚱하시며, 일본인과 한국인이 내내 미국 시들을 인용하면서 그렇게 자연스럽게 사귀는 것은 미국이라서 가능한 일이라고 말씀하셨다. "수세기 동안의 민족적 증오 말고 이 두 나라가 공유하고 있는 게 뭐니?" 내가 코네티컷에 있는 재닛의 가족을 만나러 갈 때, 어머니는 그분들께 '미국적' 선물을 드리라고 말했다. 나도 그분들께 일왕의 초상을 드리려고 한 것은 아니었다. 하지만 어머니가 무슨 말을 하시는지 알았다. 어머니는 내가 아시아인의 미국 동화라는 공통분모 안에서 재닛의 가족들과 만나기를 바라셨다.

재닛과 사귀는 것은 어떤 의미에서 동화에 해당했지만, 또한 동화를 거부하는 것이기도 했다. 다른 아시아인과 사귀는 것은 같은 인종끼리 따로 지내는 것이다. 우리는 사교 모임에서 유일한 아시아인이었던 적이 많았고, 어떤 사람들은 재닛과 내가 같은 인종이라는 사실만으로 연인 사이이리라 추측했다. 심지어 요즘도 사교 모임에서 처음 만난 사람들이 내가 아시아 여성 동료와 결혼했을 것이라고 짐작하는 경우가 있다. 진정한 동화는 내가 아시아계 동아리를 피했던 방식으로 아시아인과의 연애를 피해야 함을 의미할지도 모른다.

나는 백인으로 전환되기를 갈망했을까? 만약 이것이 버튼을 누르면 되는 문제였다면, 어린 시절 나는 엘리베이터를 기다리는 남자만큼이나 하릴없이 끈덕지게 그 버튼을 눌렀을 것이다. 그러나 백인이 되고 싶은 욕구는 이성애자가 되고 싶었던 욕구처럼 나를 억지로 무릎 꿇린 적이 없었다. 나는 이 차이를 인종 불변성 때문이라고 생각했었다. 하지만 인종 불변성이 또래들의 백인다움에 대한 동경을 꺾지 못한다는 것을 알게 된 후 생각이 바뀌었다. 아시아계 미국인 친구들은 어릴 때 자기가 언제 하얘지는지 알려 달라고 떼를 쓰느라 가족들 사이에서 소란을 일으킨 적이 있다고 했다. 그리고 나에게도 물론 어린 시절 피부를 표백하려 했던 아라드에 대한 잊지 못할 잔상이 있다.

인종적 자부심을 심어 주었던 부모님 덕분에 나는 내가 속한 인종을 비교적 침착하게 받아들였다고 생각한다. 이 점에서 자식이 자주 미국과 일본을 오가게 했던 부모님의 전략은 기가 막히게 잘 들어맞았다. 부모님은 내가 일본인 신분으로 일본 문화에 접근할 기회를 주셨다. 청소년 시절 내내 부모님은 미국에서 내가 처한 소수자 지위가 지리학적 우연임을 끊임없이 볼 수 있게 하셨다. 일본에 가면 나도 다수에 속했다.

인종 차별주의에 대한 가장 강력한 정신적 방어 수단 중 하나가 또한 인종 차별주의라는 것은 슬픈 진실이다. 에셔(Maurice

Cornelis Escher)의 판화에서 비둘기가 날아오르면서 까마귀가 되는 것처럼,[4] 한 나라에서 만났던 모든 인종 차별주의자들의 신념에는 상대국의 거울에 비친 자신들의 형상이 투영되어 있다. 나는 그 대칭성에서 자양분을 얻었다. 어머니는 백인이 휩쓸어 버린 한 미국 퀴즈 쇼를 시청한 후에 나를 쳐다보셨다. "미국인들 중에 일부는," 어머니는 놀라서 이렇게 말씀하셨다. "정말로 아는 게 많구나." 그제야 나는 왜 어머니가 어떤 과목에서든 내가 1등을 하는 것이 당연하다고 여겼는지 이해가 되었다. 내가 미국인들하고만 경쟁하고 있었기 때문이었다.

물론 미국인들도 나의 학업 성적이 뛰어날 것이라 예상했다. 대학에 다니는 동안 여러 잡지에서 "대단한 아시아인들(those amazing Asians)"에 대해 대서특필했다.[5] 하지만 미국 문화에서 내가 받은 '모범 소수자'라는 인정은 여전히 생색내는 손길 같기만 했다. 나는 점점 더 많은 자양분을 일본의 토착 문화에서 얻었고, 이 점이 백인 심판자의 권위를 무력하게 만들었다. 나는 흡사 그리스 신화에 나오는 거인족, 대지의 여신 가이아의 아들이 된 느낌이었다. 그는 자신의 어머니인 대지에서 기운을 빨아들일 수 있었고, 싸움에서 쓰러지면 언제나 다시 원기를 완전히 회복해서 일어날 수 있었다. 일본 땅은 일본만큼이나 이질적으로 느껴졌지만, 그 대지는 만지는 순간 나를 새로이 일어나게 했다.

동성애자의 동화에 대해 깊이 연구하면서 나는 그제야 인종 동화주의에 대해서도 엄밀하게 사고하기 시작했다. 아시아계 미국인 정치학 분야의 글들을 읽기 시작했고, 찾아낸 것 중 대부분의 자료에서 커버링 행동을 발견했다. 중국계 미국인인 에릭 리우(Eric Liu)는 회고록『우발적 아시아인(The Accidental Asian)』에서 "나는 '백인'입니다, 하고 말할 수 있는 방법 몇 가지가 있다."[6]라고 말하며 아래 목록을 덧붙였다.

　　나는 공영 라디오 방송 NPR을 듣는다.

　　나는 카키색 캐주얼 바지를 입는다.

　　나는 갈색 스웨이드 구두를 가지고 있다.

　　나는 유기농 채소를 먹는다.

　　나는 친하게 지내는 '유색인' 친구가 거의 없다.

　　나는 백인 여성과 결혼했다.

　　나는 교외 출신이다

　　나는 크레이트앤배럴 가구로 아파트를 꾸민다.

　　나는 근사한 B&B에서 휴가를 보낸다.

　　나는 노골적인 차별을 경험한 적이 한 번도 없다.

　　나는 몇몇 고급 회원제 클럽의 일원이다.

　　나는 정치 권력의 내부 조직에 있었던 적이 있다.

나는 그 조직에서 직원이 아닌 비중 있는 인사였다.

나는 그 조직으로 복귀하고자 하는 야망이 있다.

나는 문화 생산자이다.

나는 내 발언이 영향력이 있을 것으로 기대한다.

나는 모국어 억양이 없는 무결점 영어를 구사한다.

나는 포린 어페어즈(Foreign Affairs) 잡지를 구독한다.

나는 편집자들이 일인칭 복수 대명사 '우리'를 쓰더라도 개의치 않는다.

나는 TV에 나오는 출연진이 얼마나 백인 일색인지에 신경 쓰지 않는다.

나는 민족적 특색이 별로 없다.

나는 소수자 운동가들을 경계한다.

나는 스스로를 망명자도 야권 인사도 아니라고 생각한다.

나는 '인종의 자랑'으로 여겨진다.

리우는 "황색 피부와 황색 조상"을 가진 점을 강조했다.[7] 즉 패싱도 전환도 하지 않은 것이다. 다만 저 커버링 행동들을 통해 탈바꿈했다고 믿었다. 리우는 "어떤 사람은 백인으로 태어나고, 어떤 사람은 백인다움을 성취하고, 훨씬 많은 사람들은 백인다움을 강요받고 있다."는 것을 인지하면서, 자신은 "갈채를 받으며 백인"이 되었다고 말한다. 이 변화는 또한 내면적이다. 리우는 "주변부에서 벗어나 미국인 삶의 중심부로" 옮겨 갔다는 점에서 자신이 "내면적으로는 백인이 되었다."라고 말한다.

이 목록을 본 후 나의 맨 처음 반응은 린네식 분류법을 보는 것 같은 즐거움이었다. 리우의 목록은 내가 말한 커버링의 네 가지 축을 모두 포함한다. 즉 외양("나는 카키색 캐주얼 바지를 입는다.", "나는 갈색 스웨이드 구두를 가지고 있다."), 소속("나는 공영 라디오 방송 NPR을 듣는다.", "나는 크레이트앤배럴 가구로 아파트를 꾸민다.", "나는 모국어 억양이 없는 무결점 영어를 구사한다."), 액티비즘("나는 TV에 나오는 출연진이 얼마나 백인 일색인지에 신경 쓰지 않는다.", "나는 민족적 특색이 별로 없다.", "나는 소수자 운동가들을 경계한다."), 연계("나는 친한 '유색인' 친구가 거의 없다.", "나는 백인 여성과 결혼했다.")가 다 들어 있었다.

하지만 곧 혼란을 느꼈다. 몇 군데만 약간 수정하면, 이 목록은 내 이야기이기도 했다. 즉 게이 정체성을 커버링했던 것만큼이나 내가 아시아계 미국인이라는 정체성도 커버링하고 있었다는 의미이다. 그런데 이 두 가지 유형의 커버링은 느낌이 다르다. 나는 폴이 내민 손을 뿌리치거나 동성애자 운동에서 한발 물러나 있는 식으로 게이 정체성을 커버링했던 것을 후회한다. 인종 커버링 행동들을 떠올릴 때는 이런 자기 비난이 일어나지 않는다. 이 점은 내가 리우와 마찬가지로 '우발적 아시아인', 즉 '공교롭게도' 아시아인인 사람이라는 생각이 들게 한다.

내 생각에 미국이라는 나라는 이성애 규범에 속박되어 있는 것과 마찬가지로 백인 우월주의에 빠져 있다. 그런데 왜 나는 아시아인의 정체성을 커버링하면서도 이렇게 편안할까? 동성애자보다 아시아인이 더 잘 받아들여지기 때문일까? 나의 인종적 자아를 공들여 만들 수 있는 장소가 항상 있었기 때문일까? 공포 때문에 인종 커버링을 한다고 느끼지 않았기 때문일까?

많은 동료 교수들과 마찬가지로, 나는 가끔 여러 문제를 통해 해결의 실타래를 풀어 가는 세미나 수업을 한다. 한번은 한 학생이 "법과 나"라는 제목으로 가짜 수업 안내문을 게시하기도 했다. 그런 수업법에서 (저마다 나는…… 나는…… 나는…… 이라고 해결책을 내놓는) 나르시시즘 때문에 (해결의 실마리가 될) 황금 실이 더 꼬여 버린 상태를 풍자한 것이었다. 하지만 학생 시절 나는 교수가 변질의 위험을 감수하고자 했던 수업에 항상 흔쾌히 동참했었다. 그래서 나도 인종, 성별, 성적 지향, 종교를 가로지르는 동화와 차별의 관계를 탐색하기 위해 세미나 수업을 했다.

나는 수업을 듣는 열두 명의 학생에게 리우의 목록을 주었다. 아시아계 미국인 여성인 줄리는 그 문장의 문법이 인상적이라고 말했다. 그녀는 각 문장이 '나'라는 단어로 시작하면서 리우가 각 문장의 목적어가 아닌 주어가 된다는 점, 그리고 각 문장이 평서문이며 한정사로 제한되지 않는다는 점을 언급했다. 이 행위 주체성이 "나는 몇몇 고급 회원제 클럽의 일원이다.", "나는 내 발언이 영향력이 있을 것으로 기대한다."처럼 내용면에서도 이어진다는 언급을 덧붙였다. 그러나 줄리는 곧 이 힘에 비용이 따른다는 점을 지적하며 이 진술들을 계약처럼 짝으로 묶을 수 있다고 말했다. 즉 "만약에 당신이 나를 '정치 권력의 내부 조직'으로 들어가게 해 준다면,

나는 '민족적 특색이 별로' 드러나지 않도록 할 것이다." 혹은 "만약에 당신이 나를 '문화 생산자'가 되도록 해 준다면, 나는 'TV에 나오는 출연진이 얼마나 백인 일색인지에 신경 쓰지 않을' 것이다."와 같은 식이다. 이것이 거래 내용이라고 줄리는 말했다. 당신이 만약 중심부에 있고 싶다면 백인의 규범에 동화하라는 것이다.

나는 학생들에게 이 거래를 어떻게 생각하는지 물었다. 역시 아시아계 미국인인 진은 리우의 목록을 '바나나'가 되기 위한 과업, 즉 겉은 노랗지만 안쪽은 하얀 아시아인이 되는 일에 비유했다.[8] 진은 리우가 인종 정체성을 부정하는 상태라고 생각했는데, 자존감이 있는 소수자라면 온통 백인만 출연하는 TV를 보면서 아무렇지 않을 수 없으리라는 이유에서였다. 이 말에 동의하지 않는다는 중얼거림이 들렸다. 진은 리우가 정체성 부정 상태인지 아닌지는 추측할 필요가 없다고 반박했다.[9] 왜냐하면 그 목록에서 리우는 한 번도 노골적인 차별을 당한 적이 없다고 말했지만, 책의 다른 부분에서는 중국인에 대한 혐오 표현인 '칭크(chink)'라고 불리면서 자랐다고 썼기 때문이다. 진은 리우가 어떤 형태의 영어든 "모국어 억양이 제거"될 수 있다고 생각하는 점이 거슬린다고 말했으며, 리우를 엉클 톰*이라고 생각한다고 말했다.

나는 진을 보다 주의 깊게 바라보았다. 그녀는 전에도 내 수업

---

* 미국 소설가 해리엇 비처 스토의 소설 『톰 아저씨의 오두막』에 등장하는 주인공이다. 백인의 억압에 순응하는 유색 인종을 상징하는 표현이다.

을 수강했는데, 당시에는 말이 거의 없었으며 완벽한 시험 답안지를 제출했었다. 나를 깜짝 놀라게 한 것은 그녀의 목소리에 담긴 격렬한 감정이었다. 이 수업은 진이 훗날 학술지에 게재한 논문을 시작하는 계기가 된다.[10] 그 논문은 아시아계 미국인들이 일종의 벽장에 숨어 있다고 주장한다. 아시아 문화와 연관된 특성들은 공공의 영역에서 반드시 숨을 죽인 채 벽장 안에 들어 있어야 한다. 키아누 리브스(Keanu Reeves)나 딘 케인(Dean Cain) 등 주류에서 활동하는 배우들은 아시아계 혈통임을 드러내지 않고, 자신들의 몸 안에 인종적 다름을 숨겨 둔다. 다른 유명한 아시아계 미국인들은 리우처럼 자기 집 내부, 사적인 공간에 민족성을 가두어 둔다. 나는 아시아인 커버링의 입문서로 진의 논문을 읽었다. 그리고 그 논문에 서술된 내용이 나의 경험과 너무나 유사해서 깜짝 놀랐다.

로빈 샤르처럼 진은 내 양심을 깨웠다. 리우의 목록에서 유기농 채소나 스웨이드 신발, 나의 발언이 영향력을 미칠 것이라는 기대 등 많은 항목이 문제가 되지 않는다는 생각은 여전하다. 다른 항목들은 다시 보니 좀 미심쩍다. 생각해 보면, 내가 백인 위주의 TV 출연진을 받아들인 이유는 만약 아시아인들이 출연한다면 우리의 모습이 오히려 제대로 그려지지 않을지 모른다는 걱정 때문이다. 이러한 공적인 역할에서 아시아인들의 부재가 낳는 문제점 역시 알고 있다. 동성애자의 경우처럼 아시아인들도 자신을 삶의 주인공으로 보지 못할 수 있다는 점이다. 내가 아시아계 미국인들과 오랜 기간 무심할 정도로 어울리지 않았던 것을 학생들이 직감하고 있다는 것도 안다. 사실 나를 더 많이 찾는 사람은 아시아계 학생들이 아니라 동성애자 학생들이다. 내가 '인종의 자랑'으로 여겨질 때 나의 기쁨은 항상 실제 혹은 상상 속의 백인 청중이 우월하다는 것을 전제로 하고 있음을 본다.

후에 그 세미나 수업에서 우리는 폴 배럿(Paul Barrett)의 『더 굿 블랙(The Good Black)』을 읽었다.[11] 이 책을 읽고 마음이 아팠다. 배럿은 백인이며, 《월 스트리트 저널》의 기자다. 그 책은 로스쿨 시절 룸메이트였던 아프리카계 미국인 로렌스 먼긴에 대한 이야기였다. 먼긴이 '좋은 흑인' 혹은 인종 커버링을 하는 흑인이 되기 위해 평생을 어떻게 애썼는지 그렸다. 퀸스에서 가난하게 성장한 먼긴은 흑백 혼혈인 어머니에게 이런 말들을 들었다. "너는 인간이야. 그것이 첫 번째란다. (……) 미국인이라는 것이 두 번째이고, 흑인이라는 것은 세 번째야."[12] 먼긴의 어머니는 맬컴 엑스(Malcolm X)보다 마틴 루서 킹(Martin Luther King Jr.)을 더 좋아하셨다. 어머니는 먼긴이 '뒷골목 비속어'[13]를 사용하면 혼내셨고, 그에게 인종은 '잊어버리라'[14]고 말씀하셨다. 먼긴은 그렇게 하고자 노력했고, 혹독한 커버링 전략으로 고등학교와 하버드 학부, 하버드 로스쿨 시절 내내 눈부시게 빛을 발했다. 그는 인종 차별적 농담을 들으면 따라 웃었고,[15] 아프리카계 미국인 모임을 피했고, 식당에서 '흑인들이 모여 있는 테이블'에 앉지 않았으며, 인종 차별을 당했던 경험은 절대 입에 올리지 않았다. 먼긴이 로스쿨에 입학했을 때, 흑인학생회 대표단이 그를 찾아와서 왜 흑인학생회에 가입하지 않았는지, 왜 백인 로스쿨생과 룸메이트를 하는지 물었다. 먼긴은 이 학교에 학위를 따러 온 것이지 활동가가 되려고 온 것은 아니라고 대답했다.

먼긴은 하버드 로스쿨을 졸업한 후 세 군데 로펌을 거쳐 캐튼머친앤재비스(Katten Muchin & Zavis)에 자리를 잡았다.[16] 먼긴은 캐튼머친에서도 네 가지 축에서의 커버링을 이어 갔다. 배럿의 책은 먼긴의 패션 스타일을 반복적으로 언급하며, 그를 로펌의 베스트 드레서로 묘사한다.[17] 먼긴이 외모에 관심이 많았을 수도 있다. 하지만 그가 일하고 사는 중산층 백인 사회에서 복장은 어떤 인종으로 인식되는지에 직접적으로 영향을 미쳤다고 묘사하고 있다. 정장을 입고 있을 때에는 버지니아 주 알렉산드리아 교외에 사는 이웃들에게 친근한 목례를 받았다. 트레이닝복 차림일 때에는 바로 그 이웃들이 긴장을 하면서 지갑을 움켜쥐는 것을 보았다. 먼긴은 또한 소속에 근거한 커버링도 했다.[18] 즉 자신이 두 개의 하버드 졸업장을 가지고 있다는 이력을 강조했는데, 이는 '백인들에게 안심해도 된다는 또 다른 신호' 역할을 했다. 또 말을 할 때는 정확성을 기했고, 덕분에 '매우 논지가 명확한' 사람으로 그려진다. 먼긴은 인종적 경멸이 감지되어도 과도하게 상냥하게 대응하며 액티비즘의 기미로 비칠 수 있는 것은 무엇이든 피했다. 또 회사나 법조계 전반에서 다른 아프리카계 미국인과의 만남을 멀리했다. 먼긴은 자신의 신조를 이렇게 밝혔다. "내가 백인과 다름없다는 것을 보여 주고 싶었어요. '염려 마세요. 나는 좋은 흑인입니다.'"[19]

그러나 혹독한 커버링 전략은 성공하지 못했다. 먼긴은 자신이 선택한 로펌의 지사에서 고립된 채 일했고, 파트너가 될 가망이 없다는 것을 점차 깨달았다. 자신의 처지가 인종 차별의 산물이라고 생각한 먼긴은 인종을 이유로 한 고용 차별을 금지하는 1964년 민권법 제7장에 의거해 소를 제기했다.[20] 대부분 흑인으로 구성된 배심원들은 250만 달러를 먼긴에게 배상하도록 판결했다. 하지만 거의 백인으로 구성된 항소심 재판부는 불합리하다는 이유로 판결을 번복하였다.

먼긴 이야기가 비극적인 것은 그가 소송에서 졌기 때문이 아니다. 배럿이 쓴 책과 이 소송에 관한 공개 자료를 읽은 후에도 캐튼머친이 먼긴에게 커버링 요구 등을 부과함으로써 인종 차별을 했다는 생각이 들지 않았다. 먼긴은 아프리카계 미국인에 대해 가질 수 있는 모든 고정 관념을 불식할 정도로 자신의 행동을 너무나 성실하게 커버링한 상태로 캐튼머친에 입사했기 때문에 회사는 커버링을 요구할 필요가 전혀 없었다. 바로 이 점이 비극이었다. 그 부정은 단순히 인종 정체성에서 도피하는 것에 머무르지 않았다. 마치 (명암이 반전된) 네거티브 필름이 사진이 되듯, 인종 고정 관념의 모든 항목을 신중하게 반전시킨 모습이 바로 먼긴이었다.

먼긴은 캐튼머친을 그만두고 나서야 이 커버링 전략이 공짜가 아니었음을 깨달았다.

나는 거짓된 삶을 산 것에 대해서 보다 공개적으로 솔직해지기로 했다.[21] 내가 열린 사고를 하고 흑인이 멋지다고 생각하는 사람들에게 둘러싸여 있기 때문이 아니다. 나는 백인들, 예컨대 (알렉산드리아의) 이웃 같은 이들을 불편하게 만들지 않으려고 줄곧 최선을 다했다. 이제는 그들이 편안한 느낌을 갖도록 애쓰는 게 그냥 지긋지긋해서 말도 거의 하지 않는다. 그 사람들이 인사를 건네면 나도 인사를 하겠지만 더 이상 밤중에 그 사람들을 편안하게 해 주려고 애쓰지 않는다. 그것은 너무 힘에 부치는 일이다.

때때로 커버링은 우리가 가만히 있거나 버스에서 농담을 주고받을 때처럼 크게 자각하지 않는 상태에서 일어난다. 또 다른 경우에 커버링은, 먼긴이 결국 느꼈던 것처럼 심신을 지치게 할 수 있다. 하지만 어느 경우든 커버링은 노동이다.

나는 『더 굿 블랙』을 읽으면서, 계약이라고 했던 줄리의 견해를 자꾸 되짚어 본다. 이 책은 사회 계약에 관한 것이며, 그 계약은 소수 인종에게 백인 규범에 동화되면 보상을 받을 것이라고 말한다. 내 생각에 먼긴은 고용 계약 위반에 대해서 소를 제기한 것이 아니라 이 사회의 전반적인 사회 계약 위반을 고발한 것이다. 이런 이유로 법적 소송에서는 질 수밖에 없었지만, 사회 계약에 대한 그의 문제 제기에 대해 우리는 공감하고 관심을 가질 필요가 있다고 생각한다.

나는 인종 커버링이라는 사회 계약의 혜택을 받았다. 리우와 마찬가지로 내 인종을 커버링했었고, 미국 사회의 중심부로 이동했다. 그리고 "시대가 변했고, 중국인 역시 이제는 백인다움을 열망할 수 있다는 점을 진전이라고 부를 수 있다고 생각한다."[22]라는 리우의 말처럼 나도 이것이 무조건적인 배제보다 진일보한 것이라고 받아들인다. 그러나 언제쯤이면 백인이라는 느낌 없이도 중심부에 있다고 느낄 수 있는, 그런 미국 사회에 살게 될지에 대해서는 질문을 던질 필요가 있다.

그런 사회에서 우리가 얼마나 동떨어져 있는지 측정하기 위해, 나는 동화라는 사회 계약을 위반한 소수 인종, 즉 자신의 인종 정체성을 커버링하기보다 과시한 개인들을 살펴보기 시작했다. 성적 지향의 경우처럼 그 결과는 잔인했다.[23] 아프리카계 미국인 여성은 머리카락을 전부 땋는 콘로 스타일을 금지당했고, 라틴계 남성은 스페인어 구사 '능력'이 있음을 인정했다는 이유로 배심원에서 제외되었으며, 필리핀계 여성 간호사는 직장에서 (필리핀 공용어인) 타갈로그어 사용을 금지당했다. 오래된 분노를 느끼며 법전을 펼쳤다.

———

미국 연방 헌법과 1964년 민권법 제7장 두 가지 모두 성적 지향에 비해 인종을 훨씬 더 강력하게 보호하고 있기 때문에, 개인들이 인종을 커버링하라는 요구에는 잘 맞서며 살고 있으리라 예상했다. 나의 예상은 너무나 낙관적이었던 것으로 드러났다. 법원은 인종 정체성의 가변적 측면이 아닌 불변적 측면만 보호함으로써, 성적 지향 관련 소송에서처럼 인종 관련 소송에서도 존재와 행동을 구분했다. 소수 인종이 혈통이나 피부색 때문에 해고되면 두말할 것도 없이 승소할 것이다. 하지만 인종 정체성의 문화적 측면에 대한 커버링 요구를 거부했다는 이유로 해고된 소수자는 결국 패소할 것이다.

이러한 역학을 잘 보여 주는 것이 로저스 대 아메리칸항공(Rogers v. American Airlines) 소송이다.[24] 이 소송은 1981년에 판결이 났고 끝내 번복되지 않았다. 로저스는 아프리카계 미국인 여성이며 공항 기능 직원으로 아메리칸 항공에서 일했다.[25] 이 일을 하는 직원들에게는 머리카락을 모두 땋는 콘로 헤어스타일을 금지하는 복장, 두발 정책이 적용되었다. 이 정책은 인종과 성별에 상관없이 모든 직원에게 콘로 스타일을 금지했기 때문에, 표면상으로는 인종 중립적이고 성별 중립적이었다. 하지만 콘로 스타일과 밀착되어 있는 아프리카계 미국 여성에게 더 부담을 주는 정책이었다.[26] 콘로 스타일을 하고 있었던 로저스는 민권법 제7장에 의거해 이 정책이 인종 차별과 성차별이라는 소송을 제기했다.[27] 이 소송의 최종 판결에서 지방법원은 두 주장 모두에 대해서 항공사의 손을 들어 주었다. 여기에서는 로저스의 인종 차별 주장을 중심으로 다룬다.

만약 고용주가 인종적 소수자에게 부담을 편중시키면서 경영상의 정당성이 결여된 정책을 시행했다면, 원고는 민권법 제7장에 의거하여 승소할 수 있다. 로저스 소송을 담당한 법원은 콘로 금지 정책이 아프리카계 미국인에게 편중된 부담이라는 점을 인정하지 않았다. 법원은 로저스가 "머리카락을 모두 땋는 헤어스타일이 흑인의 전유물이라거나 아니면 대부분 흑인들이 하는 스타일이라는 점에 대해서도" 일관된 주장을 펴지 않았다고 지적했다.[28] 법원은 더 나아가 머리카락을 모두 땋는 헤어스타일을 영화 「텐(10)」에서 한 백인 여배우가 유행시키고 난 후에야 로저스도 그 스타일을 했다고 피고인 아메리칸항공 측에서 주장했고 "이에 대해 (원고 측의) 반론이 없었다."는 점을 언급했다. 이 주장을 그 여배우의 이름을 빌려 '보 데릭(Bo Derek)' 항변이라고 부를 수도 있겠다. 이 항변은 결국 자기 뒤통수를 치고 말았다. 보 데릭의 콘로 그 자체가 아프리카계 미국인의 스타일을 차용한 것이기 때문이다.[29]

법원은 자신의 해석이 미흡했음을 시인이라도 하듯 판결의 근거로 또 다른 이유를 제시했다. 법원은 콘로 스타일이 인종의 불변적 특성은 아니라고 판단했으며, "아프로부시(Afro-bush)" 스타일*은 민권법 제7장으로 보호받을 수 있을 것이라고 단언했다.[30] 왜냐하면 "선천적인 헤어스타일을 금지하는 것은 불변적 특성을 이유로 한 차별 금지 원칙과 관련 있기 때문"이었다. 그리하여 법원은 "머리카락을 모두 땋은 콘로 스타일이 선천적으로 머리카락이 자라난 결과물이 아니라 인공적인 결과물"인 이상 "머리카락을 모두 땋은 헤어스타일은 아프로 스타일과는 다른 문제"라고 주장했다.[31] 법원은

＊　아프리카에서는 부시 헤어스타일로 불렸던 둥근 곱슬머리. 미국에서는 아프로 스타일이라는 이름으로 1950년대 후반 이후에 크게 유행했다.

이렇게 판결했다. "머리카락을 모두 땋은 콘로 스타일은 '쉽게 바꿀 수 있는 특성'이며, 사회 문화적으로 어떤 특정 인종이나 국가와 관련되어 있다고 하더라도 차별을 허용할 수 없는 근거는 아니다."[32]

샤하르 소송 법원에서 동성애자로서 샤하르의 지위와 그녀의 동성 간 행위를 구분했던 것과 마찬가지로, 로저스의 법원도 인종적 소수자라는 그녀의 신분과 인종과 관련된 그녀의 행위를 별개로 보았다. 법원은 만약 로저스가 피부색이나 '선천적인' 아프로 헤어스타일같이 인종 정체성의 불변적 특성을 이유로 차별을 당했다면 승소할 수 있었을 것임을 분명히 했다. 동시에 법원은 로저스가 콘로 스타일과 같이 인종 정체성의 가변적인 특성에 대해서는 보호받지 못할 수 있다는 점도 분명히 했다. 로저스는 주류 백인들과 구분되는 돌출적인 특징을 커버링하라는, 즉 인종적 특징을 최소화하라는 요구로부터 보호받지 못했다.

나는 '선천적인 헤어스타일'이 형용 모순처럼 들린다는 점을 지적하지 않을 수 없다. 보통 '선천적'이라는 것과 '스타일'은 상반된다고 생각하기 때문이다. 순수하게 '선천적'으로 남아 있으려면, 아프로 스타일은 자르지도 관리되지도 않은 상태여야만 할 것이다. 이런 스타일은 당연히 항공사가 묵인하지도, 법원이 보호하지도 않을 것이다. 결정문의 이 괴상한 표현은 오직 불변적 특질만 보호받을 수 있다는 원칙에 대한 법원의 신념을 더욱 강조했다. 법원은 아프로 스타일을 보호하고 싶은 욕망에 사로잡혀 그 헤어스타일을 '선천적' 혹은 '불변적'인 것으로 재분류했다. 자기의 신념을 지키기 위해 얼마나 어리석어질 수 있는지가 신실함의 척도가 될 수 있다는 것을 보여 주는 듯하다.

법원이 제시한 이유에 비하면 이 분석이 기발해 보이지 않을 수도 있다. 법원에서는 두발이 사소한 문제에 불과할 수도 있다고 했다. 그러나 두발이 사소하다면, 왜 아메리칸항공은 두발을 해고의 이유로 삼았느냐고 질문할 수 있을 것이다. 로저스 사건을 되짚어보면 마치 아메리칸항공과 법원이 로저스에게 이렇게 질문하는 것처럼 들린다. "이게 당신에게 왜 그렇게 중요합니까?" 이 질문에 대해 로저스는 이렇게 대답할 수 있을 것이다. "이게 '당신에게는' 왜 그렇게 중요합니까?" 두 질문 모두 오래 생각해 볼 만하다.

판결문에 따르면, 로저스는 콘로를 하는 것이 자신에게 왜 중요한지에 대해 짤막하게 대답했다. 로저스는 콘로 스타일이 "미국 흑인 여성의 문화적, 역사적 본질의 일부였고, 여전히 그러하다."라고 주장했다.[33] 이 답변은 로스쿨 교수이자 자신이 아프리카계 미국 여성 당사자이기도 한 폴레트 콜드웰(Paulette Caldwell)이 저술한 로저스 소송에 대한 논문에 자세히 설명되어 있다.[34] 콜드웰은 자신이 헤어스타일을 바꿀 때 나타나는 상이한 반응을 기술했다. 길게 펴진 헤어스타일을 하면, "유능하고, 흔치 않은 통찰력을 지닌 전공 분야의 대가"라는 칭찬을 듣는다.[35] 아프로 헤어스타일을 하면 '10대' 같아 보인다는 말을 듣는다.[36] 콘로 스타일을 하고 있으면 아프리카계 미국인 여성이 콘로 스타일을 하는 것을 금지했던 사건, 즉 로저스 사건에 대한 질문을 받는다.[37] 콜드웰은 이러한 경험에서 자신의 헤어스타일이 인종적 자기표현의 현장이며, 대중은 흑인 여성의 진보를 백인 여성 모방과 동일시하기 때문에 아프리카계 미국인에게 '좋은' 두발은 '백인'의 헤어스타일이라고 결론 내렸다.[38] 콜드웰은 마야 안젤루(Maya Angelou), 그웬돌린 브룩스(Gwendolyn Brooks), 앨리스 워커(Alice Walker), 토니 모리슨(Toni Morrison)의 책의 예시를 인용하면서, 흑인 여성이 저술한 거의 모든 소설과 자전적 작품이 헤어스타일을 이유로 한 차별을 다루고 있다고 지적했다.[39]

콜드웰의 에세이는 헤어스타일이 외모 단장이라는 중립적인 취향의 문제에서 인종의 싸움터로 변질될 수 있다는 것을 보여 준다. 법원이 보 데릭을 언급하며 했던 말처럼, 처음에 로저스는 자신의 헤어스타일을 별로 중요하게 생각하지 않았을지도 모른다. 그러나 이 점이 헤어스타일을 커버링하도록 요구하는 항공사에 맞서 로저스가 저항할 권리를 약화시키지는 않는다. 나는 학교의 게시판에 핑크 트라이앵글 배지를 달아 놓을 생각은 없다. 그러나 학장이 나에게 그 배지를 제거하라고 요구하면 그것을 사수하기 위해 투쟁할 수밖에 없을 것이다. 그렇게 되면 그 배지에는 전에 없던 사회적 의미가 더해질 것이다.

그 사회적 의미에 대해 생각하기 위해 로저스가 콘로 스타일을 하지 않는 것이 아메리칸항공에 왜 그렇게 중요한지, 심지어 로저스에게 콘로를 가발로, 문자 그대로 커버하라고 제안하기까지 할 정도로 중요한 문제인지 이제는 물어볼 수 있다. 회사 측이 소송 과정에서 숨김없이 말해 줄 리 없기 때문에, 내가 직접 여러 회사의 직원용 용모 규정집을 살펴보았다. 수년 동안 인기 있었던 존 몰로이(John T. Molloy)의 『성공을 부르는 새로운 복장(New Dress for Success)』은 1988년에 재출간되었는데, 인종적 소수자를 위해 몇 가지 솔직한 스타일링 조언이 담겨 있다. "백인들을 대상으로 제품을 판매하는 흑인들은 아프로 헤어스타일을 해서는 안 된다."[40] 또 몰로이는 아프리카계 미국인들에게는 "보수적인 세로줄 정장에 되도록이면 조끼를 입고, 아이비리그 넥타이 등 모든 소속 기관의 상징을 착용하라."고 조언하고, 마찬가지로 히스패닉계 사람들에게는 "가느다란 콧수염"과 "머리에 기름을 바른 것 같거나 반짝이게 보이게 만드는 그 어떤 헤어 제품도" 피하라고 말한다. 또한 이들에게 "히스패닉을 연상시키는 모든 의류 품목"을 피하라고 충고한다.

몰로이는 인종적 소수자들이 왜 이런 외모 위주의 커버링을 해야만 하는지에 대해 다음과 같이 설명한다.

전형적인 중상류층 미국인이라고 하면 백인 앵글로·색슨 개신교도가 떠오른다는 것은 부인할 수 없는 사실이다.[41] 그 사람은 보통 체격에 피부는 하얗고 두드러지는 신체적 특징이 거의 없다. 그는 성공의 본보기이다. 만약에 당신이 실험해 본다면, 사회 경제적, 인종적, 민족적 배경을 막론하고 대부분의 사람들이 중상류층 미국인을 그런 식으로 묘사할 것이다. 좋든 싫든 간에 그의 외모는 보는 사람에게서 대체로 긍정적인 반응을 이끌어 낼 것이다. 그와 같은 특성을 갖지 못한 사람들은 어느 정도 부정적인 반응을 이끌어 낼 것이다. 그 부정적인 반응은 의식적인 것일 수도 있고 잠재의식의 발현일 수도 있다.

성공은 희고 무난한 모습을 한 듯 보인다. 몰로이는 미국 문화에서 계속되고 있는 백인 우월주의에 대해 설명한다. 그 우월주의는 인종적 소수자들에게 앵글로·색슨계에 순응하도록 노력하라고 요구한다. 실제로 몰로이는 인종적 소수자들이 불변적 차이를 보완하기 위해서는 '다소 오버를 해야'만 한다고 말한다. 몰로이는 아프리카계 미국인들의 직장 패션을 연구한 후 "동일한 효과를 내기 위해 흑인들은 백인 동료들보다 더욱 보수적인 복장을 해야 할 뿐만 아니라, 더 비싼 옷을 입어야 했다."라는 결과를 보고한다.[42]

인종 커버링이 인종적 다름에 대한 공포를 완화시킨다는 몰로이의 서술은 역사적으로도 뒷받침된다. 인종 차별이 더 심했던 시대로 돌아가 보자. 그 시대 인종적 소수자들이 커버링을 통해서 차별을 모면하는 모습을 볼 수 있을 것이다. 법학 교수인 아리엘라 그로스(Ariela Gross)는 '백인처럼 행동하기'가 남북 전쟁 전 미국 남부 지역 노예의 삶에서 한 흑인을 어떻게 구할 수 있었는지 설명한다. 소위 인종 차별 재판에서 '흑인 피 한 방울(one-drop-of-black-blood)' 법칙*에 따라 흑인으로 분류되었던 개인들은 백인다움과 관련이 있는

---

* 조상 중에 아프리카계 혈통이 단 한 명이라도 있으면 흑인으로 간주하던 규칙으로 '한 방울 법칙(one drop rule)'이라고도 한다. 19세기 미국에서 인종을

방식으로 행동하기만 하면 판사와 배심원들에게 백인으로 간주되었다. "백인 남녀가 하는 대로 하는 것이 백인의 의미를 규정하는 법의 실무적 정의가 되었다."[43] 법원이 가장 중요하다고 판단했던 몇 가지 행동은 오늘날에도 섬뜩할 정도로 유사하다. 즉 개인들은 백인들과 어울리거나 그들에게 받아들여진다는 이유로, 품위 있게 행동한다는 이유로, 머리카락이 곧게 뻗어 있다는 이유로 백인이라고 여겨졌다. 먼긴과 로저스에게 그랬던 것처럼, 노예 신분에서 탈출하려고 발버둥치는 이러한 개인들에게 커버링은 보답을 선사했다.

미국인들이 백인 우월주의라는 미명하에 로저스에게 커버링을 요구했다고 단정할 수는 없다. 우리는 커버링 요구의 이면에 숨은 이유가 무엇인지 미국인들에게 질문하고, 그 대답의 신뢰성을 평가할 필요가 있을 것이다. 로저스 소송의 판결문에서 불만스러웠던 점과 민권법 제7장 법체계의 전반적 결점은 미국인들에게 그 질문에 대한 답을 강제하지 않는다는 점이다. 그 대신에 법원은 로저스가 순응할 능력이 있는지만 보았다. 로저스가 동화할 수 있었다는 판단이 서자, 법원은 동화 요구의 적법성을 고려하지 않은 채 로저스가 그렇게 해야 한다고 요구했다.

연도를 따지는 독자라면 1981년에 판결 난 소송과 1988년에 작성된 용모 규정집을 너무 중요하게 생각하는 게 아니냐고 묻는

구분하는 사회적 원칙으로 통용되다가 20세기 초 미국 남부 대부분의 주에서 법제화되었다.

게 당연하다. 오늘날에는 인종 커버링이 더 이상 요구되지 않는다고 생각할 수도 있다. 흑인 스타일이나 아시아 요리, 라틴 음악은 모두 미국 문화의 중요한 요소이다. 예일 대학교 로스쿨 지원용 자기소개서를 읽어 보면 일종의 징후가 보이는데, 지원자들은 자신들의 민족적 배경을 커버링하라는 압력보다는 오히려 과시하라는 압력을 받는다. 이러한 '역커버링'에 대한 압력은 그 자체로서 문제일지 모른다. 하지만 '백인처럼 행동하라'는 압력은 이제 과거의 일로 보일 수 있다.

그러나 동성애자 문제의 맥락에서와 같이, 우리는 소수자 문화의 선택적 차용과 전반적 수용을 혼동해서는 안 된다. 로저스와 같은 사례들이 여전히 책에 실려 있다는 사실은 고용주들이 여전히 처벌도 받지 않은 채 그런 인종적 동화를 요구할 수 있다는 의미이다. 그리고 고용주들은 실제로 그렇게 한다. 내가 몰로이의 책을 알게 된 것도 2003년에 한 직원이 직장에서 그 규정집을 배부했다고 소를 제기했기 때문이었다.[44] 사회 과학 데이터 역시 티 내는 사람이라고 인식되는 인종적 소수자들은 계속 차별에 직면한다는 것을 보여 준다. 경제학과 교수인 마리안 버트런드(Marianne Bertrand)와 센딜 멀레이너선(Sendhil Mullainathan)은 2002년에 한 연구를 진행하면서 상단에 적힌 이름만 빼면 동일한 이력서들을 발송했다.[45] 이름들 가운데 절반은 에밀리 월시(Emily Walsh)나 그렉 베이커(Greg Baker)처럼 확실히 '백인처럼 들리는' 이름인 반면, 나머지 절반은 라키샤 워싱턴(Lakisha Washington)이나 자말 존스(Jamal Jones)

처럼 확실히 '아프리카계 미국인처럼 들리는' 이름이었다. '백인'의 이력서는 '아프리카계 미국인'의 이력서보다 50퍼센트 이상 높은 회신을 받았다.[46] 고용주들은 티를 내는 아프리카계 미국인들뿐 아니라 아프리카계 미국인이라고 생각되는 사람 모두를 차별하고 있을지도 모른다. 하지만 이것은 역시 패싱과 커버링의 경계가 애매하다는 것을 의미할 뿐이다.

동화주의에 대한 이러한 편견은 언어를 이유로 한 민권법 제7장의 소송에서도 역시 표면화된다. 점점 많은 직장에서 영어만 사용해야 하는 규정을 만들고 일터에서 직원들이 영어로 말할 것을 요구한다. 이 정책들은 출신 국가를 이유로 한 차별이라는 혐의를 받았다. 예상대로 1개 국어만을 할 수 있는 사람들은 때때로 승소했지만 2개 국어를 사용하는 사람들은 대부분 예외 없이 패소했다. 한 법원에서는 다음과 같이 지적했다. "하나의 언어만 말하는 사람에게는 (……) 언어 역시 피부색이나 성별, 출신지와 같은 불변적인 특성이라 할 것이다.[47] 그러나 복수의 언어를 사용하는 사람이 특정 시간에 사용하기로 선택하는 언어는 말 그대로 선택의 문제이다." 2개 국어를 사용하는 직원은 영어로 말하는 것을 선택할 수 있기 때문에 반드시 그렇게 해야 한다.

내가 이 언어 소송 사례들을 강의할 때, 대체로 학생들은 용모 관련 사례에 비해 소송 양측에 걸린 이익이 더 크다고 느낀다. 언어는 민족 정체성의 중요한 측면으로서 광범위하게 인식되고 있다. 사회 언어학자인 조슈아 피시먼(Joshua Fishman)은[48] "언어는 처음부터 주요 상징 체계이기 때문에, 그리고 모든 민족적 활동을 실현하고, 기념하고, '불러일으키는' 것이 (……) 대개 언어에 의존하고 있기 때문에, 민족성의 상징으로 인식되고 지목될 가능성이 매우 높다."라고 했다. 하지만 고용주의 입장에서, 더 나은 고객 서비스와 직장 내 단합 촉진 등 직원에게 영어 사용을 강제하는 이유 역시 타당성이 있다.

다시 말하지만 나는 직원들이 이 모든 소송에서 반드시 이겨야 한다고 말하는 것이 아니다. 최종적인 결정은 개인의 이익과 고용주의 이익을 비교해서 이루어져야 한다. 하지만 흔히 법원은 그 대상이 된 특질이 변할 수 있는 것인지 아닌지 물어보면서 직원에 대해서만 철저한 조사를 한다. 변할 수 있다는 대답은 종종 형식적으로나 실제적으로 그 심리를 종결시켜 버린다. 그러나 거기에서 멈추는 것은 왜 고용주가 동화를 요구하는지는 조사하지도 않은 채 직원이 동화할 수 있다는 기술적 주장을 반드시 따라야 하는 규범적 주장으로 변질시키는 결과를 낳는다.

조사해 보면, 고용주가 제시한 이유들은 대개 미흡하다. 1988년, 한 연방 항소 법원은 로스앤젤레스 법원에서 제정한 직장 내 영어 이외 언어 사용 금지 규정에 대한 재심리를 고려했다.[49] 피고 측에서는 직원들의 스페인어 사용 때문에 직장이 바벨탑으로 변할 조짐을 보인다는 말로 그 조항을 정당화했다. 하지만 법원에서 그 사실들을 조사했을 때, 직원들의 스페인어 구사 능력이 영어를 쓰지 않는 고객에게 서비스를 제공하는 데 필수적이었다는 사실이 드러났다. 2개 국어를 사용하는 직원들은 짐이 아니라 자산이었다. 2개 국어 사용이 (영어 구사 불가능과 같은) 지식의 결핍이 아니라 지식의 과다라는 점을 고려하면 놀라울 것 없는 뉴스이다. 영어 이외 언어 사용 금지 규정은 너무 조금 안다는 이유에서가 아니라 너무 많이 안다는 이유로 개인을 처벌한다.

알렉스 코진스키(Alex Kozinski) 연방 판사는 그 사건을 항소심에서 심리하지 않기로 결정한 연방 항소 법원의 결정에 반대 의견을 냈다. 그는 캐나다 등에서 언어 차이로 인해 생겼던 분쟁을 미국은 피할 수 있었던 이유가 "이민자들의 나라로서 우리 미국은 영어를 공용어로 받아들이고 있으며, 선주민의 여러 언어와 방언은 사적으로 그리고 가족 안에서 사용하는 용도로 보존"하고 있기 때문이라고 주장함으로써 영어 이외 언어 사용 금지 규정을 지지했다.[50] 이 관점은 영어 사용을 강제하는 것 이상으로 그 의미가 크다. 공공 영역에서 영어를 제외한 그 어떤 언어의 사용도 금지할 뿐만 아니라, 우리의 다름을 소수 민족 집단 거주지나 가족 안에 깊숙이 가두어 두라고 요구하기 때문이다.

면밀한 정황 조사를 통해 유효성이 입증된 논리로 어떤 윤리를 정당화할 수 없다면, 그 윤리는 소수 민족들을 불필요하게 이등 시민으로 내몬다. 이것은 우리의 삶과 문화가 동일한 언어 공동체 안에서 빛나는 것을 가로막는다. 그 비용을 고려한다면, 캐나다가 위험 지역으로 보이기보다는 더욱 유토피아 같은 세상으로 보이기 시작할 것이다. 미국은 동화의 용광로라는 비유를 채택했고, 캐나다는 다양성이 유지되는 모자이크라는 정반대 비유를 신봉했다. 어쩌면 지금이 이 두 가지 비유를 한데 섞어야 할 때인지도 모르겠다.

———

1908년에 초연된 이즈리얼 장윌의 연극 「용광로」는 뉴욕에서 삼촌, 할머니와 함께 궁핍하게 사는 음악가이자 작곡가이며 러시아계 유대인 이민자인 데이비드 퀴사노(David Quixano)의 운명을 따라 이야기가 흘러간다. 이들 3대는 동화주의의 흔한 패턴을 보여 준다. 영어를 거의 하지 못하는 할머니는 자신의 아들과 손자가 생활비를 버느라 안식일에도 일을 하는 것이 마음 아프다. 영어를 유창하게 하는 멘델 삼촌은 미국 문화를 보다 노련하게 누비고 다니지만, 데이비드가 비유대인인 베라 레벤달을 사랑하고 있다고 선언하자 데이비드를 꾸짖는다. 데이비드는 부모님이 유대인 혐오 집단에게 살해당한 '대학살 고아(pogrom orphan)'이며, 동화주의의 전형이라 여겨지는 아이이다. 데이비드는 "미국은 하느님이 만드신 도가니(Crucible), 유럽의 모든 인종이 한데 녹아서 새로 만들어지는 위대한 용광로."라는 아이디어에서 얻은 영감을 토대로 교향곡 「아메리칸 심포니」를 작곡하겠다는 포부를 가지고 있다.[51]

베라 역시 러시아 이민자이지만 데이비드의 이러한 시각 덕분에 유대인 혐오를 극복하게 되었고, 두 사람은 약혼을 한다. 그 후

데이비드는 러시아에서 자신의 부모님을 죽인 대량 학살이 베라 아버지의 지시로 이루어졌다는 사실을 알게 되며,[53] 해묵은 "혈통 혐오와 경쟁의식"을 버리겠다는 자신과의 약속은 시험대에 오른다.[52] 엄청난 정신적 충격을 받은 데이비드는 약혼을 파기한다. 하지만 두 사람은 데이비드의 아메리칸 심포니가 처음 공연되던 날 재결합한다. 그들은 옥상 정원에 앉아서 데이비드가 "하느님이 만드신 도가니를 에워싼 불길"로 비유한 일몰을 바라본다.[54] 이 연극은 "켈트족과 라틴계인, 슬라브인과 튜턴인, 그리스인과 시리아인, 흑인과 황인"[55]을 모두 흡수해서 "그 위대한 연금술사"[56]가 "정화(淨化)의 불길로 그들을 한데 녹이고 융합"하게 될 "위대한 용광로"에 대한 데이비드의 찬가로 막을 내린다.

연극 「용광로」는 과장되어 있다. 연극보다 제목이 더 오래 회자된 것은 우연이 아니다. 그러나 대학시절 이 희곡을 처음 읽었을 때는 그 이야기 속 이상에 공감하느라 내 비판 정신이 약해진 상태였다. 나의 반응은 시어도어 루스벨트와 비슷했는데,[57] 이 연극이 워싱턴 D.C.에서 공연될 때 그는 특별석에 앉아서 "대단한 연극이야."라고 소리쳤다고 전해진다. 책으로 출간된 『용광로』는 루스벨트에게 헌정되었다.[58] 민족적 유대가 없는 시민들이 모여 사는 국가에 대한 루스벨트의 통찰력, 즉 "미국인을 위한 미국"에서 '~계'가 붙여진 정체성은 "정신적 반역"이라는 시각을 나도 가지고 있었다.[59] 이것은 결국 내가 집에서 주입받았던 그 이상이다.[60] 루스벨트 역시 "100퍼센트 미국인"에 대해 말했다. 일본의 배제 윤리와

극명하게 대조되는 미국의 수용 윤리에 심지어 지금도 나는 감동을 받는다. 다만 나는 수용되는 대가에 의문을 갖는다.

「용광로」라는 작품은 구세대는 동화될 수 없고 젊은 세대는 동화될 수밖에 없다는 동화주의에 대한 엄청난 사회학적 진실을 포착한다. 나는 장월의 희곡에 나오는 3대를 나의 가족사, 즉 일본에서 돌아가신 조부모님, 두 나라를 왔다 갔다 하시는 부모님, 그리고 이제 두말할 것 없이 미국인이 된 나에 대입해서 읽을 수 있었다. 하지만 그 대응이 완전히 딱 들어맞지는 않는다는 것이 내가 장월의 희곡을 받아들일 수 없는 이유의 하나다.

내 이름을 보면 아버지의 미국식 이름보다 더 일본 분위기가 짙다. 아버지가 미국에 왔을 때는 아무도 그 이름을 발음하지 못했다. 그래서 아버지는 친구에게 새 이름을 지어 달라고 부탁했다. 아버지는 직장 생활 내내 그 '미국' 이름을 사용하셨다. 만약 장월의 용광로 서사가 진짜 내 이야기라면, 부모님은 나에게 미국식 이름을 지어 줬어야 했다. 아버지 세대의 멘델들은 우리 세대에게 데이비드라는 이름을 물려줬어야 했다. 하지만 부모님은 그렇게 하지 않으셨다.

어린 시절에도 나는 이 점이 이상하다고 생각했다. 특히 두 언어 모두에서 자연스러운 이름, 예컨대 남자 아이들에게는 켄(Ken), 댄(Dan), 유진(Eugene), 여자 아이들에게는 나오미(Naomi), 에이미(Amy), 케이(Kay) 같이 유대어와 아일랜드어가 기묘하게 연결된 듯한 이름이 있다는 것을 생각하면 이상했다. 만약 부모님이 내가 "미국에서는 100퍼센트 미국인, 일본에서는 100퍼센트 일본인"이 되기를 진심으로 원했다면, 위에 나온 이름 중 하나를 선택할 수 있었다.

나는 수년 동안 내 이름이 나를 제대로 표현하지 못한다고 느꼈다. '켄(Ken)'에 해당하는 한자는 '건강'을 나타내고, '지(Ji)'는 '지도력'을 의미한다. 두 글자 모두 조용한 아이였던 나를 설명하지 못하는 것 같았다. 하지만 이제는 부모님이 내 이름 안에 소원 한 가지를 암호화해 두었다는 것을 안다. 나에게 민족성을 포기하라고 강요하지 않는, 그런 미국에서 살아갈 수 있기를 바라는 소원이다. 부모님은 백인처럼 들리는 이름을 가진 사람들이 민족적 색채가 있는 이름을 가진 이들에 비해 잘산다는 것을 직관적으로 알았을 것이다. 하지만 부모님은 약간 티를 냈다. 나를 대신해서.

성별에 근거한 커버링

예일 대학교 로스쿨의 벽면을 채운 초상화는 한 명을 제외하고 다 남자들이다. 판사, 교수, 학장 등 모두 명예로운 졸업생들의 초상화다. 강의실 의자는 강단에서부터 부채 형태로 배치되어 있다. 그 때문에 초상화들은 의회의 맨 끝자리에서 언쟁을 벌이는 평의원들처럼 보인다. 그들의 홍조는 결코 바래지 않을 것이고, 팔이 축 처지는 일도 없을 것이다. 이 초상화들의 시선 안에서 토론을 펼치는 우리는 아직 기록되지 않은 역사의 한 장면이 된다.

오늘 밤 이 강의실에 있는 70명의 사람들 가운데 몇 명을 제외하면 모두 여자들이다. 로스쿨이 여성을 불리하게 대우한다는 혐의에 대해 논의하기 위해 타운홀 미팅을 하러 온 로스쿨 학생, 교수, 교직원들이었다.

2001년 이 미팅이 열렸을 때 전미 로스쿨 입학생의 절반 이상이 여성이라는 보도가 전국의 신문 헤드라인을 장식했다.[1] 이 기사가 나온 날에, 내 수업을 듣는 한 여학생은 만약 로스쿨이 여자들이 가는 곳이라는 인식이 생긴다면 이 직업이 특권을 잃을 것이라고 크게 걱정했다.

나는 그 여학생이 다른 건 몰라도 이 초상화들을 보면 안심할 거라고 생각했다. 남성이 여전히 법의 상위 계층을 지배하고 있다는 증거이기 때문이다. 미국변호사협회(ABA)에 따르면 2001년에 여성은 연방 판사의 15퍼센트, 로펌 파트너의 15퍼센트, 로스쿨 학장의 10퍼센트, 그리고 대형 로펌 대표 파트너의 5퍼센트에 불과하다.[2] 비록 일부에서는 이것이 "파이프라인"의 문제*일 뿐이라고 여기지만, 다른 이들은 이보다 비관적이다.[3] 법학 교수 데버라 로드 (Deborah Rhode)는 차별적인 대우가 지속되고 있음을 확인시키면서 법조계에 있는 남성은 비슷한 자격이 있는 여성보다 여전히 한 해에 약 2만 달러를 더 벌고, 로펌 파트너가 될 가능성이 적어도 두 배는 높다고 밝혔다.[4] 《ABA 저널》의 2000년 여론 조사에서는 여성 변호사들이 1983년보다 비관적인 직업 전망을 가지고 있는 것으로 나타났다.[5]

타운홀 미팅이 시작되었다. 커버링 연구를 하고 있던 나는 그 자리에서 나오는 이야기를 커버링 개념 틀로 꼼꼼히 살펴보았다.

---

* 파이프라인 이론은 고등 교육과 전문 직업에서의 상급직 여성의 비율이 상대적으로 낮다는 문제는 일단 자격을 지닌 여성 한 세대가 승진을 통해서 조직의 위계상에서 움직이고 자리를 더 잘 잡으면 완화될 것이라는 주장이다.

여러 발언을 통해 여성 역시 커버링 요구에 맞닥뜨린다는 것을 확인할 수 있었다. 여학생들은 수업 중에 발언을 할 때, 이를테면 연민처럼 전형적으로 여성과 관련된 특질들, 예컨대 공감 같은 것을 드러내지 말라는 압력을 받았다고 토로했다. 동료와 교수가 페미니즘 관점의 연구를 불신한다고 말하는 사람도 있었다. 자녀가 있는 학생은 로클럭 면접을 보러 가기 전에 여성인 지도 교수가 "판사 앞에서 아이 있다는 얘기는 하지 말라."라는 충고를 했다고 말했다.

그런데 동시에 다른 선율이 내 귀에 들려왔다. 바로 커버링 요구의 정반대처럼 들리는 압력이다. 어떤 여학생은 수업 시간에 그렇게 적극적으로 나서지 말라는 익명의 편지를 받았던 일을 이야기했다. 다른 학생들은 교수들이 여성 조교에게는 일상적 행정이나 보조 업무를 맡기는 경향이 높다고 알려 주었다. 이러한 행동은 여성에게 전형적인 남성의 역할보다는 전형적인 여성의 역할을 하도록 더욱 압박한다. 바로 역커버링을 요구하는 것이다.

처음으로 나는 내가 아는 커버링 경험에서 멀어지게 되었다. 나는 영문학 교수가 공감 능력과 분석 능력이 별개의 것인지 물었던 것을 기억했다. "영화의 확대 숏에 감탄하면서 동시에 여주인공 때문에 흐느낄 수도 있을까요?" 나는 아무런 비판 없이 경청하며 이 여주인공과 함께 우는 것을 선택할 수도 있다. 하지만 나는 내 불신감을 유예하지 않기로 다짐한다. 나는 확대 숏을 살펴본다.

교실에서 감정적 반응을 억누르도록 강요받는 경험이 여성에게만 해당하는 것인지는 애매하다. 나 역시 감정적 반응을 자제하라는 압력을 느끼고, 이렇게 자제하는 것은 변호사가 되기 위해 필요한 일로 간주한다. "말이 너무 많으시네요."라는 메모를 받고는 간담이 서늘해졌던 기억도 있다. 하지만 그 메모를 보내는 데 필요한 사람은 딱 한 명뿐임을 감안하면, 지금은 이 메모의 충고가 얼마나 대표성이 있는지 의문이 든다. 나는 적극적이고 똑똑한 여러 여학생들을 가르치고, 이 여학생들은 매해 영향력 있는 로클럭, 기업 법무 팀, 종신 교수 자리에 들어간다. 오늘 밤 타운홀 미팅이 열리는 강의실에는 나의 제자들은 없다. 불만이 있는 로스쿨 학생들은 모든 게 다 젠더 때문이라고 생각한다는 뜻일까? 요컨대 이성애자나 백인이 나에게 게이 또는 아시아계 미국인으로서의 경험에 대해 던지곤 하던 질문을 이제는 내가 여성들에게 던지게 된 것이다. 이곳에서 나는 커버링을 요구받는 사람이 아닌 요구하는 사람인 것 같다. 편한 느낌은 아니었다.

물론 잠깐만 생각해 봐도, 여성이 젠더에 관련된 커버링 요구를 받는다는 것을 알 수 있다. 나는 멘토 중 한 분인 여성 교수의 성차별에 대한 연구를 본따서 동성애 액티비즘을 커버링하라는 것에 대한 나의 거부 논리를 구성했다. 그 교수는 종신 교수가 되기 전까지는 계속해서 젠더 이슈에 관한 저술을 조심하라는 이야기를 들었다고 했다. 하지만 그는 자신의 열정을 바탕으로 저술을 하지 않는다면 학자가 되는 것도 의미가 없다고 생각했다. 그래서 대학원생처럼 살았고, 종신 교수직을 받지 못할 경우 공익 변호사 일을 하려고 검소하게 살았다. 그분은 낙태, 가정 폭력, 가사 노동에 대해 저술하면서 평판을 쌓았다. 학생으로서 나는 그가 원칙을 엄수하는 모습에 감탄했다. 그 교수는 성차별에 대한 수업을 지역 영화관에서 열었는데, 대학의 파업 기간 동안 파업 대열을 존중하고자 했기 때문이었다. 지금까지도 이 판례들을 읽으면 마치 팝콘 냄새를 맡는 것 같다.

타운홀 미팅 이후에, 법학 교육에서의 젠더 역학에 대해 읽어 보려고 나의 비판적 자아를 끌고 도서관에 갔다. 나는 법학 교수 러니 기니어(Lani Guinier), 심리학 교수 미셸 파인(Michelle Fine), 사회학 교수 제인 발린(Jane Balin)의 공저 『신사 되기(Becoming Gentlemen)』에 가장 감명을 받았다.[6] 1990년에서 1991년까지 진행된 이 연구에서 연구자들은 여성과 남성이 펜실베이니아 로스쿨에 똑같은 점수로 입학하더라도 남성이 학급의 상위 10퍼센트에 들 확률이 2~3배 높다는 것을 발견했다.[7] 이 책은 이러한 불균형의 원인이 오랫동안 전통적으로 남성적이었던 제도가 여성을 허용해도 남성에게 유리한 문화를 유지하기 때문이라고 설명한다.

책에서는 이 문화를 분석하면서, 예일 대학교 미팅에서 드러난 커버링 요구와 역커버링 요구를 설명한다. 한편으로 펜실베이니아 로스쿨의 여성들이 얼마나 자기 자신을 탈성화(desexualize)하고, 전형적인 여성적 특질을 멀리하고, 페미니스트 액티비즘을 피하라는 압력을 받는지에 대해 짚는다. 한 교수의 말에 따르면 여성들은 "훌륭한 변호사가 되기 위해서, 신사처럼 행동하라."는 말을 듣는다.[8] 다른 한편으로는 정반대 방향의 압력도 받는다. 교실에서 자기 목소리를 거리낌 없이 내는 여성은 야유, 공개적인 망신, 가십을 경험한다. 전형적인 여성적 행동에 순응하지 않는 여성은 "남성 혐오 레즈비언" 또는 "페미나치 다이크"라고 불린다.[9]

성 평등을 다루는 문헌은 이러한 궁지를 "진퇴양난", "딜레마", "외줄 타기"로 다양하게 설명한다.[10] 여러 직장에서 여성들은 노동자로서 존중받기에 충분할 만큼 '남성적'이 되라는 압박뿐 아니라 여성으로서 존중받기 충분할 만큼 '여성적'이 되라는 압박을 받는다. (달리 한정 수식을 할 방법이 없을 때, 인용 부호를 붙인 형용사 '여성적', '남성적'을 썼다. 왜냐하면 여성과 남성이 갖고 있는 특질에 대한 실체보다는 인식을 묘사하기 위해 이 용어를 사용했기 때문이다.) 많은 증거를 통해 나는 여성이 되라는 순응의 요구는 여성의 속성에 근거한 것이 아니라 여성을 여성으로서 대상화한다는 것을 알 수 있었다. 또한 이러한 모순적 요구는 오늘날의 성차별 이야기가 지배 집단으로의 순응 강요라는 단순한 내러티브보다는 훨씬 복잡한 의미를 갖는다는 것을 인정하게 되었다.

이러한 딜레마가 여성에게만 얼마나 유별난지를 살펴보려면, 동성애자에게는 그러한 딜레마가 없다는 것을 생각하면 된다. 만약 동성애자가 여성과 같은 상황에 있다면, 이성애자들은 커버링을 할 뿐만 아니라 역커버링을 하라고 끊임없이 요구할 것이고, 보수적인 옷을 입을 때는 개성 있는 옷을 입으라고 요구할 것이다. 하지만 동성애자들이 그러한 상황에 있다고는 생각하지 않는다. 버라이어티 쇼 「퀴어 아이」처럼 이례적인 경우를 제외하고는 이성애자들은 보통 커버링만을 요구한다. 내 경험상 역커버링 요구는 동성애자들 스스로가 만드는 듯하다.

인종적 소수자들은 이 점에서 여성보다는 동성애자와 가깝다. 만약 아시아계 미국인인 내가 '백인처럼 입고' '완벽한 악센트의 영어'로 말한다면 안전한 피난처에 도달한 셈이다. 백인들도 가끔은 역커버링 요구를 할 때가 있다. "일본어 해 봐요. 어떤지 들어 보게." 또는 "아니, 진짜로 어디서 왔는지 말해 줘요." 하지만 강조하자면, 나는 역커버링 요구를 아시아계 미국인에게서 더 많이 들었다. 내가 동성애자 이슈를 정치화하는 만큼 아시아계 미국인이라는 이슈도 정치화하라는 것이다.

동성애자 또는 인종적 소수자들이 커버링과 역커버링 요구의 십자 포화에 휩싸이는 것은 우리가 두 커뮤니티 사이에 끼어 있기 때문이다. 다수자 커뮤니티(이성애자 또는 백인)는 커버링을 요구하고, 소수자 커뮤니티(동성애자 또는 인종적 소수자)는 역커버링을 요구한다. 아프리카계 미국인의 '반대 문화(oppositional culture)'에 대한 최근의 문헌은 이러한 역동을 그려 낸다.[11] "백인처럼 행동하라."라고 하는 백인의 요구에 대응하여, 일부 아프리카계 미국인은 "흑인처럼 행동하는" 문화를 발달시켜 왔다. 아프리카계 미국인이 딜레마 상태에 있는 것은 사실이지만 이러한 딜레마는 백인에 의해서만 만들어지는 것이 아니다. 보다 일반적으로는 커버링을 하는 인종적 소수자에 대한 부정적 별칭들, 예컨대 '오레오', '바나나', '코코넛', '애플' 등은 백인 집단보다는 소수자 집단에서 시작되는 것 같다.[12]

여성의 독특한 지점은 지배 집단인 남성으로부터 커버링과 역커버링을 둘 다 꼬박꼬박 요구받는 점이다. 여성만이 이런 식의 특이한 상황에 놓인 이유는 여성의 종속이 대개 특유한 형태를 띠기 때문이다. 동성애자 및 인종적 소수자와 달리 여성을 억압하는 사람들은 여성을 소중하게 생각했다. 오랫동안 남성은 따스함, 공감, 돌봄 등 여성에게 있다고 여겨지는 '여성적인' 특질에 가치를 두었다.

여성을 사랑한다는 명목으로 남성이 여성을 제약하는 사고방식을 '영역 분리(separate spheres)'라고 한다.[13] 즉 남성은 일, 문화, 정치의 공적 영역에 거주하고, 여성은 따뜻한 가정이라는 사적 영역에 거주한다는 이데올로기다. 표면상 이 두 영역은 남성과 여성의 상이한 특징을 뛰따른다. 남성은 그들의 '남성적인' 속성 때문에 공적 영역에, 여성은 그들의 '여성적인' 속성 때문에 사적 영역에 적합한 것으로 여겨진다. 이러한 이데올로기는 남성이 여성을 속박하는 동시에 소중히 여기는 것을 가능케 한다. 즉 여성은 숭배를 받지만 오직 가정에서만이다. 『미국의 민주주의(Democracy in America)』에서 알렉시스 드 토크빌(Alexis de Tocqueville)은 이러한 타협에 동조하며 1960년대스럽게 설명한다. "미국 여성은 가정이라는 영역을 결코 떠나지 않고 어떤 면에서는 그 안에서 매우 의존적이지만, 여성이 그 이상 높은 지위를 누릴 수 있는 곳은 없다고 단언할 수 있다."[14]

여러 세기 동안 영역 분리라는 사고방식은 여성이 직장을 갖는 것을 가로막았다. 1872년, 연방 대법원은 여성이 변호사로 일하는 것을 금지하는 일리노이 주 법을 옹호하는 판결을 내렸다.[15] 조지프 브래들리(Joseph Bradley) 대법관은, 여성은 여성의 "타고난 조신한 수줍음과 연약함 때문에" 변호사가 되기에 적합하지 않다고 말하면서 이 판결에 찬성했다.[16] 그는 이렇게 결론 내렸다. "여성에게 있어 최고의 운명과 사명은 아내와 어머니로서의 고귀하고 인자한 일을 하는 것이다. 이것이 창조자의 법칙이다."

브래들리가 여성의 가치를 낮춤으로써 여성을 배제한 것은 아니라는 점에 주목하자. 브래들리는 자신이 얼마나 여성을 예찬하는지를 강조했다. 여성의 "수줍음과 연약함"은 "타고난 조신한" 특성이고, 아내와 어머니의 일은 "고귀하고 인자하다. 여성을 정말 좋아합니다." 브래들리 판사는 이렇게 말하는 듯하다. "그리고 정말로 아내와 어머니인 분들을 좋아합니다. 여성과 아내와 어머니들을 너무나 좋아하기 때문에 여성들이 변호사가 되는 것을 원치 않습니다." 판사가 이렇게나 긍정적인 언어로 다른 집단의 권리를 부정하는 것을 상상할 수 있을까? 만약 법원이 나의 "타고난 조신한" 남색적 경향이 "고귀하고 인자한" 법학 교수의 일에 더 적합하다고 인정해 준다면, 나는 내가 군대에서 배제당하는 것을 감수하고 받아들일 수도 있을 것이다.

한 세기가 지난 후에 연방 대법원은 생각을 바꾸었다. 연방 대법원의 성평등 혁명이 시작된 1973년 결정에서, 상대적 다수 의견은 이렇게 말했다.[17] 여성을 가정에만 있게 하는 이상, 여성을 아끼는 전통은 여성을 "존중하는 것이 아니라 가두는 것이다." 이 법적 인정으로 공적 영역에서 여성의 평등을 가로막던 가장 눈에 띄는 장벽이 점차 허물어지게 되었다. 오늘날 주나 직장이 '여성 출입 금지' 팻말을 붙여 놓을 수 있는 곳은 거의 존재하지 않는다.

하지만 지금 이 시대에도 영역 분리 이데올로기의 흔적이 남아 있다. 남성들은 전통적인 남성 직장에서 일하는 여성들에게 두 영역의 속성을 모두 보이라고 요구하는 경우가 많다. 만약 여성이 노동자로서 존중받기 충분할 정도로 '남성적'이지 않으면 커버링을 하라고 요구할 것이다. 또한 여성으로서 존중받기 충분할 정도로 '여성적'이지 않으면 역커버링을 하라고 요구할 것이다. 영역 분리 이데올로기는 딜레마라는 형태로 현대에 부활했다.

이러한 양상의 성차별에 대응하기 위해 자기 계발서가 쏟아져 나왔다. "성공을 부르는 신여성 복장(New Women's Dress for Success)" 같은 제목이 새겨진, 전문직 여성을 위한 외모 단장 매뉴얼은 두 가지 요구를 모두 충족시킬 수 있도록 도와주겠다고 약속한다.[18] 여성들이 지나치게 '여성적'으로 보이지 않으려면 파스텔 색조나 꽃무늬를 피하라고 가르쳐 줄 뿐만 아니라, 지나치게 '남성적'으로 보이지 않도록 화장을 하라고 조언한다.[19] 어깨 패드를 추천하지만 "너무 과장된 어깨 패드"는 추천하지 않는다.[20] 귀고리를 추천하지만 달랑거리는 귀고리는 금한다. 머리 역시 너무 길어도 안 되고 너무 짧아도 안 된다.

업무 스타일 매뉴얼 역시 적절한 양성성의 기술을 가르쳐 준다.

컨설턴트 게일 에번스(Gail Evans)의 베스트셀러인 『남자처럼 일하고 여자처럼 승리하라(Play Like a Man, Win Like a Woman)』는 미국 회사에 다닌다는 것은 남자가 만든 규칙으로 게임을 하는 것이라는 전제에서 출발한다. 에번스는 여성에게 "당당하게 말하기", "크게 말하기", "친구 사귈 생각하지 않기", "허세 떨기"와 같은 '남성적'인 행동 규칙을 따르고 남성으로 동화하라고 권유한다.[21] 이와 동시에 업무 태도에 성적인 느낌 주기, 무례하게 행동하기, 단정치 못하게 보이기처럼 "직장에서 남자들은 하지만 여자들이 해서는 안 되는 것"을 강조한다.[22]

한 세대 전만 해도 이러한 매뉴얼은 커버링을 강조했다. 그러나 에번스의 책처럼 최근의 매뉴얼은 점점 더 역커버링을 강조한다. 경영자들을 코치하는 진 홀랜드(Jean Holland)는 자신의 책 『같은 게임, 다른 규칙(Same Game, Different Rules)』에서, "여깡패(Bully Broads)"라는 "친구와 동기들에게 완전히 오해를 받는 적극적이고 의욕 있는 여성들"을 위해 운영하는 프로그램을 설명한다.[23] 홀랜드는 일하는 여성이 "남자에게서 배운 바로 그런 식의 행동을 했을 때 사람들이 보통 어떻게 반응하는지를 알아 둘 필요가 있다."라고 경고한다.[24] 홀랜드는 "사람들은 여성이 공정하고, 보듬고, 배려하리라 기대한다. 그렇게 보이지 않을 때는 큰 충격을 받을 것이고 그로 인한 대가는 종종 커리어에 치명상을 입힌다."라고 말한다. 홀랜드의 책은 역커버링 입문서이다. 이 책은 여성들에게 경청하고, 울고, 나약함을 표현하라고 권한다. 홀랜드가 제안하는 25가지 법칙에는 "나약함으로 리드하라", "부드럽게 팔아야 잘 팔린다", "당신은 잔다르크가 아니다" 등이 포함되어 있다.[25]

일과 가정의 충돌만큼 이중 구속에 꽁꽁 묶여 있는 것은 없다. 여성들은 자신이 어머니라는 사실, 혹은 언젠가 어머니가 된다는 점을 커버링하도록 끊임없이 요구받는다. 극단적으로는 일 때문에 자녀 갖기를 완전히 포기해야 하는 압박에 시달린다. 저술가 실비아 앤 휼렛(Sylvia Ann Hewlett)의 최근 주장처럼 25세에서 35세 사이가 경력 개발과 양육의 핵심 연령대이기 때문에 "남성 경쟁 모델을 그대로 따라" 한 많은 성공한 여성들이 "서서히 진행된 선택 유예"의 결과로 자녀가 없는 상태가 된다.[26] 휼렛은 미국이라는 기업에서 관찰된 두 가지 수치가 모든 것을 말해 준다고 본다. "10만 달러 이상 버는 여성 임원의 49퍼센트가 자녀가 없는 데 반해 동일한 소득 구간의 40세 남성 임원 중 자녀가 없는 사람은 19퍼센트에 불과하다."[27]

자녀가 있는 여성들은 법학 교수 조앤 윌리엄스(Joan Williams)가 말한 대로 "모성의 벽(Maternal wall)"에 맞부딪친다.[28] 윌리엄스는 "내가 대화해 본 모든 여성 변호사는, 파트너이든 소속 변호사이든 전부 예외 없이 육아 휴직에서 복귀한 후에 만연한 적대감과 편견을 경험했다. 임신과 모성이 그 변호사를 무르게 만들어서 열심히 일하지 않을 것이라는 정서가 있다."라는 여성변호사회 회장 바버라 빌라워(Barbara Billauer)의 증언을 인용한다.[29] 윌리엄스는 이를 신랄하게 언급한 보스턴 변호사의 말도 인용했다. "육아 휴직에서 돌아오고 나서 저는 법률 사무 보조원 일을 맡게 되었습니다. 저는 이렇게 말하고 싶었습니다. 이봐요, 난 아기를 낳은 거지 뇌를 없앤 게 아니에요."[30]

많은 여성들은 자신이 어머니라는 사실에 대해 침묵함으로써 이러한 적대감에 대응한다. 《월 스트리트 저널》의 「일과 가족」 칼럼의 저자 수 셸렌바거(Sue Shellenbarger)는 커버링을 하는 워킹맘에 대해 정기적으로 글을 쓴다.[31] 임신한 것을 "보이지 않게" 하기 위해 모성 휴가를 6주까지만 쓴 여성, 사무실에서 낮은 목소리로 심각하게 자녀의 생일 파티 계획에 대해 통화하는 여성, 차에 고객을 태워다 주기 전에 유치원생 자녀의 벌거벗은 바비 인형이 눈에 띄지 않게 쑤셔 넣는 여성들이 등장한다. 사회학자 알리 혹실드(Arlie Hochschild) 역시 여성들이 자녀를 돌보는 책임이 중요하지 않은 듯이 행동하며 직장에서 자녀의 사진을 눈에 띄지 않게 함으로써 커버링을 하는 모습을 기술하였다.[32]

남성이든 여성이든 대부분의 노동자는 직장에 들어설 때 자녀를 포기할 수밖에 없다고 반박할 수도 있다. 그러나 포기의 정도는 성 중립적이지 않다. 혹실드는 한 대기업을 연구하면서, 고위직 남성 임원은 책상 위에 자녀 사진을 일상적으로 전시해 두지만,[33] 여성 관리자들은 그렇게 하지 않고 학위증과 상장을 전시하길 선호한다는 사실을 확인했다. 한 여성 관리자가 말했다. "경력을 관리하는 여성들은 함께 일하는 남성들에게 '나는 어머니나 아내가 아니라 동료입니다.'라고 밝히기 위해 의식적인 노력을 합니다."[34]

워킹맘은 역커버링도 요구받는다. 사회학자 신시아 엡스타인(Cynthia Epstein)은 로펌이 커버링을 너무 잘하는 것에 대해서도 여성들에게 죄책감을 주입한다고 설명한다.[35] "여러 변호사들이 여성의 최우선 순위는 자녀가 되어야 한다는 뉘앙스의 말을 자주 합니다." 혹실드는 남성들이 다른 남성에게보다는 여성에게 자녀에 대해 끊임없이 묻거나 또는 "집을 집답게 만들려면 주택 담보 대출금을 갚는 것 이상의 무언가가 필요하지."라는 식의 비수를 꽂는 지적을 하며 전문직 여성에게 "어머니 정체성"을 속박시킨다는 점을 논했다.[36]

이러한 대조적인 요구는 전형적인 진퇴양난을 유발한다. 로드는 여성 변호사에 대한 연구에서 다음과 같이 지적했다.[37] "워킹맘은 (……) 부모나 전문직 종사자의 역할 중 어느 하나에 충분히 전념하지 않는다고 자주 비난을 받는다. 직장의 요구를 위해 가족의 요구를 희생하는 이들은 어머니로서는 부족해 보인다. 휴가를 연장하거나 스케줄을 줄이고자 하는 이들은 변호사로서는 부족해 보인다." 로드는 이렇게 결론을 내렸다. "이렇게 혼재된 메시지는 많은 여성에게 불편한 느낌을 남긴다. 자신이 무엇을 하든 실은 다른 어떤 것을 하고 있어야 한다는 느낌 말이다."

나는 딜레마 상태를 연구하며 에릭 리우처럼 자신의 순응 행동 목록을 만든 여성은 보지 못했다. 하지만 외양, 소속, 액티비즘, 연계의 관습적인 축을 따라 나열되는 두 가지 목록을 쉽게 상상할 수 있었다.

여성이 '남성적'으로 행동한다고 말할 수 있는 방식 몇 가지는 다음과 같다.

나는 파스텔 색깔을 피합니다.

나는 꽃무늬를 피합니다.

나는 너무 긴 머리를 하지 않습니다.

나는 울지 않습니다.

나는 적극적입니다.

나는 야심만만합니다.

나는 분석적입니다.

나는 자기주장이 강합니다.

나는 운동을 잘합니다.

나는 승부욕이 있습니다.

나는 개인주의적입니다.

나는 독립적입니다.

나는 전통적으로 남성이 주도하는 분야에서 일합니다.

나는 아이가 없습니다.

아이를 가진 경우, 내가 임신했다는 것을 '보이지 않게' 합니다.

나는 임신을 앞두고 좋은 이미지를 많이 쌓아 두었습니다.

나는 아이를 돌보기 위해 조퇴해야 될 때 이 사실을 절대 알리지 않습니다.

나는 사무실에 내 아이의 사진을 두지 않습니다.

나는 내가 페미니스트라고 생각하지 않습니다.

나는 일에서 여성 이슈를 다루지 않습니다.

나는 내가 보통 여자와는 다르며 예외적이라는 소리를 듣습니다.

나는 스스로를 다른 여자들과 분리해서 생각합니다.

또한 여성이 '여성스럽게' 행동한다고 할 수 있는 방식은 다음과 같다. 다음에 언급하는 여성은 앞의 여성과 동일 인물일 수 있다.

나는 귀고리를 합니다.

나는 화장을 합니다.

나는 머리를 너무 짧게 자르지 않습니다.

나는 절대 헝클어진 머리를 하고 다니지 않습니다.

나는 다정합니다.

나는 명랑합니다.

나는 동정심이 많습니다.

나는 온화합니다.

나는 헌신적입니다.

나는 감성적입니다.

나는 부드럽게 말합니다.

나는 감정 이입을 잘 합니다.

나는 상냥합니다.

나는 말귀를 알아듣습니다.

나는 따뜻합니다.

나는 양보합니다.

나는 경청합니다.

나는 직장에서 소리 지르지 않습니다.

나는 약함을 표현합니다.

나는 직장에서 상담이나 멘토링처럼 '보듬는' 역할을 합니다.

나는 직장에서 사무실 이벤트를 준비하는 것처럼 '살림하는' 역할을 합니다.

나는 '핑크 칼라' 직종*에서 일합니다.

물론 이렇게 행동하는 여성의 상당수는 커버링을 하거나 역커버링을 하는 것이 아니라 원래 그런 것일 수도 있다. 하지만 여성들은 여성이라는 이유만으로 이 두 목록에 제시되는 행동을 모두 따르도록 강요받곤 한다. 나는 마샤 클라크(Marcia Clark) 검사가 오제이 심슨(O. J. Simpson) 재판에서 분홍색 옷을 입기 시작한 이유에 대해 생각한다. 아마도 그녀가 너무 '가혹해' 보인다고 생각한 배심원 컨설턴트의 조언을 따른 결과일 것이다. 검사로서의 직분을 잘 수행하기 위해서는 '남성적' 특질을 보여 주어야 했고, 이러한 모습은 여성에게 기대되는 행동 기준을 위반했다. 클라크가 너무 가혹하다는 주장은 그녀에게 '여성스러운' 행동을 강요하는 역커버링 요구

★   여성 노동자가 대다수인 직종. 특히 저임금 서비스직을 말한다.

였다. 아마도 클라크는 검사직을 수행하면서 그 이상 '여성스럽게' 행동하고 싶지 않았기 때문에 그렇게 입었을지도 모른다. 남성 검사가 이런 식으로 스스로의 '남성적인' 특질을 '누그러뜨려야' 하는 경우는 절대 없을 것이다. 법학 교수 수전 에스트리치(Susan Estrich)가 말했듯이 "살인자를 기소하는 일을 하는 이 여성이 분홍색 옷을 입고 일을 해야 한다는 생각, 이것은 동등한 권리의 측면에서 우리가 어디까지 와 있는지를 말해 주는 충격적인 고발장"이다.[38]

———

미국 문화에서 이러한 관념은 너무도 만연해서, 연방 대법원 판례에서 이러한 딜레마 상태를 쉽게 찾을 수 있을 정도다. 1982년, 회계 감사 법인인 프라이스 워터하우스(Price Waterhouse)에는 662명의 파트너 중 단 7명만이 여성이었고, 앤 홉킨스(Ann Hopkins)는 파트너 후보자 88명 중에 유일한 여성이었다.[39] 후보자들 중에서 홉킨스는 미 국무부와 2500만 달러짜리 계약을 맺는 등 실적이 가장 좋았다.[40] 그럼에도 회사는 홉킨스를 파트너에서 제외했다. 다음 해에도 파트너 지명이 거부되자, 홉킨스는 민권법 제7장에 의거하여 성차별 혐의로 고소했다.[41]

프라이스 워터하우스는 홉킨스에게 커버링과 역커버링을 체계적으로 요구했다. 회사는 모든 파트너 후보자가 적극성과 단호함

등 '남성적'인 행동을 보여 주기를 기대했다. 홉킨스는 이러한 요구를 행하는 데에 문제가 없었다. 로펌의 파트너들은 그녀가 "강직함, 독립성, 고결함"을 지닌 "탁월한 전문가"라고 칭찬했다.[42] 재판에서 한 국무부 공무원은 그녀를 "강인하고 솔직 담백하고, 아주 생산적이고, 에너지 있고, 창의적"이라고 묘사했다.[43] 다른 이는 "결단력 있고, 마음 넓고, 지적으로 명석"하다고 칭찬했다.

그러나 몇몇 파트너의 눈에는 홉킨스의 적극성이 거슬렸다. 그들은 역커버링 요구를 부과했다. 어떤 이는 "더 여성스럽게 걷고, 더 여성스럽게 말하고, 더 여성스럽게 입고, 화장과 액세서리를 하고, 헤어스타일을 꾸며라."라고 조언했다.[44] 다른 이들은 홉킨스에게 "차밍 스쿨 수업"을 들어 보라고 제안했다.[45] 또 다른 이는 홉킨스를 "마초" 또는 "여성이라는 점을 극복하려고 지나치게 애쓴다."라고 묘사했다.[46] 어떤 이들은 홉킨스가 말을 거칠게 한다고 불평했지만 "여자가 그런 나쁜 말을 쓴다는 것 때문에" 특별히 부정적인 인상을 받았다고 인정한 이는 한 사람뿐이었다.[47] 이전의 여성 파트너 후보자들은 "남자" 같고 "여성 해방 운동가" 같으며 "(갱단의 여성 두목) 마 바커"처럼 행동한다는 이유로 비난받았다.[48]

이 두 요구 사이의 차이점 때문에 공통점이 가려져서는 안 된다. 두 요구 모두 홉킨스의 정체성의 행동적 양상과 관련이 있다. 홉킨스가 커리어의 위협을 처음 느꼈을 때, 그녀는 "성별을 바꾸는 것이 선택지가 아니었기 때문에 성별 이외의, 내가 노력하면 되는" 문제이기를 간절히 바랐다.[49] 이 말을 통해 성별을 바꾸지 않아도 어떻게든 "노력"하면 되는 문제라고 홉킨스가 너무 안이하게 생각하고 있었다는 것을 알 수 있다. 프라이스 워터하우스에서 절대 여자에게 투표하지 않는다고 직접적으로 말한 이는 한 사람뿐이었고,[50] 다른 이들은 서둘러 그녀에게서 거리를 두었다. 그러나 '모든' 여성을 배제하길 꺼리는 많은 파트너들이 '특정'한 종류의 여성을 배제하는 데는 주저하지 않았다. 이렇게 배제당하는 여성이란 곧 중간 지대에서 젠더를 수행하지 않는 여성이었다. 판사는 이렇게 말했다. "유능한 전문직 관리자인 동시에 여성성을 유지한다고 간주되는 여성 후보자가 파트너들의 호감을 얻었다."[51]

홉킨스 소송의 전문가 증인인 심리학자 수전 피스크(Susan Fiske)는 이러한 곤란한 상황의 중요한 특징을 "이중 구속"이라고 표현했다.[52] 피스크는 먼저 다음과 같이 증언하며 고정 관념에 대해 설명했다.[53] "여성스러운 행동에 대한 전반적인 고정 관념은 사교에 관심을 갖고, 이해심이 있고, 부드럽고, 상냥하다는 것이고, 남성에 대한 전반적인 고정 관념은 같은 조건에서라면 남성이 경쟁적이고, 야망 있고, 공세적이고, 독립적이고, 활발하다는 것이다." 피스크는 정형화된 남성의 특질이 여러 업무 환경에서 가치 있다고 여겨지기 때문에 이러한 업무 환경에서 여성은 "이중 구속"에 처하게 된다고 주장했다.[54] 이는 "업무를 수행하는 데 필요한 공세성과 적극성이냐, 여성 고정 관념에 맞는 이미지냐 사이의 갈등"이다.

피스크의 개념은 연방 대법원의 해석에서 중요한 역할을 했다. 1989년에 연방 대법관 6명은 홉킨스의 손을 들어 주었고, 홉킨스는 법원의 명령으로 파트너가 된 최초의 인물이 되었다.[55] 9명의 대법관의 견해 중 과반수를 점한 법원 의견은 없었다. 그러나 4명의 대법관이 비록 법적 구속력은 없지만 이후의 소송에서는 받아들여진 상대적 다수 의견(plurality opinion)을 작성했다. 이 견해는 의무에 대한 '딜레마 상태(Catch-22)' 이론이라고 명명되었다.[56] 즉 "여성이 적극적인 것을 고용주가 싫어하는 상황에서 그 여성의 업무가 적극성을 필요로 한다면, 여성은 견딜 수 없고 받아들일 수 없는 딜레마 상태에 처하게 된다. 여성은 적극적으로 행동해도 일자리를 잃고, 그렇게 하지 않아도 일자리를 잃는다. 민권법 제7장은 여성들을 이러한 구속에서 해방시킨다."

의무의 딜레마 상태 이론이라는 상대적 다수 의견은 세련되면서도 나이브하다. 여성이 커버링 요구와 역커버링 요구에 모두 종속되어 있다는 독특함을 인지했다는 점에서 이 이론은 세련되었다. 동시에 여성이 이러한 구속에서 스스로 빠져나올 수 없다고 가정한다는 점에서 이 이론은 나이브하다. 수많은 노하우 매뉴얼이 보여주듯이 전문직 여성들은 스스로 빠져나올 수 있고 실제로 그렇게 한다. 다만 이러한 나이브함이 의도적이었을 수는 있다. 즉 상대적 다수 의견은 의무의 딜레마 상태 이론에 제한을 두기 위해 여성이 딜레마 상태에 붙잡혀 있다는 특징을 강조했을지도 모른다. 성적 지향의 불변성 이론처럼 딜레마 상태 역시 '내가 어찌할 수가 없어서'라는 주장과 마찬가지다. 상대적 다수 의견에서 민권법 제7장이 기사도 정신을 발휘하여 '여성들을 이 구속에서 꺼내 주는' 것은 여성이 스스로 이 딜레마 상태에서 빠져나오지 못한다고 전제했기 때문이다. 이러한 공식의 함의는 만약 여성들이 고용주의 요구를 충족시킬 수 '있다면' 아무리 고정 관념에 근거한 요구라할지라도 이 요구를 충족시켜야만 한다는 것이다.

이후의 소송은 딜레마 상태 이론의 한계를 설명한다. 딜런 대 프랭크(Dillon v. Frank) 소송에서, 제6순회 법원은 한 남성 우편 사무원이 동성애자로 보인다는 이유로 동료에게 괴롭힘을 당한 사건을 검토했다.[57] 딜런은 홉킨스가 여성의 고정 관념에 들어맞을 정도로 '여성스럽지' 않은 것 때문에 불이익을 받은 것과 마찬가지로 자신이 남성의 고정 관념에 들어맞을 정도로 '남성스럽지' 않아 불이익을 당했다고 주장했다.[58] 딜런의 주장을 기각하며 법원은 '홉킨스 소송'의 상대적 다수 의견은 홉킨스의 딜레마 상태를 강조한 것이라고 말했다.[59] 즉 바람직한 특질(공세성)은 남성의 전유물로 여겨졌다. 만약 홉킨스가 이 특질을 갖고 있지 않았다면 승진하지 못했을 것이고, 이 특질을 표현했더라면 받아들여지지 않았을 것이다. 그러나 본 사건에서 딜런이 했으리라고 추정되는 행동이나 특징은 직장과는 전혀 관련이 없으며, 그를 딜레마 상태에 처하게 하지도 않았다." 직장은 딜런에게 보다 더 '남성적'이기만을 요구했기 때문에, 딜런은 '홉킨스 소송'의 딜레마 상태 이론으로 보호받지 못했다.

딜레마 상태 이론은 개인이 두 요구에 '응해야만 하는지'보다는 '충족할 수 있는지'에 초점을 맞춘다. 이는 커버링 요구와 역커버링 요구의 진짜 문제를 모호하게 만든다. 문제는 이 두 요구가 충족될 수 없다는 것이 아니라, (정당하지 않은) 이 두 가지 요구 모두 애초에 주어져서는 안 된다는 것이다. 고용주가 피고용인에게 젠더 기대에 순응하라고 요구하려면, 그 요구가 성 역할 수호 이외의 다른 이유로도 정당화되어야 한다. 법원에서는 딜런의 "여성스러운" 정서는 "직장과는 전혀 관련성이 없다."라고 언급하는데, 딜론이 '패소'한 판결에서 이 말을 들으니 기분이 묘하다.

다행스럽게도 '홉킨스 소송'의 상대적 다수 의견은 또 하나의 더욱 확장된 의무 이론을 제공한다. 바로 성별 정형화(sex stereotyping)의 금지다. 상대적 다수 의견은 "고용주가 피고용인을 집단의 고정 관념에 부합된다고 가정하거나 부합되기를 강요하는 방식으로 평가할 수 있던 시대는 지나갔다."라고 언급했다.[60] 성별 정형화 이론은 고용주가 여성에게 '여성스럽게' 행동하도록 요구하는 것을 금지한다. 여성에게 '남성스럽게' 행동하라는 요구 역시 하지 않아야 한다. 성별 정형화 이론에서 여성들은 딜레마 상태로부터뿐 아니라 역커버링 요구에 대해서도 보호를 받는다. 이 이론은 또한 남성이 '남성스럽게' 행동하도록 요구받는 것으로부터도 보호를 한다. 만약 딜런 소송에서 법원이 성별 정형화 이론을 적용했다면 이 소송의 '여성스러운' 남성은 승소했을 것이다. 보다 최근의 사례에서 항소 법원은 홉킨스 소송의 성별 정형화 맥락에서 '여성스러운' 남성을 구제했다.[61]

그러나 성별 정형화 이론도 특효약은 아니다. 2004년에 항소 법원은 화장하기를 거부했다는 이유로 네바다의 한 카지노에서 해고당한 여성 바텐더의 계약 종료를 옹호하는 판결을 내렸다.[62]

1980년대와 1990년대에 해라스 카지노(Harrah's Casino)는 카지노 내 음료 담당 여성 웨이트리스에게 화장을 하도록 권고했지만 강요하지는 않았다. 1980년대부터 해라스 카지노에서 일하기 시작한 달린 제스퍼슨(Darlene Jespersen)은 잠시 동안은 화장을 하려고 노력했지만, 그럴수록 "구역질이 나고, 모멸감을 느끼고, 발가벗겨지는 느낌, 강간당하는 것 같은 느낌이 드는"것을 깨달았다.[63] 제스퍼슨은 화장이 "여성스러움을 강요"하고 하나의 "성적 대상물"처럼 "꾸며지는" 느낌이 들게 했다고 언급했다. 그녀는 또한 이것이 바텐더로서 자신의 효율성을 떨어뜨린다고 여겼다. 일을 하면서 그녀는 제멋대로 굴거나 취한 손님을 상대할 필요가 있었고, 이 때문에 화장이 "한 개인으로서 그리고 한 사람으로서의 자신의 신뢰성"을 떨어뜨린다고 생각했다. 제스퍼슨은 화장을 하지 않고도 고용된 기간 내내 좋은 평가를 받아 왔다. 상사는 제스퍼슨이 "매우 유능"하고 "매우 긍정적"이라고 평가했으며, 손님들은 그의 서비스와 태도를 칭찬했다.

2000년에 해라스는 "베스트 직원" 프로그램을 시행했고, 음료 담당 웨이터들은 외모 중심의 "베스트 이미지 도우미" 프로그램에 참석해야 했다.[64] 프로그램 도우미는 직원들의 외모를 꾸며서 가장 잘 나온 사진을 두 장 뽑았다. 이 사진은 매일 직원의 외모를 판단하는 '외모 측정' 벤치마크가 되었다. 베스트 직원 프로그램에서, 음료 담당 여성 웨이트리스는 머리카락을 "잘 빗고, 파마나 손질을 하고" 스타킹을 신고 매니큐어를 해야 했다.[65] 제스퍼슨은 이 트레이닝을 받았고 요구된 외모 단장 기준을 따랐다.

그해 후반에 해라스 카지노는 음료 담당 여성 웨이트리스가 파운데이션, 블러셔, 마스카라, 립스틱을 포함한 화장을 하도록 베스트 직원 기준을 수정했다.[66] 제스퍼슨은 이를 완강히 거부했고, 해라스 카지노에서 해고당했다. 제스퍼슨은 민권법 제7장에 의거한 성차별로 직장을 고소했다. 지방 법원은 그녀의 주장을 기각했고,[67] 항소 법원은 2 대 1의 투표로 기각 판결을 지지했다.

항소 판결에서 반대 의견을 낸 판사가 언급했듯이, 제스퍼슨의 사례는 "성별 고정 관념에 순응하지 못했다."는 이유로 해고를 당했다는 점에서 "'프라이스 워터하우스' 차별의 전형적인 사례"를 보여준다.[68] (물론 음료 담당 남성 웨이터에게는 화장이 금지되었다.)[69] 다수 의견은 여기에 동의하지 않았고, '프라이스 워터하우스 소송'은 외모 단장 또는 외모 차별까지는 가지 않았다고 주장했다.[70] 이는 옳지 않다. 프라이스 워터하우스 판결은 파트너가 홉킨스에게 "더 여성스럽게 입어라."와 "화장을 하고 액세서리를 하라."라고 한 요구를 다루었다.[71] 하지만 '제스퍼슨 소송' 법원이 왜 그렇게 주장했는지는 뻔히 보인다. '로저스 소송' 재판처럼, '제스퍼슨 소송' 법원은 민권법의 영역에서 외모 단장이나 외양 같은 '사소한' 행동은 빼고자 했던 것이다. 그러나 제스퍼슨과 해라스 카지노에게 있어, 외모 단장은 확실히 사소한 것이 아니었다. 제스퍼슨은 화장 때문에 자신의 품위가 손상된다고 느꼈으며, 해라스 카지노는 제스퍼슨을 계속 고용하는 조건으로 화장을 내걸었다.

성별 정형화 이론은 불완전하게 적용되기는 해도 여성을 일부 역커버링 요구로부터 보호한다. 반면 커버링 요구로부터는 전혀 보호하지 않는다. 동화주의를 옹호하는 익숙한 그림이 떠오른다. '홉킨스 소송' 이후로 여성들은 (만약 법원이 달레마 상태 이론을 채택한다면) 커버링과 역커버링을 모두 요구받을 때 보호를 받을 것이고, (만약 법원이 성별 정형화 이론을 채택한다면) 역커버링 요구를 받을 때 보호를 받을 터다. 커버링만을 요구받는 여성들은 취약한 상태로 남아 있을 것이다. 법학 교수 캐서린 매키넌(Catherine MacKinnon)은 이렇게 말했다. "앤 홉킨스는 남성의 기준을 충족시켜서 파트너가 되었다. 이는 '여성성' 기준을 유지하는 것에는 반하는 승리다. 여성이 남성 기준을 충족시켰을 때의 메리트를 인정한다는 것이 이 승리의 포인트지만, 이것이 남성의 기준이라는 것을 인식하지 못한 점은 한계이다."[72]

법학 교수 메리 앤 케이스(Mary Anne Case)는 "여성스러운" 여성이 민권법 제7장에 의해 보호받지 못하는 경우가 많았다고 언급하며 판례를 통해 매키넌의 주장을 뒷받침했다.[73] 1987년에 제7순회 법원은 과도하게 "여성스러운" 외모와 태도를 이유로 소년원 교사인 마샤 위슬로키고인(Marsha Wislocki-Goin)을 해고한 고용주를 옹호했다.[74] 위슬로키고인이 "사려 깊고, 유능하고, 전문적인 태도로 교사의 의무를 수행하였다."는 점은 논란의 여지가 없었다.[75] 그러나 1983년에 위슬로키고인은 "머리를 길게 늘어뜨리고 과도한 화장을 했고"여타 전형적인 여성적 행동을 했다는 이유로 해고를 당했다.[76] 그녀는 민권법 제7장을 내세우며 성별에 근거한 차별이라고 주장했다. 그러나 법원은 고용주의 편을 들어 주었다.

위슬로키고인 소송이 '홉킨스' 소송보다 앞서 이렇게 결론이 났지만, 홉킨스 법원의 상대적 다수 의견은 다른 결론을 필요로 하지 않는다. '홉킨스' 소송 이후의 소송들이 이 사실을 증명한다. 즉 '홉킨스' 소송 이후에는 외양에 근거한 커버링을 요구받은 "여성스러운" 여성이 성별 정형화를 이유로 승소한 연방 민권법 제7장 소송은 단 한 건도 없었다. 이러한 결과는 여성과 동성애자, 인종적 소수자의 공통점이 무엇인지 보여 준다. 이들은 소속 집단의 전형이라 할 만한 행동을 커버링하라는 요구에 법적으로 매우 취약하다.

하나의 커버링 요구가 다른 것들을 압도하는 경우도 있다. 예일 대학교 로스쿨의 타운홀 미팅으로 돌아가서 생각해 보면, 나는 앞으로 한 세대가 지나도 여러 여성 법관의 초상화가 벽에 "무난하게" 걸릴 일은 없을 거라고 생각한다. 내가 가르치는 여학생이 외모나 정서적으로 더욱 "남성스럽게" 되라는 커버링 요구 때문에 좌절하거나, 여성들끼리의 액티비즘이나 연대를 부각하지 말라는 압력 때문에 곤란을 겪을 것이라고도 생각하지 않는다. 그보다는 이 여성들이 자녀 양육의 주된 책임을 맡게 될 확률이 매우 높으리라는 짐작 때문에 비관적이다.

조앤 윌리엄스와 노동조합 고문 낸시 시걸(Nancy Segal)은 이렇게 썼다.[77] "80퍼센트 이상의 여성이 어머니가 되고", "25세에서 44세 사이의 여성 95퍼센트가 1년 내내 주당 50시간 미만으로 일한다." 이는 내가 가르치는 여학생 대다수가, 이 초상화의 인물 중 하나가 되기까지 필요한 시간만큼 일하지 못할 것이라는 뜻이다. 실제로 내가 가르치는 학생들이 뼈저리게 깨닫듯이《뉴욕 타임스》는 변호사에 대한 기사에서 "마미 트랙(mommy track)"이라는 이젠 흔해진 신조어를 만들었다.[78] 관련 논문에서는 로펌이 "하부에는 엄마 변호사들로 구성된 핑크 칼라 직종이 떠받치고 있고 상부에는 남성과 무자녀 여성으로 가득 찬" 조직이 되어 버릴 "끔찍한 가능성"에 대해 설명하기도 했다.[79]

의사인 친구는 자신이 임신하기 전까지 성차별은 과거에나 있었던 일이라고 믿었다고 한다. 의대에 다니던 때, 한 교수님은 그 학기 동안 한눈에 봐도 임신한 상태였지만, 그에 대해서는 한마디도 언급하지 않았다. "그 교수님은 산만큼 부른 자기 배에 대해서는 절대 얘기하지 않으면서 임신과 분만에 대해 설명했어."라고 그 친구가 회상했다. "당시엔 정말 이상하다고 생각했지만 이제는 이해가 돼." 이제 그녀는 의사로서 그리고 어머니로서 2교대로 일한다. "남편을 사랑하지만, 남편은 우리 아들보다는 일을 우선순위에 두는 결정을 할 수 있지. 나는 그렇게 못하는데." 그 친구는 말했다. "내겐 그런 선택권이 없어. 난 출근해서는 회의에 어린 아들을 데려온 동료에게 멋진 아빠라고 칭찬을 하지. 그게 나를 미치게 해. 만약에 내가 그랬다면, 그건 커리어 자살행위였을 거야. 여자는 집에서 애를 더 많이 보고 직장에서는 그걸 숨겨야 하지. 남자는 집에서 애를 덜 보면서 직장에서는 숨기지 않아도 되고."

어머니들은 직장의 퀴어다. 이 점을 이해하는 것은 어려운데, 왜냐하면 어머니는 정상성의 귀감처럼 보이기 때문이다. 하지만 영역 분리 이데올로기는 한 영역에서의 노멀이 다른 영역에서는 퀴어일 수 있음을 의미한다. 내 학생 중 하나는 이러한 이유로, 로클럭에 채용되기 전까지는 의도적으로 교수에게 남편과 아이가 있다는 사실을 숨겼다. 이 이야기를 들었을 때, 나는 로스쿨 교수와 동기생들로부터 당시 애인이었던 폴을 떨어뜨려 놓으려고 애를 썼던 일이 문득 떠올랐다. 그리고 신임 교수가 업무 시간 이후로 워크숍 스케줄을 잡는 것은 본인과 같은 워킹맘을 배제시키기 때문에 반대한다는 의견을 냈을 때, 나는 존경심에 휩싸였다. 종신 교수가 되기 전의 극단적으로 취약한 삶에서 이러한 정체성을 '티 내기'까지는 많은 용기가 필요하다는 것에 공감한다.

임신 또는 모성 때문에 발생하는 불이익에 대해서 성차별 금지법은 무엇을 할 수 있을까? 연방 대법원은 1974년 게둘디그 대 아일로(Geduldig v. Aillo)의 소송에서 충격적인 판결로 이 질문에 답한다.[80] 연방 대법원은 임신을 이유로 한 차별이 헌법상의 성차별이 아니라고 판결했는데, 그 이유는 모든 여성이 임신하는 것은 아니라는 것이다. 연방 대법원의 말을 빌리자면, "임신하지 않은 사람에는 남성과 여성이 모두 포함"되기 때문이다.[81]

내가 이 소송에 대해 설명을 해 주면 학생들은 어처구니없다는 듯 웃는다. "연방 대법원이 정말 임신 차별이 성차별이 아니라고 했다고요?" 나는 그렇다고 대답하면서 연방 대법원이 정체성의 선택적 측면이 아니라 비선택적 측면을 보호하는 익숙한 모습을 보여 준다고 지적했다. 마치 법원이 피부색은 보호하지만 언어는 보호하지 않았던 것처럼, 이 소송에서 법원은 염색체는 보호하지만 임신은 보호하지 않았다. 이 임신 소송의 논리를 받아들이기 어려운 이유는, 언어는 모든 개인이 배울 수 있지만 임신은 여성만이 할 수 있기 때문이다. 나는 학생들에게 왜 1974년 게둘디그 소송에서 법원이 임신할 수 있는 능력을 보호받아야 하는 생물학적 지위라고 선언하기보다 임신을 보호받지 못할 행동으로 선언했는지 질문했다. 학생들은 곧 로 대 웨이드(Roe v. Wade) 소송이 있은 다음 해에 이 판결이 내려졌다는 것을 알아챘다. 법학 교수 댄 대니얼슨(Dan Danielsen)이 지적했듯이, 일단 로 판결이 여성 개인의 선택할 권리를 보호했기에 임신이라는 선택은 대법원의 평등 보호의 범위 밖에 있는 것으로 규정되었던 것이다.[82] 게둘디그 판결은 결국 기각되지 않았고, 이는 국가가 비교적 광범위하게 면책을 받으면서 임신을 이유로 차별을 할 수도 있다는 것을 의미한다.

1978년 임신차별금지법(Pregnancy Discrimination Act of 1978)을 통과시킴으로써 의회는 임신을 이유로 직원을 차별하는 것을 금지했다.[83] 그러나 여성이 어머니라는 이유로 고용 차별에 맞닥뜨릴 때 변호사는 더 절묘한 주장을 펼쳐야 한다. 임신차별금지법은 어머니로서의 지위를 명시적으로 보호하지 않기 때문이다. 이 논쟁에 대해서 법원은 두 가지 방법을 쓰는데, 어머니에 대한 차별이 성차별이라는 것을 때로는 인정하고 때로는 인정하지 않는다.[84] 일부

'티를 내는' 동성애자 또는 인종적 소수자가 제기하는 소송처럼, 어머니인 일부 여성이 제기하는 소송은 차세대 여성 민권 소송을 대표할 것이다.

3부

민권의 종말

변호사 친구는 내 주장을 여기까지 듣더니 내가 페니실린을 사용하지 않고 의사 노릇을 한다며 면박을 준다. "네가 말한 영역에서 법이 동화주의에 대한 보호막이 되지 못하는 것은 사실이지." 그는 말을 이었다. "하지만 종교나 장애 관련 사건에서는 법이 역할을 잘하잖아. 그런 영역에서는 차이를 수용하고 편의를 제공하도록 요구하니까 말이야. 강제적 순응을 우려한다면, 가장 강력한 무기는 편의 제공 의무야."

그의 말이 어느 정도 맞다. 모든 주변인 집단이 그러하듯 소수 종교 집단이나 장애인도 커버링을 요구받는다. 하지만 다른 집단들과는 달리 이들은 편의 제공 의무에 대한 형식적, 법적 권리를 가지고 있다. 편의 제공 의무란 순응을 요구할 근거가 없다면 개인이 국가나 고용주에게 맞추는 것이 아니라, 반드시 국가와 고용주가 개인에게 맞추어야 한다는 의미이다. 이론적으로 편의 제공 의무는 강압적 커버링의 해독제다.

하지만 실상 이 해독제는 공급이 원활하지 않다. 법원은 편의 제공 의무의 원칙을 이용하기는커녕 오히려 종교와 장애의 영역에서조차 이 원리를 제한해 왔다. 이러한 제한은 여러 영역의 법리에서 법원을 동화주의의 편에 서도록 압박하는 어떤 비법률적인 힘이 있음을 시사한다. 그 때문에 나는 그 제한에 관심이 생겼다. 그 힘이 무엇인지, 그리고 그 힘이 민권의 종말을 가지고 올 것인지 알고 싶었다.

—

성공회 신부이면서 로스쿨 종신 교수이기도 한 친구가 있다. 몇몇 동료들은 그가 두 가지 직업에서 너무 많은 일을 벌이고 있다고 걱정한다. 하지만 그는 신학과 법학의 교차점에서 자신의 신앙과 사상을 분명히 보여 주면서 종교적 정체성을 '과시'한다. 왜 그러는지 물으면 학생들을 위해서라고 답한다. "대학 내에서 신앙인이라는 것은 지적 신뢰성에 심각한 타격을 입는다는 뜻이에요." 그의 말은 이렇다. "나는 내 종교적 정체성과 지성인으로서의 정체성이 양립 가능하다는 것을 보여 주기 위해 나의 신앙심을 공개적으로 드러냅니다."

갑작스럽게 밀려드는 그 교수와의 일체감은 우리 둘 사이에 있었던 잦은 정치적 이견에도 불구하고, 신앙인과 동성애자가 서로 특별한 유대감을 공유한다는 것을 일깨워 주었다. 실제로든 상대방에 대한 상상이든, 신앙인과 동성애자는 세 가지 유형의 동화주의를 모두 경험할 수 있다. 1990년대에 모르몬교도들이 하와이에서의 동성 결혼을 공격하는 선봉에 섰을 때, 나는 동성애자의 역사를 강제적인 전환에서 패싱으로, 그리고 커버링으로 나아가는 운동으로 다시 쓴 것처럼 모르몬교의 역사도 그렇게 새로 쓸 수 있겠다는 생각이 문득 들었다. 19세기에 모르몬교도들은 일부다처제(polygamy)의 관행을 버리고 개종, 즉 종교를 전환할 것을 강요받았다.[1] 이를 거부한 이들은 자칭 교회에서 버림받은 모르몬교 원리주의자들로서, 음지로 들어가서 '묻지도 말하지도 말라'식으로 일부다처제를 이어 갔다.[2] 최근 들어 당국에서는 일부다처주의자들이 커버링을 하는 경우 모른 척 넘어가 주고 있다. 모르몬교 원리주의자이자 일부다처주의자라고 유난을 떠는 톰 그린(Tom Green) 같은 이들 몫으로 기소를 보류해 두고 있는 것이다.[3] 일부다처체로 고발감이 되려면 이제는 두 명 이상과 결혼한 후에 「제리 스프링어(Jerry Springer)」 토크쇼에 출연하는 정도는 되어야 하는 것으로 기준이 정해진 듯하다.

새 천 년이 시작되면서, 많은 소수 종교 집단들이 커버링 국면으로 진입하고 있다. 미국의 수많은 유대교도들에게 이제 문제는 전환이나 패싱을 해야 하는지에서 1997년 미국 전역을 순회했던 미술관 전시회의 제목처럼 "너무 유대인스러운가?(Too Jewish?)" 아닌가로 옮겨 갔다.[4] 리브엘런 프렐(Riv-Ellen Prell)은 "유대인의 심장"을 지니고 있지만 "엘리자베스 여왕의 외관"처럼 되기 위해 매부리코를 성형하고 머리카락을 곧게 펴는 여성들에 대해 말한다.[5] 에이브러햄 콜먼(Abraham Korman)은 "기피해야 할 상징으로서 특별한 의미"가 담겨 있는 야물커(yarmulke)*를 쓴 채, 유대인 남성들이 기업 내에서 "자신들을 유대 문화유산과 결부시키는 여러 가지 상징적 행동들을 포기"해야만 하는 상황에 대해 이야기했다.[6] 필리스 체슬러(Phyllis Chesler) 같은 학자들은 유대인들이 유대인에 대한 글을 쓰지 않도록 어떤 식으로 제재받았는지 설명한다.[7] 또한 저널리즘 교수인 새뮤얼 프리드먼(Samuel Freedman)은 자신의 책 『유대인 대 유대인(Jew vs. Jew)』에서 미국의 유대인들이 주로 어울리는 집단이 같은 유대인인지 유대인이 아닌 사람들인지로 점차 분열되고 있다는 점을 지적했다.[8]

유대인의 커버링을 연구하면서 내가 씨름했던 개념들이 유대 토착어 안에 어떻게 담겨 있는지 보는 것은 즐거운 작업이었다. (이 현상이 분명 모든 문화에 존재하겠지만, 이디시어(Yiddish)를 유독 좋아했던 덕분에 세심하게 살펴볼 수 있었다.) 내 학생 진이 말한 "아시아계 미국인 벽장"처럼 민족 정체성을 집에 있는 벽장 안에 숨겨 둔다는 관념에는 "집 안에서는 유대인이, 밖에 나가면 보편 인간이 되라."라는 명령이 담겨 있다.[9] 주류의 비판을 피하기 위해 커버링해야 한다는 생각은 비유대인 앞에서 수치스러워지는 것(shande far di goyim)이 두려

---

* 유대인 남성이 쓰는 작고 둥글납작한 모자.

248

우니 조용히 있으라(sha shtil)고 명령하는 말 속에서 발견된다.[10] '과시'의 이중적 속성은 후츠파(chutzpah)라는 말에서 드러난다. 이 말은 '완전 뻔뻔함'과 '당연한 듯 요구함' 모두를 의미한다. 수치심의 정치학을 과시가 넘쳐 나는 평등의 정치학으로 바꾸려고 애쓰는 퀴어들처럼,[11] 유대인들의 상투적인 말도 shande에서 chutzpah로, 즉 "상전들 앞에서 난처해지는 것에 대한 두려움"에서 "동료들 사이에서 일등 시민임을 적극적으로 강조하는 것"으로 바뀌어야 한다고 법학 교수인 앨런 더쇼비츠는 주장했다.

오늘날 미국에서 종교적 커버링을 요구받는 가장 가시적인 표적은 이슬람교도들이다. 테러리스트들이 세계무역센터를 공격하고 얼마 지나지 않았을 때, 뉴욕시에 거주하는 이슬람교도들에 대한 기사 하나를 읽었다. 마치 커버링에 대한 문화 기술지(ethnography)처럼 보이는 기사였다. 그 기사는 여러 이슬람교 사립 학교에서 아이들에게 "모든 종교적 상징"을 숨기라고 가르치고 있으며, "몇몇 이슬람교 지도자들이 여성의 복장을 바꾸려는 계획, 아마도 히잡(머리에 두르는 스카프)을 모자나 터틀넥 스웨터로 대체하려는 계획을 논의하고 있다."라고 보도했다.[12] 그 기사는 "공격이 발생한 바로 다음 날, 뉴욕시 보건부 사무소에 와서 행정 공무원들에게 자신의 아들의 성을 '무함마드(Mohammed)'에서 '스미스(Smith)'로 바꿔 달라고 간청"하던 여성에 대해 언급했다. 또 "뉴욕에서 이집트나 요르단, 시리아 국기를 가장 흔히 볼 수 있는 동네들은 이제 미국 국기로 뒤덮여 있다. 그 동네의 중동 지역 국기들은 지금 용의주도하게 감추어지고 있다."라고 했다. 끝으로 이 기사는 "일부 중동인들이 이제는 히스패닉이나 아프리카계 미국인으로 오인됐으면 좋겠다고 고백했다."라고 말한다. 다른 소식통들도 9.11 이후 미국의 이슬람교도들이 수행하는 비슷한 커버링 전략, 예컨대 공적인 장소에서 아랍어를 사용하지 않거나, 이스라엘에 비우호적인 설교를 하는 이슬람 사원에 가지 않는다거나, 이슬람계 자선 단체에는 기부하지 않는 것 등에 대해 전한다.[13]

나는 이런 예들을 얼마든지 더 이야기할 수 있다. 머리를 자르라는 말을 듣는 미국 선주민, 안식일을 지키지 말라는 말을 듣는 제7일 안식일 예수재림교회, 국기에 충성을 맹세하라는 말을 듣는 여호와의 증인에 대해 설명하면 된다. 하지만 직관적으로도 우리가 살아가는 이 세속적 문화에서 모든 소수 종교 집단들은 자신들의 신앙을 티 내지 말라는 압박을 받고 있음이 분명하다.[14]

———

내 수업을 들었던 톰은 로스쿨 2학년이 되어서야 나에게 시력을 잃어 가고 있다고 말했다. 1학년 때 그는 내 수업 두 과목에서 뛰어난 성적을 받았으며, 커버링 연구 프로젝트의 조교로 일하고 있었다. 톰은 시각 장애인들이 어떻게 커버링을 하는지에 대한 내 글을 읽은 후에 자신도 내가 말한 여러 가지 전략을 사용하고 있다고 말했다.

　나는 깜짝 놀라서 톰에게 어느 정도로 볼 수 있는지 물었다. 그는 마치 햇볕이 내리쬐는데 앞 유리가 더러운 자동차 안에 앉아 있는 것 같다고 대답했다. 책상 저편에 있는 사람은 마치 정체를 감추려고 디지털 방식으로 흐릿하게 처리한 채 인터뷰하는 TV 속 사람처럼 보인다고 했다. 톰은 거의 모든 사회적 관계에서 자신에게 장애가 있음을 느낀다고 말했다. 사람들을 빤히 쳐다보거나 남들의 표정에 드러나는 반응을 살피지 못하는 바람에 사람들이 자신을 불친절하다고 생각할 수 있기 때문이었다.

　3학년 학기 중에 톰은 여러 로클럭 자리에 지원했다. 나는 톰에게 후한 추천서를 써 주었고, 톰이 먼지투성이 투명 유리창을 사이에 두고 연방 판사들과 면접하게 되리라는 기대를 하고 있었다. 나는 톰에게 이메일을 보내 혹시 추천서에 언급되지 않은 것 중에 추가하고 싶은 내용이 있는지 물었다. 그는 자신이 MTV 열혈 시청자라는 것 말고는 딱히 생각나는 것이 없다고 말했다. 추천서는 그대로 나갔다.

　톰은 여러 유명 판사들에게서 면접 요청을 받았지만, 로클럭 제안은 하나도 받지 못했다. 나는 톰의 장애가 걸림돌이 되었는지 궁금했다. 그 장애가 우리 둘의 관계에는 아무런 영향을 주지 않았는데, 그건 내가 첫인상에 좌우되지 않는 편이기 때문일 수도 있었다. 나는 톰이 내성적이거나 수줍음이 많아 보이는 인상이라고 생각했다. 톰이 다음 해에 다시 지원했을 때, 나는 추천서에 시력에 대해 언급해도 될지 좀 더 단도직입적으로 물었다. 톰은 이 질문에 대해 곰곰이 생각했다. 그는 "판사님들이 나를 불쌍하게 생각해서 채용하는 건 원치 않아요."라고 말했다. "하지만 결정은 교수님이 하세요." 나는 톰의 시력에 대한 정보를 언급했고, 곧 한 연방 판사가 그를 채용했다.

톰이 자신의 장애를 판사에게 드러내지 못한 것은 패싱의 한 형태이고, 나에게 그 장애에 대해 강조하지 않은 것은 커버링의 한 형태이다. 톰과의 경험은 동화에 대한 나의 상반된 감정을 다시 한번 두드러지게 만들었다. 피해자 의식을 거부했다는 점, 그리고 그의 상태를 밝히기에 앞서 스스로 나에게 중립 지대를 제공했다는 점에서 나는 톰이 존경스러웠다. 동시에 톰이 나를 신뢰하고 자신을 대신해 협상하도록 한 점이 좋았다. 자신의 상태를 티 내지 않고 대충 넘기는 동안에 톰은 수없이 오해를 받았을 것이다.

시각 장애가 있는 사람들은 다양한 커버링 전략에 대해 이야기한다. 조지나 클리그(Georgina Kleege)는 회고록 『보이지 않는 광경(Sight Unseen)』에서 옷 꼼꼼하게 차려입기, 지팡이 사용하지 않기, 소리 내어 읽어야 되는 문단 '미리' 외워 두기에 대해 말한다.[15] 스티브 쿠시스토(Steven Kuusisto)는 특수 망원 안경 감추기, 서툰 척하기, 빨리 걷기에 대해 썼다.[16] 어린 헬렌 켈러(Helen Keller)는 자신의 돌출 안구가 보이지 않는 각도에서 사진 찍기를 고집했는데, 이것은 시각 장애인이 패싱이 아니라 커버링을 한 가장 유명한 사례다.[17] 이후에 헬렌 켈러는 의안 시술을 받았는데, 기자들이 전혀 알아채지 못하고 그녀의 푸른 눈이 아름답다고 말하기도 했다.

　운동 기능에 제약이 있는 장애인 등 다른 유형의 장애가 있는 사람들 사이에서 커버링은 흔한 일이다. 제니 모리스(Jenny Morris)는 일부 휠체어 이용자가 비장애인을 '방패막이'로 활용하는 방식에 대해 자신이 쇼핑할 때 딸을 방패막이용으로 대동하는 것과 연결시켜 말한다.[18] 어떤 이들은 장애인이 얼마나 많은 공간을 차지하는지 혹은 위험한 차를 운전해도 되는지에 대한 농담을 듣고 따라 웃어야 한다는 압박을 느낀다고 말한다.[19] 어빙 졸라(Irving Zola)는 정상인처럼 보이려고 수년 동안 휠체어를 거부했던 사실과 마침내 휠체어를 사용했을 때 느낀 안도감에 대한 충격을 기록한다.[20] 그의 이야기를 읽고 나는 순응이 얼마나 역효과를 일으킬 수 있는지를 특히나 적나라하게 보여 주는 예가 장애라는 생각이 들었다. 졸라는 정상으로 보이는 대가로 심적 압박뿐 아니라 신체적 고통을 지불했다.

———

　소수 종교 집단들과 장애인이 커버링 사례에서 두드러지는 이유는 커버링 요구에 쉽게 직면해서가 아니라 법이 커버링 요구에 맞서 제공하는 표면적인 보호 때문이다. 법이 두 집단을 보호하는 모습에서, 민권의 동화 모델이 편의 제공 모델에 공식적으로 자리를 이양하는 것이 보인다.

동화 모델은 어떤 집단의 구성원이라는 존재는 보호하지만, 그 집단과 관련된 어떤 행위는 보호하지 않는다. 법원은 피부색은 보호하되 언어는 보호하지 않고, 염색체는 보호하되 임신은 보호하지 않으며, 성적 지향은 보호하되 (2007년 현재) 동성 결혼은 보호하지 않는다.[21] 미국인들은 종교의 맥락에서 믿음이 실천과 분리될 수 없다고 보았기 때문에 역사적으로 존재와 행위의 구분에 대해 더욱 회의적이었다. 종교의 "자유로운 행사"가 이 개념에 대한 사회적 이해를 응축해서 보여 준다. 오코너(Sandra Day O'Connor) 대법관이 1990년에 냈던 의견처럼, "수정 헌법 제1조에서 종교적 믿음과 종교적 행위를 구분하고 있지 않기 때문에, 신실한 종교적 믿음에서 유발된 행위는 믿음 그 자체와 마찬가지로 종교 행사의 자유 조항(Free Exercise Clause)에 의해 최소한 추정적으로 보호받아야 한다."[22]

1970년대 초반까지 연방 대법원은 수정 헌법 제1조가 종교적 실천을 편의 제공할 것을 요구한다고 해석했다. 1972년 '위스콘신 대 요더(Wisconsin v. Yoder)' 소송은 열세 살이 넘은 자녀를 입학시키기 거부한 아미시(Amish) 가족에 관한 것이었다.[23] 이 가족은 열여섯 살까지 학교에서의 의무 교육을 명시한 위스콘신 주법에 따라 기소되었다.[24] 이 아미시인들은 자신들의 신앙에 따라 자녀를 세속에 물든 학교로부터 지켜야 한다고 주장하면서 주가 종교 행사의 자유를 수용해야 한다는 논리를 폈다. 위스콘신 주는 주가 종교적 믿음을 간섭할 수는 없지만 종교적 행위를 규제할 수는 있다고 주장하면서 자주 그랬듯이 존재와 행위에 대한 구분으로 응대했다. 하지만 연방 대법원은 "이 정황에서는 신앙과 행위가 논리 불통의 방(logic-tight compartments)*에 있다고 볼 수 없다."라고 보았다.[25] 대법원은 위스콘신 주가 아미시에게 부과한 부담을 정당화할 수 있는 강력한 이유를 내놓도록 요구했다. 그러한 이유를 찾지 못하자 법원은 위스콘신 주에 편의 제공 의무를 부과하였다.

1990년 미국 장애인법(Americans with Disabilities Act of 1990, ADA)에서 장애가 있는 피고용인에게 고용주가 "정당한 편의 제공"을 하도록 요구함에 따라, 편의 제공 원칙 또한 장애법의 핵심 개념 중 하나가 되었다.[26] 고용주는 그 편의를 제공함으로써 "현저한 어려움이나 비용"이 발생하는 경우에 한해서만 이를 거부할 수 있다.[27] ADA의 전신인 재활법 아래에서 진행된 한 소송에서는 야간 간질, 난독증, 뇌성 마비를 앓고 있는 한 개인이 유치원 특수 교육 교사로 채용되기 위해 스쿨버스 운전이 가능해야 한다는 요건에 대해 이의를 제기했다.[28] 법원은 원고가 편의를 제공받아야 했음에도 이를 거부당하였다고 보아, 그가 입은 소득 손실과 정신적 고통을 배상하도록 판결하였다.

그러니 내 친구 같은 진보적인 변호사들이 편의 제공 원칙을 법의 페니실린이라고 생각하는 것이 놀랄 일은 아니다. 진보적인

★ 논리적으로 모순된 심리가 공존하면서도 괴로움이나 갈등을 느끼지 않는 심리 상태를 말한다.

변호사들은 이 원칙을 종교와 장애에서 인종, 성별, 성적 지향으로 확대하려고 노력한다. 법학 교수 린다 크리거(Linda Krieger)의 말처럼, 미국장애인법의 통과로 "기존에 널리 받아들여진 평등 대우 원칙으로는 적절하게 해결하기 어려웠던 여러 가지 평등에 관한 문제가, 정당한 편의 제공 이론 등의 이론적 혁신으로 마침내 해결될 것"이라는 희망이 솟았다.[29]

불행히도 이 변호사들과 학자들의 낙관주의는 근거가 없는 것으로 드러났다. 법원은 편의 제공 원칙을 확장하기는커녕, 종교와 장애의 정황에서조차 그 원칙을 제한했다. 1986년에 연방 대법원은 한 유대교 랍비에게 야물커 착용을 금지한 공군의 제복 규정을 옹호하는 판결을 했다.[30] 법원은 군대의 결정을 존중해 왔기 때문에 그 판결이 민간 영역에서도 적용될지는 불분명했다. 한편 1990년 연방 대법원은 한 미국 선주민 교회의 신자 두 사람이 페요테 마약을 피웠다는 이유로 실업 급여 지급을 거부당하자 이를 합헌으로 보았다.[31] 그 두 직원은 종교적 의식 용도로 페요테를 피웠는데도 말이다.

미국 장애인법의 표현은 간결하다. 따라서 편의 제공의 의무를 그 법에서 빼고 생각하기란 어렵다. 그러나 미국 장애인법은 '장애인'으로 인정받은 사람들에게만 '정당한 편의'를 제공하도록 명한다. 그래서 연방 대법원은 1999년 '서튼 대 유나이티드 항공(Sutton v. United Air Lines)' 소송에서 상태가 불변적인 경우에만 장애로 인정받을 수 있다고 인정하면서, 장애를 정의하는 데 있어 교묘하게도 동화주의의 윤리를 적용했다.[32]

대다수 사람들이 자신의 장애 개선을 원한다고 통상 여겨지므로 이 해석은 악의적으로 보이지 않을 수도 있다. 그러나 달팽이관 이식을 거부한 청각 장애인들처럼 일부 장애인들은 자신들의 상태를 교정하지 않기로 결정하기도 한다.[33] 또한 이 해석은 고용주가 신체 상태를 개선하고자 하는 사람까지도 차별하도록 허용한다. 서튼 소송에서 유나이티드 항공은 적격한 비교정 시력을 요구했으며, 캐런 서튼은 교정 시력만 적격하다는 이유로 채용을 거부했다. 만약 서튼이 편의 제공 의무를 꺼내 들었다면, 유나이티드 항공은 아마도 자신들의 규정을 변호해야 했을 것이다. 그리고 아마 성공적으로 변호했을 수도 있다. 나처럼 걱정 많은 승객은 비행기가 알프스를 향해 급강하하는 와중에 파일럿인 서튼이 떨어진 콘택트렌즈를 찾아 헤매는 장면을 퍼뜩 떠올릴 수도 있다. 그러나 서튼 소송의 법원은 시각 장애인에게 부담을 덜 주면서도 효과적인 안전장치를 제안할 수도 있었다. 예컨대 파일럿들이 여분의 안경을 지참하도록 명할 수도 있었다. 연방 대법원이 논의를 잘라 버렸기 때문에 그 대화가 얼마나 진척될 수 있었는지는 알 수 없다. 법원은 서튼의 상태가 가변적으로 여겨지는 이상 그녀는 장애인이 아니며, 따라서 편의를 제공받을 자격이 없는 것으로 판단하였다.[34]

종교와 장애를 보호하는 법이 편의 제공 의무, 혹은 편의 제공의 의무를 부과하기 위해 만들어졌음을 감안하면, 이 영역에서 법원의 동화주의 선호가 계속되는 모습이 처음에는 당혹스러웠다. 곧 그러한 선호는 근본적으로 사건의 외부에 있다는 것을 깨달았다. 올리버 웬들 홈스(Oliver Wendell Holmes)는 이렇게 말한 적이 있다. "법의 생명이 논리였던 적은 없다. 법의 생명은 경험이었다."[35] 홈스가 말하고자 하는 것은 법의 발전에서 원칙의 형성은 그 법에 내재된 문화적 경험보다 중요하지 않다는 의미이다.

미국 내의 정체성 폭발을 헤쳐 나가기 위해 연방 대법원은 동화주의자의 태도로 숨어들었다. 이미 지구상에서 가장 다양한 산업 민주 사회에 사는 우리는 다원주의 초신성의 한복판에 있다. 그 폭발은 우리가 목도하는 두려움, 역사가 아서 슐레진저가 말한 "분열된 미국"이라는 두려움을 불러왔다.[36] 자유주의적 관점에서 슐레진저는 다문화주의가 미국인이라는 우리의 공통된 정체성을 파괴하도록 허용되어서는 안 되며, 우리 미국인들은 "동화와 통합"의 가치에 다시 헌신해야 한다고 주장한다.[37] 슐레진저의 처방책이 가장 최근에 회자된 것은 1998년이며, 사회학자 로저스 브루베이커(Rogers Brubaker)가 "동화주의의 귀환"이라고 명명했던 것의 일환이다.[38] 브루베이커는 미국, 프랑스, 독일을 조사한 후 이민 개방, 선주민 자치권, 차이 페미니즘, 대안적 섹슈얼리티의 긍정을 포함한 앞선 수십 년간의 "구별주의자(differentialist) 경향"이 스스로 소멸했다고 주장했다.[39] 우리는 용광로 이상의 르네상스를 보고 있다.

연방 대법원은 자신들의 제한적인 보호를 정당화하기 위해 정체성의 급격한 다양화를 명시적으로 인용했다. 종교적 소수자들에게 편의를 제공했던 초기 소송들, 예컨대 1963년 제7일 안식일 예수재림교회, 그리고 1972년 아미시들을 보호했던 소송들은 순수의 시대를 표상한다.[40] 1980년대에 즈음해서 연방 대법원은 그렇게 편의를 제공하는 것이 복잡한 문제임을 인식했다. 앞서 말한 야물커 소송에서 일부 대법관들은 만약 연방 대법원이 유대교 랍비의 야물커에 대해 편의를 제공하면 곧이어 시크교도의 터번이나 요가 수행자들의 노란색 예복, 래스터패리언(Rastafarian)의 레게 머리 소송에 직면하게 될지도 모른다고 추론했다.[41] 1990년대 페요테 마약 소송 때 연방 대법원은 "생각할 수 있는 거의 모든 종교적 성향을 가진 사람들로 구성된 코스모폴리탄 국가"에서 종교적 마약 사용에 대한 편의를 제공하는 것은 "생각할 수 있는 거의 모든 시민적 의무에 대해 헌법상 요구되는 종교적 면책이 생길 가능성을 열게" 될 것이라고 말했다.[42]

연방 대법원은 영미법계 재판의 골칫거리에 대해 이야기했다. 바로 일단 시작하면 파국으로 치달을 수 있는 미끄러운 비탈이다. 비슷한 사건은 비슷하게 다루어야 한다는 약속에 의해, 만약 연방 대법원이 한 집단의 행동을 보호한다면 모든 유사한 집단의 행동도 보호해야 한다는 의미로 이어진다. 연방 대법원은 정체성의 불변적 측면만을 보호할 뿐, 그 어떤 행동도 보호하지 '않는' 방향으로 움직임으로써 이 문제를 해결해 왔다. '불변성'은 사법부가 미끄러운 비탈을 가로질러 세워 둔 벽에 휘갈겨 놓은 단어다.

미끄러운 비탈에 대한 우려가 중요하긴 하지만 커버링 요구에 맞서서 여러 집단을 보호하지 못하는 것을 정당화할 수는 없다. 이를 보기 위해, 민권법의 종말을 내다보기보다는 민권법의 목적을 돌아보면서 민권법의 '종말'을 다른 의미에서 생각해 보아야 한다. 민권법은 항상 종속 상태를 개선하고자 했다. 백인에 의한 소수 인종의 종속, 남성에 의한 여성의 종속, 이성애자에 의한 동성애자의 종속, 주류 종교 혹은 세속 사회에 의한 종교적 소수자의 종속, 비장애인에 의한 장애인의 종속을 개선하는 것을 추구해 왔다. 커버링 요구는 이러한 종속의 현대적 형태다. 소수 인종들은 백인 우월주의 때문에 '백인처럼 행동하기'를 해야 하고, 여성들은 가부장제로 인해 직장에서 양육 책임을 숨겨야 하며, 동성애자들은 이성애 규범 때문에 동성애 감정을 표현하지 않아야 하고, 종교적 소수자들은 종교적 불관용성 때문에 자신들의 신앙을 티 내지 말아야 하고, 장애인들은 비장애인의 몸에 맹목적으로 집착하는 문화 때문에 자신들의 장애를 숨겨야만 한다. 만약 민권법이 이들 집단을 강압적 순응으로부터 보호하지 못한다면, 민권법은 그 법의 목적을 이루지 못할 것이다.

우리는 주변인 집단이 항상 소송에서 승리하는 미끄러운 비탈의 바닥까지 미끄러져 내려가서는 안 된다. 그러나 보호받는 집단에게 부과된 고충을 국가나 고용주가 해명하도록 요구해야 한다. 나는 이것을 논리적 근거를 강제하는 대화(reason-forcing conversation)라고 부르고자 한다. 국가나 고용주는 순응을 요구할 수 있다. 단 그 요구가 편견이 아닌 논리가 있는 요구라는 것을 뒷받침할 수 있어야만 한다. 이 패러다임은 결코 불평의 문화를 조장하지 않으며 오히려 보다 높은 합리성의 문화를 촉진한다. 합리성 논리가 불변성 논리를 대체하여 미끄러운 비탈을 가로막는 벽이 되어야 한다.

합리성이 국가나 고용주의 이익에 맞서 개인의 이익이라는 균형을 맞추는 데 어떤 식으로 도움이 될지 구체적으로 이야기하기 위해, 국제적으로 치열한 이슈인 무슬림 여성의 베일이나 머리 스카프 착용 문제에 대해 생각해 보자. (이것은 드러낼 것(uncovering)을 강요하는 커버링 요구다.) 2003년 소송에서 플로리다 주의 한 판사는 운전면허증 사진에서 얼굴을 베일로 가릴 수 있게 해 달라는 한 여성의 요청을 거부했다.[43] 내 생각에 이 사건의 결정은 옳았다. 그 판사는 술타나 프리먼(Sultaana Freeman)이 자신의 베일을 벗을 수 있다고 해서 반드시 벗어야 한다고 속단하지 않았다. 그 대신에 프리먼의 신앙이 신실함을 인정했고, 사진으로 인한 고충이 있음을 인정했다. 그런 후 플로리다 주가 그 고충을 정당화할 수 있는 강력한 논리를 만들도록 했다. 플로리다 주는 주요한 주 발행 신분증에서 개인이 완전히 식별 가능하도록 하는 것은 안보상의 이해와 관련이 있다고 주장했다. 이 논리는 받아들여졌다.

그러나 이 소송을 주도한 판사에게 동의한다고 해서 내가 머리 스카프 이슈를 주에게 완전히 위임하는 것은 아니다. 2003년 가을 학기에 오클라호마 주의 한 학생이 공립 학교에서 머리 스카프를 썼다는 이유로 정학을 받았다.[44] 학교가 말한 근거는 스카프가 복장 규정을 위반했다는 것이었다. 이는 통일성이나 단정함과 관련된 것으로, 학생에게 종교적 소속을 감추라고 요구할 근거로는 충분하지 않았다. 강압적 커버링에 대한 정당화 논리로 공통 문화의 보존을 내세울 수 있게 허용하면 논리적 근거를 강제하는 대화가 무의미해진다. 동화에 대한 요구가 항상 그 정당화에 기댈 수 있기 때문이다. 나는 2004년에 그 학군과 연방 법무부가 6년 기한 합의에 동의한 것을 보며 희망을 얻었다. 학군에서는 복장 규정을 바꾸어서 종교적 이유에 근거한 예외를 허용했고, 그 학생, 나샬라 헌(Nashala Hearn)은 머리 스카프를 쓰고 학교로 돌아왔다.

이것은 아직 답하지 않은 더 곤란한 질문을 던진다. (보다 일반적인 공통 문화의 보존이 아닌) 세속 문화를 보존하기 위해서라면 무슬림 여성에게 베일을 벗도록 강제해도 되는 것인가? 프랑스와 일부 독일 주들은 공립 학교에서 머리 스카프를 쓰는 것을 무조건적으로 금지했다.[45] 프랑스 교육부 장관의 1994년 지침에서는 "과도한 종교적 헌신의 표현"을 금지한다고 하여 이 문제를 과시 금지로 프레이밍했다.[46] 이 금지를 찬성하는 이들은 교회와 국가의 분리 중요성을 강조했다.[47] 이 이상이 미국적으로 구현된 것이 바로 미국 헌법의 국교금지조항(Establishment Clause)이다.

세속주의가 종교적 계율을 꺾었던 소송에서는 세속적 규범에 대한 강압적 동화와 국교에 대한 강압적 동화 간의 구분을 활용했을 것이다. 무슬림 여성은 기독교의 규범에 따르라고 요구받는 것이 아니라 비교적 중립적인 공공의 세속 규범을 따르라고 요구받는다. '용광로'의 이상에서도 이에 상응하는 것이 도출될 수 있다. 인종적 소수 집단들에게 백인으로의 동화를 요구하는 것이 아니라 '미국'이라는 중립적인 정체성에 동화할 것을 요구한 것이다. 모든 사람들이 만들어 가는 어떤 정체성으로의 동화는 지배 집단 규범으로의 동화보다 해롭지 않다.

그런 원칙이 형성되어 있더라도, 신앙인 개인은 고충을 겪는다. 그 무슬림 여성은 여전히 베일을 벗으라고 요구받는다. 더욱이 '과도한 표현'에 대한 금지는 신자들에게 눈에 잘 띄는 장신구를 착용하도록 요구하는 종교에 보다 심각한 영향을 미칠 것이다. 또한 잘 알려지지 않은 종교의 경우 더 불리할 텐데, 그런 종교의 일상적 실천이 과도하게 보일 가능성이 더 높기 때문이다. 게이 커플이 손을 잡고 있는 것이 똑같은 행동을 하는 이성애자 커플의 행위보다 과도하게 보이는 것과 마찬가지이다. 중립적으로 보이는 금지조차도 특정 종교의 입장에서는 실제로 타격이 더 클 것이기 때문에 나는 그런 금지에 반대한다.

종교적 복장 사건을 통해 얻은 유용한 교훈은 아무도 커버링 요구가 사소하다고 주장하지는 않는다는 점이다. 머리스카프금지법 반대자들은 커버링 요구를 엄청난 상처로 인식하였고, 그 법의 폐지를 요구하는 과정에서 급진적 무슬림들은 프랑스 기자를 인질로 잡는 지경에 이르렀다. 그러나 그 요구는 좌절되었다.[48] 프랑스의 머리 스카프 금지에 찬성하는 이들 역시 만약 이 편의 제공이 실행되면 다른 것들, 예컨대 무슬림 여성을 위한 성별 분리 학교 등이 뒤를 이을 것이라고 주장하면서 많은 것이 걸린 사건이라고 생각한다.[49] 종교적 외양을 커버링하라는 요구는 인종이나 성별에 근거한 유사한 커버링 요구와 비교해서 사소하게 취급될 것 같지 않다. 일부 소수 인종이나 여성이 고유한 외모 관리를 일종의 유사 종교처럼 자신들의 개인적 특질을 구성하는 요소라고 생각할 수도 있지 않을까 고려해 보는 것은 유용한 사고 실험이다. 위슬로키고인이 화장 지우기를 거부한 것이 무슬림 여성이 베일 벗기를 거부하는 것만큼이나 뿌리 깊은 것이라고 말하면 말도 안 되는 소리라고 생각할 수도 있다. 하지만 국가나 고용주의 이해보다 개인의 이해에 더 무게를 둔, 논리적 근거를 강제하는 대화만이 그 질문에 대해 적절한 뉘앙스가 담긴 답변을 제공할 것이다.

모든 비탈이 미끄럽다고 생각하는 사람들은 이러한 논리적 근거를 강제하는 대화 때문에 법원이 정체성 논쟁에 끝없이 휘말려 많은 부담을 안게 될 가능성을 지적할 것이다. 이 지점에서 브레넌 재판관이 사형제와 관련하여, 연방 대법원에 제시한 반론이 부지중에 떠오른다. 1987년 연방 대법원은 사형 제도의 운용에 인종적 불평등이 있음을 보여 주는 통계학적 연구를 참고하는 것을 거부했다. 그런 연구를 활용하면 모든 범죄 양형에 대해 문제가 제기되는 상황이 생기리라는 이유에서였다. 브레넌은 이 미끄러운 비탈 주장이 "정의 과잉에 대한 두려움을 시사하는" 것처럼 보인다고 냉담하게 말했다.[50] 이 구절은 사회적 부정의가 너무 심각하기 때문에 이를 그대로 유지해야 한다는 변태적 논리를 폭로하였다. 차별금지법의 맥락에서 "논리적 근거를 강제하는 대화를 너무 과하게 요구한다."라고 우려하는 것은 곧 "정의가 과도하게 넘친다."라고 주장하는 것과 같다.

잉글랜드에 여전히 하늘이(잿빛이긴 하지만) 펼쳐져 있는 것을 보면, 차별금지법이라는 편의 제공 모델이 채택되더라도 하늘은 무너지지 않는다. 영국 인종관계법(British Race Relations Act)은 미국의 1964년 민권법을 일부 참고하고 있는데,[51] 어떤 인종 집단에 부담이 편중되는 고용 관행에 대해 고용주가 해명하도록 요구하고 있다. 이 법의 1976년 개정법상 노동자는 문제가 된 고용 관행을 준수하는 것이 불가능함을 입증해야만 자신이 고충을 겪었다는 것을 인정받을 수 있었다.[52] 이 '준수 불가능'의 언어는 불변성 요건과 같은 역할을 할 수도 있었지만 영국 상원은 이를 다르게 해석했다. 1983년 소송에서 법원은 시크교도들이(인종 집단의 하나로 해석하여) 직장의 터번 금지 요건을 따를 수 없다고 보았다.[53] 프레이저(James George Fraser) 경이 말했듯이, "준수 가능함"이란 "물리적으로" 순응할 수 있음을 의미하는 것이 아니라 "그 인종 집단의 관습 및 문화적 조건과 일관성을 가지고" 순응할 수 있음을 의미한다.[54] 이런 의미에서 법원은 원고가 준수할 수 없다고 판결하면서 터번 금지

요건을 폐기했다. (미국에서 콘로 소송과 대비되는 점을 눈여겨보라. 그 사건에서 르네 로저스가 물리적으로 순응할 수 있다는 점이 아메리카항공에게 유리한 재귀적 판결로 이어졌다.) 2003년, 인종관계법은 이 '준수 불가능' 구절을 완전히 삭제하여, 인종 관련 문화적 특성에 대한 더 광범위한 보호를 마련했다.[55]

영국 상원은 1975년 성차별법도 유사하게 해석했다.[56] 1978년, 여성들은 관리자급 승진을 위해 직장이 설정한 28세 연령 제한에 대해 문제를 제기했다.[57] 여성들은 자녀 양육 책임으로 직장 경력이 단절되므로 이 요건을 충족시키지 못할 가능성이 더 크다고 주장했다. 직장은 여성들이 출산이나 양육 포기를 선택할 수도 있으므로 28세 연령 제한이 문제가 되지 않는다고 말했다. 법원은 "이론적으로 그렇게 하는 것이 가능하다는 이유만으로 어떤 사람이 어떤 것을 '할 수 있다'고 말할 수는 없다. 즉 실제로 그렇게 할 수 있는지 볼 필요가 있다."라고 판단하여 이 주장을 받아들이지 않았다.[58]

이런 소송들은 사람들의 동화 가능성이 아니라 그들에게 가해지는 사회적 요구의 적법성에 초점을 맞춤으로써, 육체적인 몸을 넘어서는 몸의 정치학을 제대로 보고 있다. 이 소송 사건들은 살아가면서 생기는 차이를 직시하라고 법원에게 다그친다. 이와 대조적으로 미국의 차별금지법은 차이에 대한 일관된 무심함을 평등과 혼동한다. "인종적 색맹"과 "묻지도 말하지도 말라."의 레토릭이 가리키듯, 차이에 대한 법의 주된 반응은 주류 집단에게는 그 차이를 무시하도록 주변인 집단에게는 그 차이를 감추도록 지침을 내리는 것이었다.

물론 정의와 무시의 개념은 오랫동안 서로 얽혀 있었다. 그리스 로마 시대 이래, 정의의 여신 디케는 두려움이나 편애의 영향을 받지 않음을 보여 주기 위해 눈가리개를 하고 있었다.[59] 그러나 2~3세기 이전까지 이 여신상의 도상에는 눈을 가린 것에 대한 경고가 담겨 있었다. 정의의 여신의 발에 머리를 묻고 있는 타조의 모습이 바로 그 경고였다.

———

그러나 지금은 현실을 직시하면서 열정을 가라앉혀야 한다. 전통적인 민권 집단을 커버링 요구로부터 보호하기 위해서는 집단 기반의 편의 제공 모델을 채택해야 한다고 믿는다. 그러나 동시에 법원이 이 길을 택하지 않을 것 같다는 생각도 한다. 현재 미국 사회의 폭발적 다원주의는 이 나라가 집단 기반의 정체성 정치를 버리도록 냉혹하게 밀어붙일 것이다. 앞으로 너무나 많은 집단들을 고려해야 할 것이고, 보호는 훨씬 줄어들 것이다. 사실 나는 지금으로부터 40년 후에 영국의 법 체제가 미국의 법 체제와 훨씬 비슷해지리라고 기대하지 그 반대가 될 것이라고 기대하지는 않는다. 미국인들은 이미 정체성의 정치에 질릴 대로 질려 법원은 그저 따라가기만 하는 상태다.

우리는 미국이 대립하는 정체성 집단에 의해 분열된 땅이 되지 않도록 차이를 보호할 방법을 찾아야만 한다. 새로운 민권의 패러다임이 절실하다.

새로운 민권

새로운 민권을 설명하기 위해서 내 주장의 출발점으로 돌아가겠다. 내가 동성애자 민권에 대해 가장 흥미롭게 느끼는 지점은 동성애자 민권의 보편적인 공명성이다. 다른 민권 집단과 다르게, 동성애자들은 자기가 속한 공동체의 초기 도움 없이 비가시적인 자아를 설명해 내야 한다. 이는 스스로를 설명하라는 동성애자의 과업을 인간으로서 누구나 하는 진정성에 대한 탐색으로 만든다. 이것은 스스로를 위해 각자 해야만 하는 과업이고, 우리가 할 수 있는 가장 중요한 과업이다.

이 진정성 과업을 표현할 용어를 찾는 과정에서, 변호사보다 정신 분석가가 더 도움이 되었다. 대상 관계 이론가 위니콧(D. W. Winnicott)은 드러난 자아와 숨겨진 자아의 구분을 통해 참자기(True Self)와 거짓자기(False Self)를 구분했다.[1] 참자기는 개인에게 진짜라는 느낌을 주는 자아이며, 이는 "존재하는 것 이상이다.[2] 즉 자기 자신으로 존재하는 방법, 대상을 자신과 연결 짓는 방법, 휴식을 위해 도피할 수 있는 자아를 가지는 방법을 찾는 것이다." 참자기는 인간의 자유 의지와 진정성과 관련이 있다.[3] "참자기만이 창조적이며, 참자기만이 느낄 수 있다." 반대로 거짓자기는 개인에게 실재하지 않는다는 느낌, 허무감을 준다. 거짓자기는 참자기와 세계의 관계를 조정한다.

위니콧은 거짓자기를 부정적으로 묘사하지 않는데, 나는 그런 점이 좋다. 위니콧은 오히려 거짓자기가 참자기를 보호한다고 생각한다.[4] "거짓자기는 환경적 요구에 따라 참자기를 숨겨 주는 긍정적이면서도 매우 중요한 기능을 한다." 체스에서 룩 뒤에서 보호받는 왕처럼, 더 중요하지만 약한 체스 말은 덜 중요하지만 강한 체스 말 뒤에 놓인다. 참자기와 거짓자기는 공생하는 관계이기 때문에, 위니콧은 건강한 개인에게도 참자기와 거짓자기가 모두 존재한다고 보았다.

그렇기는 하지만, 위니콧은 참자기가 거짓자기에 대해 얼마나 우위에 있느냐에 따라 건강을 정의했다. 극도로 부정적인 상황에서는 거짓자기가 참자기를 완전히 모호하게 만들며, 심지어는 스스로조차 알기 힘들게 하기도 한다. 이보다 덜한 경우에는 거짓자기가 참자기에게 "비밀스러운 삶"을 허용한다.[5] "참자기가 나타날 수 있는 조건을 탐색하는 것이 거짓자기의 주요 관심사"일 때에만 개인은 건강해질 수 있다.[6] 결국 건강한 사람의 거짓자기는 완전하게 실현된 참자기가 이용할 수 있는 도구인 "예의 바르고 매너 좋은" 사회적 태도로 축소된다.

이 패러다임은 나의 커밍아웃 경험을 표현한다. 나의 참자기인 게이 자아는 표면상 이성애자인 거짓자기 뒤에 숨어 있었다. 그러나 클로짓 자아를 게이 자아에 완전히 적대적인 것으로 생각하는 것은 옳지 않다. 나의 청소년 시절에는 살아남을 수 있다는 확신이 설 때까지 이 거짓자기가 참자기를 보호했다. 그리고 이때에만 거짓자기가 방해물에서 조력자로 바뀌었다. 심지어 내가 커밍아웃을 한 후에도 거짓자기는 절대 사라지지 않았다. 대신 참자기와 세상을 조절하는 데 필요한 최소한으로 줄어들었다.

나는 다른 민권의 정체성을 위니콧의 패러다임에 대입할 수 있었다. 그러나 이 패러다임의 중요한 지점은 자의식의 보편성에 있다. 위니콧은 누구나 자신이 살아 있음을 느끼려면 반드시 자기가 가지고 있는 참자기를 드러내야 한다고 주장했다. 또한 참자기가 진정성의 중요성을 내포한다면, 거짓자기는 동화에 대한 우리의 모순을 내포한다. 참자기와 거짓자기 모두 생존에 필수적이면서, 삶을 방해하기도 한다. 동화를 완전히 없애는 것이 목표가 아니라, 필요한 최소한으로 줄이는 것이 목표다. 이것이 논리적 근거를 강제하는 대화가 추구하는 것이다.

내가 위니콧의 개념 중 드러난 자아를 설명하자, 많은 사람이 곧 그 개념의 보편성을 증명하는 이야기를 꺼냈다. 이 이야기의 대부분은 기존 민권의 범주와 거의 관련이 없었다. 이야기들은 주로 극본을 쓰려고 법률가로서의 커리어를 버린 여성이나 어린 시절의 첫사랑을 위해 약혼녀를 떠난 남성처럼, 직업이나 개인적인 삶에서의 선택과 관련이 있었다. 그럼에도 나는 전통적인 민권 소송들에서 나타나는 것과 동일한 주제를 그들의 이야기에서 들을 수 있었다. 이 사람들은 진정성이 무엇인지는 정확하게 설명해 내지 못했지만, 정언 명령 밖에 있는 어떤 존재가 삶을 대신할 수도 있다는 것은 알고 있었다.

부모들은 아이들에 대해 이야기하며 참자기 개념에 응답한다. 심리학자 캐럴 길리건(Carol Gilligan)은 광범위한 임상 연구를 통해, 아이들에게는 자라면서 잃게 되는 진짜 목소리가 있으며, 남자아이들보다 여자아이들이 이를 더 오래 간직한다고 주장했다.[7] (남자아이들의 변성기는 여자아이들보다 더 빨리, 더 극적으로 시작되기 때문에 정서적 의미의 변성기는 신체적 의미의 변성기를 반영한다.) 길리건의 연구에는 자녀의 단순 명쾌함과 진실함에 감탄하는 부모의 사례가 넘쳐났다. 부모들은 자녀를 양육하면서 부딪히는 가장 어려운 딜레마 중 하나가 살면서 얼마나 커버링을 해야 하는지 알려 주는 문제라고 이야기한다.

진정한 자기에 대한 이 심리학적 담론은 현재의 민권 담론과는 거리가 먼 것처럼 보인다. 이 격차는 좁혀져야 한다. 새로운 민권은 이러한 진정성을 향한 보편적인 욕구를 이용해야 한다. 이 욕구는 우리가 민권을 집단별 측면이 아닌 공통된 인간성의 측면에서 사고하도록 이끌 것이다.

최근의 두 사례에서는 연방 대법원이 이러한 변화에 호의적인 것으로 나타났다. 구두 변론에 대해서 앞부분에서 설명한 바 있는 2003년 로렌스 대 텍사스 주(Lawrence v. Texas)의 소송 사건에서, 연방 대법원은 동성 간 성행위를 불법으로 간주한 텍사스 주법을 폐기하도록 판결했다.[8] 많은 사람들은 현재 소수 인종과 여성에게 부여된 사법 보호를 동성애자에게도 부여해야 하는지를 결정할 때 연방 대법원이 이 판례를 이용할 것이라고 생각했다. 연방 대법원이 이 법을 폐기하기로 판결을 내리기는 했지만(그리고 그 과정에서 바워즈 대 하드윅을 뒤집기는 했지만), 이는 동성애자의 평등권에 입각한 판결은 아니다. 대신에 이 판결은 법이 우리의 사적인 성적 관계를 통제함으로써 이성애자나 동성애자 등 모든 인간의 기본권을 침해한다고 간주했다.

마찬가지로 2004년의 테네시 주 대 레인(Tennessee v. Lane)의 소송 사건에서, 연방 대법원은 2명의 양측 하지 마비 환자가 휠체어로 법원 청사를 이용할 수 없다는 이유로 테네시 주의 책임을 물을 수 있는지 검토했다.[9] (한 원고는 형사 기소에 출석하기 위해 법원 계단을 기어 올라와야 했으며, 법원 출입 기자인 또 다른 원고는 일부 지역의 법원을 이용할 수 없었기 때문에 직업적 기회를 잃었다고 주장했다.) 연방 대법원은 소수자 집단에게 유리한 판결을 내리면서 이번에도 집단 기반의 평등 레토릭으로 프레이밍하지 않았다. 그 대신 장애인이든 비장애인이든 누구나 "법원에 접근할 수 있는 권리"를 가지며, 이 사건에서는 이 권리가 부정당했다고 판결했다.[10]

연방 대법원이 많은 민권의 가능성을 닫았던 시기에 이 가능성만은 활짝 열어 두었다. 일부 인구 집단이 주장하는 '평등'권보다는 우리 모두가 가진 자유에 관한 '자유'권이 반응 면에서는 훨씬 더 우호적이다. 이유는 명확하다. 집단 기반의 편의 제공 주장과 같은 평등권의 경우 연방 대법원 입장에서는 여러 집단 중 하나를 골라야 하기 때문이다. 점점 다원화되는 사회에서, 연방 대법원은 당연히 이러한 모험을 피하고 싶어 한다. 반면 자유권은 모든 미국인(보다 정확하게는 미국이 관할하는 영토 내의 모든 사람)이 공통으로 누려야 하는 것을 강조한다. 우리 모두는 성적인 친밀성에 대한 권리를 가지며 법원에 접근할 권리 또한 있다는 점은 이 나라에 새로운 집단이 아무리 많이 생기더라도 지속될 것이다.

연방 대법원이 보다 보편적인 방향으로 변화하는 것 또한 인권을 받아들이는 초기 모습으로 보인다. 나는 로렌스 소송에서 예일 대학 로스쿨 팀을 중심으로 하여 법정 조언자(a friend-of-the-court) 의견서를 썼다.[11] 아일랜드의 전 대통령이자 유엔 최고인권대표인 메리 로빈슨(Mary Robinson)을 의뢰인으로 하여, 우리는 국제 재판소와 다른 서구 민주주의 국가의 법원들이 내린 결정은 성인 간 합의된 성관계의 권리가 기본권임을 인정했다고 주장했다. 우리는 미국 밖에서의 판결이 미국 내의 판결의 지표가 되어야 한다는 주장을 따르지 않는 연방 대법원의 일부 대법관들이 이 주장에 반대하리라 생각했다.[12] 그러나 놀랍게도 다수 의견은 바워즈 판결이 "보다 광범위한 문명 세계가 공유하는 가치"를 훼손했다는 우리의 변론 요지서를 인용했다.[13]

마틴 루서 킹 주니어와 맬컴 엑스 모두 말년에는 민권에서 인권으로의 변화에 동의했다. 두 사람 모두 민권이 인간이 공통적으로 가지고 있는 것을 강조하기보다는 서로를 다르게 만드는 것에 대해 지나치게 치우쳐 있다고 생각했다. 스탠퍼드의 킹 목사 기록물(King papers at Stanford) 편집자 중 한 사람인 스튜어트 번즈(Stewart Burns)가 밝혔듯이, 킹 목사는 "'민권'이 미국 개인주의의 낡은 인습을 지나치게 많이 지니고 있으며 공동체적 욕구, 집단적 노력, 공공선이라는 전통과의 균형을 맞추기엔 부족하다는 것을 이해하고 있었다."[14] 마찬가지로 맬컴 엑스도 미국 시민들에게 "민권 투쟁을 인권 수준으로 확장"하여 "미국 정부의 사법권"이 우리가 다른 나라의 "형제"와 연대를 막지 못하도록 해야 한다고 주장했다.[15]

개인의 보편적인 권리는 향후 연방 대법원이 차이를 보호하는 방법이 될 것이다. 만약 연방 대법원이 언젠가 언어에 대한 권리를 인정한다면, 특정 국가 출신 집단에게 부여되는 평등권이 아닌, 우리 모두가 누려도 되는 자유로서 그 권리를 보호할 것이다. 법원이 콘로 스타일의 머리 모양을 하거나 화장을 하지 않을 권리와 같은 외양에 관한 권리를 인정한다면, 인종적 소수자나 여성과 같은 집단에게 부여된 권리가 아닌 독일 헌법상의 인격권과 유사한 형태로 보호할 것이다.[16]

민권을 집단 기반의 평등이 아닌 보편적 자유라는 측면에서 분석할 때의 장점은 집단 문화에 관해 가정하지 않아도 된다는 점이다. 앞서 간략히 언급했듯이, 주류처럼 행동하는 사람이 실제로는 그냥 '본연의 모습대로' 행동하는 것일 수도 있는데 커버링 개념은 이들이 진짜 정체성을 숨기는 거라고 너무 성급하게 가정해 버릴 가능성이 있다. 한 여성 동료가 이 지적에 대해 매우 설득력 있는 견해를 제공했다. "네 연구에서 내가 싫어하는 부분은 이 점이야. 자전거를 고치는 것처럼 흔히 남성적이라고 여겨지는 일을 하면 사람들은 내가 하고 있는 일에 대한 가장 단순한 설명을 받아들이지 않고 젠더 수행성을 따르고 있다고 생각해. 나는 내가 여자라는 사실을 감추려고 자전거를 고치는 게 아니야. 그냥 자전거가 고장 났으니까 고치는 거지."

그 동료는 또 다른 예를 들었다. "내가 대학원에 있을 때 독일 낭만주의 시를 공부하는 아프리카계 미국인이 있었어. 네 말대로라면, 그 사람이 굉장히 난해하고 고답적인 것을 공부하면서 아프리카계 미국인이라는 자신의 정체성을 '커버링'한다고 이야기할 수도 있겠지. 그런데 내가 볼 때 그 사람은 분명 낭만주의 시가 좋아서 낭만주의 시를 공부한 거야. 그가 '백인처럼 행동'하려고 낭만주의 시를 공부한다고 생각한다면 인간으로서 그의 가치를 폄하한 거야."

마지막으로 이렇게 말했다.[17] "네가 할 일은 사람들이 '자기 자신이 되도록' 돕는 거야. 자기 자신이 되도록 하는 능력을 박탈하고 순응하도록 요구받는 것에 맞설 수 있도록 말이야. 그런데 커버링의 개념은 네가 없애고자 한 그 고정 관념이 계속해서 이어지도록 해. 소수자가 고정 관념을 깨는 방법 중 하나가 고정 관념에 어긋나는 행동을 하는 것인데, 만약 소수자들이 그렇게 할 때마다 사람들이 그들이 매우 중요한 정형화된 정체성을 '커버링'한다고 생각한다면 고정 관념은 절대 사라지지 않을 거야."

나는 이 비판에 대해 말 그대로 잠도 못 자고 고민했다. 그러나 깨어 있는 시간에는 이 비판을 전면적인 비난이라기보다는 조심스러운 경고로 받아들인다. '주류'에 따라 행동하는 사람들이 억지로 커버링을 한다고 생각하지는 말아야 한다는 것에 동의한다. 나의 궁극적인 목표는 진정성이 무엇인지에 관한 고정된 개념이 아니라, 진정성을 획득하는 수단으로서의 자율성이다. (여기서 나는 참자기의 본질은 개인마다 다르기 때문에 이를 특정하게 정의할 수 없다는 위니콧의 주장에 동의한다.[18]) 나는 대표적인 민권 집단에 대해 이야기할 때 주류에 순응하라는 요구에 초점을 맞춰 왔다. 왜냐하면 (여성을 제외한) 대부분의 집단에서 이 요구는 우리의 진정성을 가장 위협하는 요구이기 때문이다. 그러나 역커버링을 해야 한다는 요구도 마찬가지로 반대한다. 역커버링 요구 역시 우리의 자율성과 진정성을 침해하기 때문이다.

나는 실제로 자유 패러다임이 평등 패러다임보다 진정한 자아를 보호해 주리라고 예상한다. 평등 패러다임은 보호하고자 하는 정체성을 필요 이상으로 본질화한다. 만약 화장이 여성의 '필수 요소'라는 이유로 짙은 화장을 한 여성이 평등 패러다임에 의해 보호받는다면, 이는 결국 여자는 화장을 해야 한다는 고정 관념을 강화하는 것밖에 안 된다. 그러나 만일 이 여성에게 업무 수행에 방해가 되지 않는 범위에서 자신의 젠더 정체성을 표현하는 자유권이 주어진다면, 그녀는 더 '남성적'이 되거나 더 '여성적'이 되라는 요구로부터 보호를 받는다. 마샤 위슬로키고인은 "화장을 지나치게 한 것"에 대해 보호받을 것이며, 달린 제스퍼슨은 전혀 화장을 하지 않은 것에 대해 보호받을 것이다. 모든 여성은 자신이 만들 수 있는 젠더 정체성의 모든 선택지를 선택할 수 있다. 이렇게 다양성이 보호되는 과정에서 '진정한' 또는 '본질적인' 여성은 어떻게 보여야 하는지에 대해 법은 어떤 전제도 명료하게 내세우지 않을 것이다. 진정성이란 국가나 고용주가 아닌 이 여성들이 자신을 위해 찾는 것이다.

집단 기반의 정체성 정치학은 죽지 않았다. 지금까지 주장했듯이 나는 여전히 현재의 민권 집단을 위한 집단 기반의 편의 제공 모델(group-based accommodation model)이 옳다고 생각한다. 커버링 요구로부터 민권 집단들을 보호하기로 약속했다고 생각하기 때문이다. 민권법과 장애인법의 법령 문헌은 이미 커버링 요구에 맞서는 집단으로서 인종적 소수자, 종교적 소수자, 여성, 장애인을 보호한다.[19] 보호의 범위를 제한하는 잘못을 범한 것은 법원이었다. 집단 기반의 평등 패러다임은 개인의 자유 패러다임과 완전히 일관된다. 사실 차별금지법의 평등과 자유의 영역은 서로 떼려야 뗄 수 없이 얽혀 있다.

게다가 우리가 민권법의 초점을 평등에서 자유로 옮기더라도, 정체성 정치학은 여전히 매우 중요하다. 만약 로렌스나 레인의 소송이 동성애자 권리 운동이나 장애인 인권 운동에 관한 것이 아니었다면, 이 소송들은 연방 대법원으로 가지도 못했을 것이다. 하지만 이러한 소송을 '동성애자' 또는 '장애인'에 대한 소송으로 여기지 않고, 때가 되면 모든 미국인에게 혜택이 돌아가는 차원의 권리로 여기려는 연방 대법원의 시도에 동감한다. 역설적이게도 다양성의 폭발은 이 나라에서 우리가 공통적으로 가지고 있는 것을 궁극적으로 실현하게 해 줄 것이다. 다문화주의는 인간의 변치 않는 부분만 남겨질 때까지 가상의 인간을 끊임없이 변화하게 했다.

이 새로운 법적 패러다임에 큰 희망을 걸고 있기는 하지만, 새로운 민권에서 앞으로 법의 중요성이 상대적으로 줄어드리라고도 생각한다. 의사인 친구는 자신이 의대 1학년일 때, 학과장이 대부분의 질병 치료에서 의사가 매우 무력한 존재라고 설명했다고 한다. 즉 환자는 더 나아질 수도 있고 나빠질 수도 있는데 환자를 치료하는 것은 사실 의사가 아니라는 것이다. 학과장은 의사가 된다는 것에는 일반인이 가지는 의학적 권위에 대한 경외감을 포기하는 것도 포함된다고 말했다. 나는 이와 유사한 강의를 법대생 그리고 미국인 전체에게도 누군가가 해 주기를 바란다. 내가 법에서 배운 것 중 하나는 법의 한계에 대한 것이었다.

우선 대다수의 커버링 요구는 법에서 책임을 묻지 않는 그리고 내 생각에도 책임을 물으면 안 된다고 생각하는 관계자인 친구, 가족, 이웃 또는 자기 자신에 의해 이루어진다. 공공장소에서 동성끼리 애정 표현을 하기 전에 주저할 때, 나는 국가나 고용주보다는 나 스스로의 내부 검열과 주위의 낯선 사람들에 대해서 생각했다. 가끔씩 나 자신을 고소하고 싶은 생각도 들지만 말도 안 된다는 것을 안다.

법은 또한 강압적인 동화의 해결책으로는 불완전하다. 법은, 인종, 성별, 성적 지향, 종교, 장애처럼 전통적인 민권 집단으로 분류되지 않음에도 커버링을 강요받는 무수히 많은 집단을 아직 인정하지 않기 때문이다. 커버링에 대해 말할 때마다 나는 커버링할 수 있는 새로운 정체성의 종류를 알게 된다. 이것이 위니콧이 주장하는 바의 핵심이다. 즉, 우리 모두는 참자기를 커버링하는 거짓자기를 가지고 있다. 언젠가는 법이 이러한 정체성 중 몇 가지를 보호하게 될 수도 있다. 그러나 결코 이 모든 정체성을 다 보호해 주지는 못할 것이다.

가장 중요한 것은 법이 제공하는 질적 해결책이 불완전하다는 것이다. 최근에 국방부를 상대로 하는 소송에서 원고가 되어 본 후 나는 이를 확연히 느꼈다. 국방부는 (대학 내 징집 활동과 관련하여) 만약 예일 대학교의 로스쿨이 동성애자 차별 금지 정책의 적용을 받는 고용주에서 군대를 제외하지 않는다면 솔로몬 수정안(Solomon Amendment)이라고 불리는 의회 법률에 따라 예일 대학교에 할당된 연방 정부 기금 3억 5000만 달러를 삭감하겠다고 협박했다.[20] 우리는 소송을 통해 이 법률이 헌법에 위배된다고 주장했다. 이 소송이 옳다고 생각하며 원고로 등록해 준 수많은 로스쿨 동료 교수들은 내게 큰 힘이 되었다. 또한 지방 법원 판사인 재닛 홀(Janet Hall)이 우리에게 유리한 약식 심판을 했을 때도 매우 고무되었다.[21](정부에서 항소 중이므로, 판결은 여전히 계류 중이다.*) 그러나 원고가 되어 보면 대화로 해결할 수 없는 사람들 사이에서 소송이 발생한다는 사실을 누구보다 잘 느낄 수 있다.

내가 게이라는 것을 설명해 내는 것이 소송과는 무관해서 다행이라고 생각한다. 여태껏 내가 소송을 걸고 싶었던 대상은 국방부뿐이었다. 동화를 요구받았을 때조차 상대방과 대화를 하는 것이 내게는 최선의 대응이었다. 또 하나 중요한 점은 자기를 설명하는 과업을 완전히 법률적인, 따라서 피고와 원고의 대립적 용어로 풀어 나가면 소송 당사자가 아닌 모든 고마운 사람들에게 존중을 표하지 못한다는 것이다. 나는 이 책에서 나를 위해서 도움을 준 사람들에 대해 이야기했다. 그러나 더 많은 사람들이 있었다. 법대 은사인 찰스 라이히(Charles Reich) 교수님이 떠오른다.[22] 라이히는 엄청난 용기가 필요했던 시절인 1976년에 커밍아웃에 관한 회고록을 썼고, 내가 자신의 수업에서 이 책을 있게 한 논문을 쓰도록 지도해 주셨다. 비록 당시에는 그 논문과 법의 관련성이 매우 불명확했지만 말이다. 또 나의 종신 교수직 심사 위원회의 위원장도 떠오른다. 그는 교수진 중에 나만 유일하게 종신 교수직을 보장받지 못한 상

---

* 2007년 예일 대학교는 이 소송에서 패소하여 대학의 성적 지향 차별 금지 정책에도 불구하고 캠퍼스에서 군대 모집을 허용할 수밖에 없었다. 하지만 결국 2011년 국방부의 '묻지도 말하지도 말라' 정책은 철폐되었다.

황에서 당연히 긴장할 수밖에 없었던 나를 앉혀 놓고 위원회의 결정을 전해 주었다. 그는 향후 몇 년간을 위해 자신이 할 수 있는 유일한 조언은 내가 보다 더 나 자신이 되어야 한다는 것, 즉 기존 법의 테두리 안에서 논증하기보다는 나의 진실을 이야기해서 법이 스스로 형성되도록 해야 한다고 일러 주었다. 또한 이 책의 원고를 읽고 침착하지만 확신에 찬 목소리로 지금까지의 내가 자랑스럽다고 말해 준 부모님도 있다.

이런 이유들 때문에, 민권의 과업을 이루고자 법에서 멀어져야 할 바로 이때에 점점 더 많은 미국인들이 법을 향해 가고 있는 것을 보면 걱정이 된다. 진짜 해결책은 시민인 우리 모두에게 있는 것이지 우리 안의 아주 작은 집단인 법률가들에게 있는 것이 아니다. 법률가가 아닌 사람들은 법 밖에서 논리적 근거를 강제하는 대화를 해야 한다. 우리는 고프먼의 용어인 '커버링'을 학문적 모호함에서 끄집어내어 대중적인 어휘로 만들어야 한다. 그래야 커버링이란 단어도 '패싱'이나 '클로짓'처럼 통용될 수 있다. 비록 법이 커버링 요구를 하는 장본인들에게까지 미치지 못하고 커버링 요구로 인해 고통받는 집단을 인정하지 않더라도, 커버링을 요구받는 사람들은 그 요구의 근거를 찾는 과정에서 용기를 얻어야 한다. 이러한 논리적 근거를 강제하는 대화는 법정 밖에서 일어나야 한다. 직장에서, 식당에서, 학교에서, 운동장에서, 온라인 대화방에서, 거실에서, 광장에서, 술집에서 이런 대화를 해야 한다. 이런 대화는 관용이 생성되고 소멸되기도 하는, 비공식적이고 친밀한 환경에서 이루어져야 한다.

동화를 정당화할 만한 충분한 이유가 무엇인지를 놓고는 분명 논란이 생길 터다. 하지만 나는 특정한 이유, 예컨대 백인 우월주의, 가부장제, 동성애 혐오, 종교적 편협성 및 장애인에 대한 적개심과 같은 이유들은 정당하지 않다는 점에 대해 이미 어느 정도 합의가 이루어졌음을 강조하고 싶다. 이러한 이유들을 커버링 요구의 정당한 근거로 받아들이지 않기로 한 우리의 약속을 충실히 지킬 것을 요청한다. 그 밖에도 나는 일련의 결과보다는 일련의 대화를 생성할 방법을 모색해 왔다. 어떤 이유를 어떤 목적으로 인정할지는 서로 다른 개개인이 마주 보며 결정하게 될 터다. 나의 개인적인 성향은 항상 '깔끔함'이나 '직장에서의 조화'와 같은 이해관계보다 개인의 권리에 우선순위를 두는 것이다. 다만 우리는 이에 대해 서로 대화를 나누어야 한다.

이러한 대화는 동화와 진정성에 적절한 몫을 나누어 주는 최선의 그리고 아마도 유일한 방법일 것이다. 이러한 대화는 보수 진영의 선동가들이 주장하는 단일 문화의 미국과 극단적 다문화주의자가 주장하는 분리주의적 미국 사이에서 우리가 진로를 계획하고 전진할 수 있도록 도와줄 것이다. 또한 이러한 대화는 진정한 차원의 민권을 보여 줄 것이다. 민권의 목표는 항상 사람들이 편견에 근거한 제약 없이 인간의 번영을 추구하도록 하는 것이다. 법은 민권을 특정 집단에게만 한정해 왔기 때문에, 법에 집중하면 그 열망의 획기적인 넓이를 볼 수 없게 된다. 물론 우선순위를 매기는 것은 매우 중요하다. 또 민권법의 우선순위가 틀리지는 않았기 때문에 그렇게 집단을 한정한 점에 대해 이제 와서 비난하려는 것은 아니다. 다만 항상 법을 넘어서 확장되었던 민권이 이제는 그 어느 때보다 확장되어야 한다는 사실이 중요하다. 우리가 법을 벗어나야만 민권이 특정 집단이 아닌 우리 모두가 연관되는 인간의 번영에 관한 과업이 될 수 있다.

우리가 지니고 있는 여러 자아를 통합하기 위해서는 성인에게 주어진 상대적 자유를 활용해야 한다. 여기에는 우리가 불편해하였고, 비실용적이라 여겼으며, 심지어 증오하였기 때문에 오랫동안 묻어 두었던 자아를 드러내는 것이 포함된다. 우리가 지닌 자아는 생존 시험을 통과해야 했기 때문에 대부분은 우리 삶처럼 평범하다. 그러나 가끔은 우리 안에서 필연적인 것이 빛나기 시작할 때도 있다.

맺음말

파란 별(THE BLUE STAR)[1]

"그곳을 보여 주세요." 그가 말했다.
나는 셔츠를 벗고
심장 위 조그만 별을 가리켰다.
그는 기대어 귀를 기울였다. 그의 숨결이
내 가슴 위 털을 누이며 사뿐히 내려앉는 것을
느낄 수 있었다. 그는 나를
돌려 세우고, 두 손을 부드럽게
내 어깨뼈 위에 올리더니, 일어서서
내 목을 지탱하는 양 근육을
주물렀다. "운동선수인가 봐요?"
"아니요."라고 대답했다. "전 노동자예요."

"아, 뭘 만들죠?" 그가 말했다. "전구의 빛을
만들어요."
"네, 그게 없었으면 우린 어떻게 되었을까요?"
"어둠 속에 있겠지요." 등 뒤에서
간호사의 풀 먹인 옷이 스치는 소리가 나더니,
둘이 함께 나를 수술대 위에
천장을 보도록 눕힌다. 나는 그 자리에서
보이지도 않고 무력하게
몸을 맡긴 모든 남자와 여자 들을 생각했고,
그들에게 좋은 일이란 거의 없었으리라 생각했다.
간호사는 자신의 강한 손아귀로
내 오른 손목을 쥐었고, 나는
의사가 내 쪽으로 기대 있는 것을 보았다.
한 손에는 자그마한 크롬 칼이
번쩍이고, 다른 손에는 핀셋이 들려 있다.
나는 아무것도 느낄 수 없었다. 그때 의사가
자랑스럽게, "꺼냈다!"라고 말하고는,
작고 완벽한 파란 별을 집어 들었다. 더 이상
내 것이 아닌, 이젠 창백해진 별. "그런데,
이 별 아래 뭐가 있는지 아세요?"
"아니요." 내가 말했다. "완벽한 별이 또 하나 있어요."
나는 눈을 감았지만, 빛은

여전히 내 앞 금빛 불의 바다에서
유영하고 있다. "그게 무슨 의미인가요?"
"의미?" 그는 차갑고 액체 같은 것으로
그 자리를 톡톡 두드리면서 말했다.
모든 빛들이 깜박깜박 켜졌다가
꺼졌다가 한다. 어쩌면 내 눈이
떠졌다가 감겼다가 하고 있을지도. "의미?" 그가 말했다.
"이것이 바로 당신 자신의 모습이라는 의미가 아닐까요."

— 필립 러바인(Philip Levine)

어디를 보아야 할지 알기 때문에 심지어 붐비는 피로연장에서도 나는 그 파란 별을 찾을 수 있다. 그 별은 재닛의 왼쪽 어깨뼈 끝, 웨딩드레스 위에서 그을린 모습으로 자리하고 있다. 이 거리에서 보면 마치 점 같아서 완전히 그녀의 신체 일부처럼 보인다. 대화가 가능할 만큼 가까운 거리에서 보아야만 그 별의 엄밀한 기하학적 형태가 드러나 문신이라는 것을 알 수 있다.

서른 살인 재닛은 그 문신이 여태까지 했던 투자 가운데 최고라며 너스레를 떤다. 보수적인 한국인인 재닛의 부모님은 문신을 지우라고, 최소한 감추라고 떠보며 점점 더 큰 액수를 제시했다. 하지만 여기, 검은 머리와 하얀 웨딩드레스 사이, 갈색 피부 위에 파란 별이 있다. 로스코풍의 베들레헴의 별 그림을 닮은…….

그녀의 등 위로 주름이 생겼다 사라지는 것을 본다. 웃고 있다는 뜻이다. 재닛은 한복을 차려입고 계신 이모들 가운데 결혼식에 참석하려고 한국에서 오신 분의 손을 꼭 잡고 있다. 재닛의 목소리는 심술궂고 권위적이며, 작고 가느다란 체구에 비해 놀랄 만큼 저음이다. 그러다 보니 자주 웃는데도 그 웃음소리는 억지로 웃어 주는 것처럼 들린다. 방금 끝난 피로연에서 재닛의 들러리는 축사를 하면서 눈물을 터뜨렸다. 재닛은 눈물 없이 웃으면서 그녀를 껴안았다. 누군가의 눈에는 무뚝뚝해 보일 수 있는 이 몸짓을 보고, 내 마음속에 따뜻한 느낌이 일었던 이유는 무엇일까?

옥스퍼드에서 보낸 2년의 중간쯤이었던 그 여름, 극심하게 우울했던 그 시절을 나는 재닛과 함께 보냈다. 재닛은 1년간의 영어 교사직을 마치고 그곳 기숙 학교에서 살고 있었다. 그녀는 가을에 의과 대학에 진학할 예정이었다. 학기는 이미 오래전에 끝난 상태였다. 그래서 기숙사는 목적을 충족시키지 못하는 건물이 내뱉는 침묵으로 무거웠다. 재닛은 수업을 들었던 학생들에게 성적을 보냈고, 572개의 CD를 상자에 담았고, 『노튼 시 선집(Norton Anthology of Poetry)』을 제외한 모든 책을 쌓아 두었다. 그 책에 나오는 시를 우리는 하루에 하나씩 외웠다. 둘 다 아홉 뮤즈의 이름을 정확히 말할 수 있을 터였다.

다음 학기면 우리가 달라지리라는 것을, 달라져야만 한다는 것을 알고 있었다. 재닛의 아버지가 자동 응답기에 남긴 말처럼 고생문이 활짝 열렸다는 것도 알고 있었다. 우리는 그것을 꽁꽁 여며 두었다. 미래라는 블랙박스를 부정이라는 종이 상자 안에 넣어 둔 것이다. 그러니까 우리 둘 다 '피난처'라는 표현을 쓰지는 않았지만, 그 시절 우리는 피난처에서 살고 있었던 것이다. 바깥세상은 유리창을 액자 삼아 걸려 있는 한 장의 그림이었다. 바로 옆에 걸려 있는 세렝게티(Serengeti) 초원의 얼룩말 사진보다도 더 비현실적인 그림이었다.

어느 날 밤, 허리에 끈이 묶여 있는 흰 남방을 입은 채 잠든 재닛을 바라보았다. 소파의 푸른 천은 그녀가 대양의 확장을 막는 대륙처럼 꿈쩍하지 않는 듯 보이게 했다. 나는 지도 제작사였고 재닛의 학생이었다. 나는 재닛을 지켜보면서 그녀의 보라색 드레스를, 숲속에서 호랑이 떼를 만난 그녀의 꿈을, 그녀가 힐을 신고 어떻게 균형을 잡고 서 있는지를 생각했다.

재닛은 밀턴을 주제로 학사 학위 논문을 썼다. 『실낙원(Paradise Lost)』에는 아담이 천사장 라파엘(Raphael)에게 천사들은 어떻게 섹스를 하는지 묻는 대목이 나온다. 라파엘은 "천상의 선홍빛, 사랑에 어울리는 빛깔"로 얼굴을 붉히며, 천사들은 "피부나 관절, 팔다리"가 방해가 되지 않기 때문에 인간들의 교합처럼 그렇게 투박하지 않다고 대답한다.[2] 오히려 "만약 서로의 정신이 응한다면, 공기와 공기의 교합보다 수월하다/ 정신이 완전히 혼합되면, 순수와 순수의 결합이다/ 살과 살이 섞일 때/ 욕망도 절제도 전달될 필요가 없다.”이 부분을 읽은 후부터 이 구절은 형체가 없는 분자들의 순수 혼합, 육체도 침대 스프링도 없이 그저 통과해서 지나가는, 내가 꿈꾸는 섹스에 대한 묘사가 되었다.

나는 재닛을 바라보다가 내가 왜 그녀를 사랑할 수 없었는지 궁금해하며 이 구절을 떠올렸다. 밀턴이 말한 천사처럼 재닛과 섞일 수 있었다면 몸이 왜 걸림돌이 되었겠는가? 지금도 나는 답을 찾지 못한 채로 다시 질문으로 돌아온다. 한 친구는 청소년기에 심하게 앓으면서 한동안 사실상 몸이 없었다는 말로 심오하게 답했다. 몸을 다시 찾은 이후부터 그 친구는 사람의 몸이 남자든 여자든, 키가 크든 작든, 몸집이 크든 작든 ‘외형’을 그다지 좋아할 수 없음을 감지했다. 나는 텍스트의 표면을 통해 이해하기를 열망하는 사람으로서 사람에 대한 나의 에로틱한 독해가 왜 이렇게 계속해서 표면에 부딪혀 좌초되는지 어리둥절했다.

재닛은 의과 대학에 진학하면서 문신을 했다. 그녀는 필립 러바인의 시에 나오는 파란 별을 골랐다. 그 시에서 별은 한 남자의 가슴 위에서 작고 완벽한 모양을 하고 있다. 그 남자는 “전구의 빛”을 만드는 노동자다. 정상적이기를 갈망하는 그에게 별은 전혀 달갑지 않은 것이다. 그런데 의사는 그 별을 잘라 내더니 자신의 환자에게 그 별 아래에 또 다른 완벽한 파란 별이 있다고 알린다. 짐작건대, 그 아래에는 또 다른 별이 있을 것이다.

재닛과 나는 그 문신을 두고 다투었다. 나는 그녀가 시간의 본질을 잘못 이해했다고 말했다. 그녀가 완전히 다른 사람이 되더라도 그 문신은 여전히 그곳에 남아서 그녀를 곤란하게 할 것이라고 말했다. 도대체 누가 스물네 살인 지금, 미래의 자기를 속박하려 한단 말인가? 재닛은 시간을 잘못 이해하고 있는 사람은 바로 나라고 반박했다. 재닛은 몇 년이 지나면 자신이 변할 수도 있고, 변해야만 할 것이라는 사실에 동의했다. 하지만 만약에 미래의 자기가 이 별 때문에 곤란해진다면 그 미래의 자기가 곤란해졌으면 한다고 말했다. 그녀는 인생에서 시에 대한 헌신이 그 어느 때보다 위태로워지는 시기로 진입하고 있었고, 그래서 자신의 몸에 그 헌신을 새겨 둠으로써 그것을 지키고 싶어 했다. 만약에 자신이 시를 읽고 쓰기를 그만둬 버린 의사가 된다면, 이 젊은 자아가 보내는 질책을 듣게 되길 원했다. 그녀가 말하길, 나의 실수는 사람이 늙을수록 현명해진다고 가정한 것이라고 했다.

그렇게 그 별은 이곳에, 재닛의 결혼식 날 여전히 존재하고 있다. 나는 여전히 문신이 싫다. 내가 정신없이 사랑하게 된 이 별 하나만 제외하고.

미주

제사

1   Erving Goffman, *Stigma: Notes on the Management of Spoiled Identity*(Engle-
wood Cliffs, N.J.: Prentice-Hall, 1963), p. 102.

머리말

1   Reese Erlich, "A Star's Activism, On Screen and Off", *Christian Science Mon-
itor*, December 28, 1990, p. 14.

2   Angela Dawson, "Kingsley No Nice Guy in 'Sexy Beast'", *Chicago Sun-Times*,
June 29, 2001, p. 51.

3   "핀칠리(Finchley) 지역의 하원 의원에서부터 수상에 이르기까지의 마거릿 대
처의 승승장구에는 국립극장 발성 코치와의 고된 훈련이 적잖은 공헌을 했
다. 발성 코치는 대처의 목소리를 남성과 여성 중간으로 느껴지는 지점인 46헤
르츠로 낮추었다." Brenda Maddox, "The Woman Who Cracked the BBC's
Glass Ceiling", *British Journalism Review* 13, no. 2(2002): 69.

4   CNN, *Larry King Weekend*, July 6, 2002.

5   David D. Kirkpatrick, "Cheney Daughter's Political Role Disappoints Some
Gay Activists", *New York Times*, August 30.

6   Anne Taubeneck, "Would a Star by Any Other Name Shine as Bright?", *Chicago Tribune*, April 11, 1999, p. C1.

7   Lloyd Grove, "Jerry Lewis, Seriously Funny: 'Damn Yankees' Star Cuts the Comedy, Then Your Necktie", *Washington Post*, December 11, 1996, p. D1.

8   Erving Goffman, *Stigma*, p. 21.

9   Reese, Erlich, "A Star's Activism, On Screen and Off.", *Christian Science Monitor*, December 28, 1990.

10 같은 책.

11 "할아버지는 영국인, 할머니는 네덜란드인이며, 그 자신은 프랑스 여자와 결혼했고, 네 아들은 각기 다른 나라 출신의 여자와 결혼한 어떤 가족을 예로 들 수 있다. '그는' 미국인이다. 모든 오래된 편견과 방식을 버렸고, 자신이 껴안은 새로운 방식의 삶을 받아들였다……. 이곳에서는 어느 나라에서 왔건 모두가 하나의 새로운 인종으로 녹아든다." J. Hector St. John de Crèvecoeur(Michel Guillaume Jean de Crèvecoeur), "Letter III", *Letters from an American Farmer* (1782; New York: Fox, Duffield, 1904), pp. 54~55.

12 "미국은 하느님의 용광로, 유럽의 모든 인종이 녹아 새로 만들어지는 위대한 용광로!" Israel Zangwill, *The Melting Pot: A Drama in Four Acts*, Act I(New York: Macmillan Company, 1909), p. 33.

13 Rogers Brubaker,"The Return of Assimilation? Changing Perspectives on Immigration and Its Sequels in France, Germany, and the United States", *Ethnic and Racial Studies* 24(July 2001), pp. 531~548; Nathan Glazer and Daniel Patrick Moynihan, *Beyond the Melting Pot: The Negroes, Puerto Ricans, Jews, Italians, and Irish of New York City*(Cambridge: MIT Press, 1970), pp. 288~315.

14 Arthur M. Schlesinger Jr., *The Disuniting of America*(Knoxville, Tenn.: Whittle Direct Books, 1991).

15 Rogers Brubaker, "The Return of Assimilation?", *Ethnic and Racial studies*, volume 24, 2001.

16 Gerald N. Izenberg, *Impossible Individuality: Romanticism, Revolution, and the Origins of Modern Selfhood*(Princeton: Princeton University Press, 1992).

들어가는 말: 드러난 자아

1 "시인의 성장이란 점점 더 많은 것에 대해 점점 덜 당황하는 것과 관련 있어 보일 때가 가끔 있다.": Marvin Bell, "Influences", in *Old Snow Just Melting: Essays and Interviews*(Ann Arbor: University of Michigan Press, 1983), p. 25.

2 "(섹슈얼리티에 해당하는 글자는) 문자 그대로 '색(色)'을 의미하며, 불교 철학에서 이것은 인간을 비롯한 하등한 존재들이 욕망을 느끼고, 이로 인해 깨우침의 길에 들어서지 못하게 되는 시각화된 형태의 세계를 가리킨다." Gregory M. Pflugfelder, *Cartographies of Desire: Male-Male Sexuality in Japanese Discourse, 1600~1950*(Berkeley: University of California Press, 1999), p. 25.

3 William B. Rubenstein, *Cases and Materials on Sexual Orientation and the Law*, 제2판(St. Paul, Minn.: West Publishing Company, 1997).

4 같은 책, p. xxii.

5 Kenji Yoshino, "Suspect Symbols: The Literary Argument for Heightened Scrutiny for Gays", *Columbia Law Review* 96(November 1996): 1753~1834. 이 논문은 다음 판결에서 인용되었다. 미국보이스카우트연맹 대 대일(Boy Scouts of America v. Dale), 530 U.S. 640, 696(2000)(스티븐스(Stevens, J.) 대법관, 반대 의견); 에르난데스 몬티엘 대 미국 이민국(Hernandez-Montiel v. INS), 225 F.3d 1084, 1093(제9순회 항소 법원 2000)(여성 성별 정체성을 가진 멕시코의 게이 남성은 망명 목적으로 특별한 사회 집단을 구성할 수 있다고 판결함.); 에이블 대 미국(Able v.United States), 968 F. Supp. 850, 852, 854, 861(E.D.N.Y. 1997)(성적 지향에 따라 분류한 점이 의심된다고 판결함.), rev'd on other grounds, Able v. United States, 155 F.3d 628(제2순회 항소 법원 1998).

6 Erving Goffman, 앞의 책, p. 102.

7 같은 책, p. 21.

8 Jonathan Katz, *Gay American History: Lesbians and Gay Men in the U.S.A.; A Documentary*(New York: Harper & Row, 1976), pp. 129~207. 약물 치료나 전기 충격 요법과 같은 방식은 전환 치료 시도에서 (드물긴 하지만) 지속적으로 사용되고 있다. 가장 최근에는 1997년 제9순회 항소 법원의 피처스카이아 대 미국 이민국(Pitcherskaia v. INS, 118 F.3d 641) 재판에서 이러한 치료 행위가

문제 되었다.

9   *Policy Concerning Homosexuality in the Armed Forces, U.S. Code 10*(1994), §
654; *Qualification Standards for Enlistment, Appointment, and Induction*, Department of Defense Directive 1304.2b.

10 예를 들어 다음의 글들을 참고하라. Pam Belluck, "Massachusetts Plans to Revisit Amendment on Gay Marriage", *New York Times*, May 10, 2005, p. A13; Charisse Jones, "Gay-marriage Debate Still Intense a Year Later", *USA Today*, May 17, 2005, p. 1A; Brian Virasami, "Coalition Criticizes Ruling Supporting Gay Marriage", *Newsday*, February 15, 2005, p. A19.

11 "백인처럼 입어라.(Dress White)"는 시카고 지역에서 임원급으로 일하는 아프리카계 미국인들에 대한 조사 보고서의 제목이었다. John T. Molloy, *New Dress for Success*(New York: Warner Books, 1988), p. 198. 폴 배럿(Paul Barrett)은 "'올바른' 영어" 사용을 위해 "뒷골목 비속어"를 버리라는 요구에 대해 언급하고 있다. Paul M. Barrett, *The Good Black: A True Story of Race in America*(New York: Penguin Books, 1999). 프랭크 우(Frank Wu)는 『옐로(*Yellow*)』에서 아시아계 미국인들에게 존재하는 동화주의와 다문화주의 간의 긴장을 논한다.(New York: Basic Books, 2002), pp. 234~238. 알리 러셀 혹실드(Arlie Russell Hochschild)는 『돈 잘 버는 여자 밥 잘 하는 남자(The Second Shift)』에서 직장 여성에게 자녀에 대한 책임을 최소화하도록 요구하는 것에 대해 쓰고 있다.(New York: Viking Penguin, 1989). 최근 뉴욕의 유대계 박물관이 주최한 한 미술 전시회는 "너무 유대인스러운가?(Too Jewish?)"라는 제목으로 미국 전역을 순회했다. 다음 자료를 참고하라. Norman L. Kleeblatt, ed., *Too Jewish? Challenging Traditional Identities*(New York: Jewish Museum; New Brunswick, N.J.: Rutgers University Press, 1996). 이슬람교도들은 특히 9. 11 이후 종교적 상징과 의상을 숨기고, 공공장소에서 아랍어 사용을 삼가라는 말을 듣고 있다. 다음 자료를 참고하라. Leslie Goffe, "Not Responsible", *Middle East*, November 1, 2001, p. 46. 어빙 케네스 졸라(Irving Kenneth Zola)는 자신의 저서 *Missing Pieces: A Chronicle of Living with a Disability*에서 비장애인으로 보이려고 수년 동안 휠체어 사용을 멀리했던 것에 대해 이야기한

다.(Philadelphia: Temple University Press, 1982), pp. 205~206.

12　더쇼비츠는 이것이 앨런 스톤(Alan Stone)이 한 말이며, "다분히 과장되었다." 라고 인정했다. Alan M. Dershowitz, *Chutzpah*(Boston: Little, Brown, 1991), p. 79. 더쇼비츠는 하버드 로스쿨의 첫 번째 유대인 교수인 펠릭스 프랑크푸르터(Felix Frankfurter)가 자신을 "하버드 로스쿨의 유대인 교수"가 아니라, "우연히도 유대인인 하버드 로스쿨의 교수"라고 설명하려 애썼다는 점을 언급하기도 했다. 같은 책, p. 79.

13　다음 저서를 참고하라. Milton Gordon, *Assimilation in American Life: The Role of Race, Religion, and National Origins*(New York: Oxford University Press, 1964).

14　Civil Rights Act of 1964 tit. VII, *U.S. Code* 42 (2000), § 2000e; U. S. Constitution, Amendment XIV. 미국 연방 수정 헌법 제14조는 권면상(券面上)으로는 각 주에 대해서만 적용되지만, 수정 헌법 제5조의 적법 절차 조항에 따라 연방 정부에 대해서도 동일한 효력이 적용되는 것으로 받아들여지고 있다. 다음 판례를 참고하라. Bolling v. Sharpe, 347 U.S. 497(1954).

15　Speaking a language: Garcia v. Gloor, 618 F.2d 264, 270(5th Cir. 1980)(see discussion pp. 137~139). Having a child: Piantanida v. Wyman Center, Inc., 116 F.3d 340(8th Cir. 1997)(see discussion pp. 163~1664). Holding a same-sex commitment ceremony: Shahar v. Bowers, 70 F.3d 1218(11th Cir. 1995) (see discussion pp. 93~101). Wearing religious garb: Goldman v. Weinberger, 475 U.S. 503(1986)(see discussion pp. 174~175, 178~180). Refusing to "correct" a disability: Sutton v. United Air Lines, 527 U.S. 471(1999)(see discussion pp. 174~175).

16　다음의 저서를 참고하라 Michael Warner, *The Trouble with Normal: Sex, Politics, and the Ethics of Queer Life*(Cambridge: Harvard University Press, 1999), pp. 55~61.

17　W. H. Auden, "In Memory of W. B. Yeats", in *Collected Poems: Auden*, ed. Edward Mendelson(New York: Vintage, 1991), p. 247.

18　리처드 포스너(Richard Posner)는 다음 저서에서 이렇게 말했다. *Law and Literature: A Misunderstood Relation*(Cambridge: Harvard University Press, 1998), p. 305.

1부

동성애자 전환

1 "언젠가 최후 심판의 나팔 소리가 울릴지라도 나는 이 책 한 권을 들고 지고지 순한 심판관 앞에 이렇게 큰 소리로 외칠 것이다." Jean-Jacques Rousseau, *The Confessions*, trans. J. M. Cohen(1781; New York: Penguin Books, 1953), p. 17.

2 E. S. Talbot and Havelock Ellis, "A Case of Developmental Degenerative Insanity, with Sexual Inversion, Melancholia, Following Removal of Testicle, Attempted Murder and Suicide", *Journal of Medical Science* 42(April 1896): 341~344, reprinted in part in "1896~1897: Drs. Havelock Ellis and E. S. Talbot: Castration", in Katz, *Gay American History*, pp. 140~143.

3 Jonathan Katz, *Gay American History*, p. 142.

4 Robert Kronemeyer, *Overcoming Homosexuality*(New York: Macmillan Publishing, 1980), p. 87.

5 Joseph Friedlander and Ralph S. Banay, "Psychosis Following Lobotomy in a Case of Sexual Psychopathology: Report of a Case", *Archives of Neurology and Psychiatry* 59(1948): 303~311, 315, 321, reprinted in part in Jonathan Katz, *Gay American History*, p. 177.

6 같은 자료, p. 181.

7 같은 자료.

8 Louis William Max, "Breaking Up a Homosexual Fixation by the Condition Reaction Technique: A Case Study", *Psychological Bulletin* 32(1935): 734, reprinted in part in "1935: Dr. Louis W.Max: Aversion Therapy(Electric)," in Jonathan Katz, *Gay American History*, p. 164.

9 Jonathan Katz, "1974: Anonymous: Electroshock", in Jonathan Katz, *Gay American History*, pp. 203~204.

10 Michael M.Miller, "Hypnotic-Aversion Treatment of Homosexuality", *Journal of the National Medical Association* 55(1963): 411~413, 415, reprinted in part in "1963: Dr. Michael M. Miller: Aversion Therapy(Hypnotic)", in Jonathan

Katz, *Gay American History*, p. 194.

11 Joseph R. Cautela, "Covert Sensitization", *Psychological Reports* 20(1967): 464~465, reprinted in part in "1967: Joseph R. Cautela: Aversion Therapy ('Covert Sensitization')", in Jonathan Katz, *Gay American History*, p. 198.

12 Jonathan Katz, "Treatment, 1884~1974: Introduction", in *Gay American History*, p. 131.

13 Timothy Murphy, *Gay Science: The Ethics of Sexual Orientation Research*(New York: Columbia University Press, 1997), pp. 82~83.

14 프로이트의 전환 치료 옹호와 관련해서는 다음 저서를 참고하라. Robert Kronemeyer, *Overcoming Homosexuality*; Joseph Nicolosi, *Reparative Therapy of Male Homosexuality*(Northvale, N.J.: Jason Aronson, 1997); Charles W. Socarides, *Homosexuality: A Freedom Too Far*(Phoenix: Adam Margrave Books, 1995). 프로이트의 전환 치료 반대와 관련해서는 다음 저서를 참고하라. Simon LeVay, *Queer Science: The Use and Abuse of Research into Homosexuality*(Cambridge: MIT Press, 1996); Timothy Murphy, *Gay Science*.

15 프로이트는 "인간의 보편적인 양성애"에 대해 기술했다. Sigmund Freud, *The Psychogenesis of a Case of Homosexuality in a Woman*(1920), reprinted in *The Standard Edition of the Complete Psychological Works of Sigmund Freud*, vol. 18, ed. and trans. James Strachey(London: Hogarth Press, 1955), p. 157. "In all of us, throughout life, the libido normally oscillates between male and female objects." 같은 책, p. 158. "Man is an animal organism with······ an unmistakably bisexual disposition". Sigmund Freud, *Civilization and Its Discontents*(1930), in *Standard Edition*, vol. 21, p. 105 n. 3. 그러나 프로이트가 사용한 '양성애'라는 용어는 오늘날의 대부분의 독자가 이해하는 것보다 그 의미가 훨씬 넓다. 프로이트는 때때로 양성애를 인간이 스스로 안에 남성성과 여성성의 요소를 둘 다 포함하고 있다는 뜻으로 언급했다. Sigmund Freud, *Three Essays on the Theory of Sexuality*(1905), in *Standard Edition*, vol. 7, p. 141; Sigmund Freud, *A Child Is Being Beaten: A Contribution to the Study of the Origin of Sexual Perversion*(1919), in *Standard Edition*, vol. 17, p. 202. 프로이트가 모든 인간이

생식기상 자웅 동체적이라고 여겼다는 의미는 아니다. 오히려 그는 "모든 정상적인 남성과 여성에게 반대 성의 생식 기관의 흔적이 발견된다."라고 했다. Sigmund Freud, *Three Essays*, p. 141. 이러한 특정한 가정하에서, 양성애는 개인이 남성과 여성을 둘 다 욕망(이것이 '양성애' 개념으로 현대에서 통용되는 방식이고, 나는 여기서 이를 지향 기반 양성애(orientation-based bisexuality)라고 부른다.)하기보다는 개인이 남성과 여성을 둘 다 포함(이 개념을 나는 성별 기반 양성애(sex-based bisexuality)라고 부른다.)한다는 점을 설명한다. 다만 프로이트의 견해에서, 성별 기반 양성애는 지향 기반 양성애를 수반한다. 만약 "모든 인간이 남성적이고 여성적인 본능적 충동을 모두 보여" 주고 이러한 본능 중 하나는 성적인 본능이라면, 프로이트에게 있어 "각 개인은 성생활에 있어 남성적이고 여성적인 소망 모두를 충족시키고자 한다."라는 것이다. Sigmund Freud, *Civilization and Its Discontents*, pp. 105~106 n. 3. 다시 말하자면, 만약 심리에 남성과 여성 모두가 있다면, 심리는 남성과 여성의 욕망 모두를 가지고 있음이 틀림없다. 물론 이러한 남성적이고 여성적인 양상은 그 자체로 이성애적이라고 가정된다. 그렇다면 역설적이게도, 지향에 기반한 보편적 양성애에 대한 이러한 믿음은 심리에서의 남성적 및 여성적 양상의 보편적 이성애라는 당연히 여겨지는 믿음에서 유래한 것이다. 이러한 메커니즘을 통해, 프로이트는 "모든 인간은 (지향에 기반한) 양성애적이다."와 "리비도는 명시적인 또는 잠재적인 방식으로 양성의 대상에 대해 분포된다."라는 결론에 도달한다. Sigmund Freud, *Analysis Terminable and Interminable*(1937), in *Standard Edition*, vol. 23, p. 244.

16 다음 저서를 참고하라. Richard Cohen, *Coming Out Straight: Understanding and Healing Homosexuality*(Winchester, Va.: Oakhill Press, 2000).

17 Sigmund Freud to Anonymous Mother(April 9, 1935), in "A Letter from Freud", *American Journal of Psychiatry* 107(1951): pp. 786~787.

18 Sigmund Freud, *The Psychogenesis of a Case of Homosexuality in a Woman*, p. 151.

19 Sigmund Freud, "Letter from Freud", p. 787.

20 Kenneth Lewes, *The Psychoanalytic Theory of Male Homosexuality*(New York: Jason Aronson, 1988), p. 32, quoting Sigmund Freud, *Brief, Die Zeit*(Vienna), October 27, 1903.

21 Sigmund Freud, "Letter from Freud", p. 787.

22 Jack Drescher, "I'm Your Handyman: A History of Reparative Therapies", *Journal of Homosexuality 36*(June 1998): p. 22.

23 Kenneth Lewes, *The Psychoanalytic Theory of Male Homosexuality*, p. 16.

24 예를 들어 다음 저서를 참조하라. Irving Bieber et al., *Homosexuality: A Psychoanalytic Study*(New York: Basic Books, 1962), pp. 44~117; Albert Ellis, *Homosexuality: Its Causes and Cure*(New York: Lyle Stuart, 1965); Sandor Rado, *Adaptational Psychodynamics: Motivation and Control*(New York: Science House, 1969); Charles W. Socarides, *The Overt Homosexual*(New York: Grune and Stratton, 1968)

25 Sandor Rado, "A Critical Examination of the Concept of Bisexuality", in *Psychoanalysis of Behavior: Collected Papers*(New York: Grune and Stratton, 1956).

26 같은 책, pp. 145~146.

27 Sandor Rado, *Adaptational Psychodynamics*, p. 212.

28 비버는 어머니들이 "가깝게 연결된 친밀성"이라고 묘사된 패턴으로 빠져듦으로서 "동성애를 조장"한다고 주장했다. Irving Bieber et al., *Homosexuality*, pp. 79~81. 비버는 또한 "남성을 통해 욕구를 충족하려고 병적으로 집착하는 데에는 소원한 아버지라는 분명한 원인이 있다."라고 주장했다. 같은 책, p. 114.

29 소카리데스는 레즈비어니즘은 주체의 "악의적인 어머니(……)에 대한 공포"와 아버지가 "자신을 거부하고 혐오한다."라는 확신에서 유래한다고 주장했다. Charles W. Socarides, *Homosexuality*(New York: Jason Aronson, 1978), p. 188.

30 Ronald Bayer, *Homosexuality and American Psychiatry*(Princeton: Princeton University Press, 1987), pp. 29~30.

31 Irving Bieber et al., *Homosexuality*, p. 319.

32 같은 책, p. 276.

33 Sandor Rado, *Adaptational Psychodynamics*, p. 213.

34 Albert Ellis, *Reason and Emotion in Psychotherapy*(Secaucus, N.J.: Citadel Press, 1962), p. 242; Irving Bieber et al., *Homosexuality*, p. 18.

35 매뉴얼에서는 '동성애'를 '병리적 행동'의 사례 중 하나로 열거했다. Commit-

tee on Nomenclature and Statistics of the American Psychiatric Association, *Diagnostic and Statistical Manual of Mental Disorders*(New York: American Psychiatric Association, 1952), pp. 38~39.

36 나는 이 용어를 드레셰(Drescher)로부터 차용했다. "I'm Your Handyman", pp. 25~26.

37 Martin Duberman, *Cures: A Gay Man's Odyssey*(New York: Dutton Books, 1991). 두버먼은 32~36쪽에서 첫 번째 치료에 대해, 44~46쪽에서 두 번째 치료에 대해, 93~115쪽에서 세 번째 치료에 대해 논했다.

38 같은 책, p. 31.

39 Alfred C. Kinsey,Wardell B. Pomeroy, and Clyde E. Martin, *Sexual Behavior in the Human Male*(Philadelphia: W. B. Saunders, 1948); Alfred C. Kinsey et al., *Sexual Behavior in the Human Female*(Philadelphia:W. B. Saunders, 1953).

40 예를 들어 다음 저서를 참조하라. Evelyn Hooker, "The Adjustment of the Male Overt Homosexual", *Journal of Projective Techniques* 21(1957): 18~31; Evelyn Hooker, "Male Homosexuality in the Rorschach", *Journal of Projective Techniques* 22 (1958): 278~281.

41 "Gay? or Eurotrash?", *Blair Magazine*, issue 3, http://www.blairmag.com/blair3/gaydar/euro.html.

42 예를 들어 다음 저서를 참조하라, Thomas Szasz, *Ideology and Insanity: Essays on the Psychiatric Dehumanization of Man*(New York: Doubleday, 1970); Thomas Szasz, *The Myth of Mental Illness: Foundations of a Theory of Personal Conduct*(New York: Ha rper & Row, 1961). Ronald Bayer describes Szasz's contribution in *Homosexuality and American Psychiatry*, pp. 54~55.

43 Ronald Bayer, *Homosexuality and American Psychiatry*, p. 106.

44 Jonathan Katz, *Gay American History*, p. 141.

45 미국정신의학회의 1970년 학회가 샌프란시스코에서 열렸다. "1970년 5월 미국의 캄보디아 침공과 켄트주에서의 사망 사건과 그 이후 전국을 휩쓴 격렬한 반대 운동에 뒤이어, 페미니스트와 연대한 동성애자 단체가 미국정신의학회의 연례 학회를 방해하기 위한 첫 번째 시도에 조직적으로 참여하였다." Ronald

Bayer, *Homosexuality and American Psychiatry*, p. 102.

46 같은 책.

47 The psychiatrist, Nathaniel McConaghy, was discussing the use of aversive conditioning techniques in the treatment of sexual deviation. 같은 책, p. 103.

48 같은 책, p. 109.

49 같은 책, p. 125.

50 다음 저서를 참조하라. Edmund White, *The Beautiful Room Is Empty*(1988; New York: Vintage, 1994), p. 197.

51 Ronald Bayer, *Homosexuality and American Psychiatry*, p. 138. DSM 제 8판은 제 7판에서의 이러한 변화에 대해 기술했다. 다음 자료를 참조하라. Committee on Nomenclature and Statistics of the American Psychiatric Association, *Diagnostic and Statistical Manual of Mental Disorders*, 2nd ed., 8th prtg.(1975), p. vi.

52 "Aliens afflicted with psychopathic personality, epilepsy, or a mental defect." § 212(4) of the Immigration and Nationality Act of 1952, United States Code 8 (1958), § 1182(a)(4). See Boutilier v. INS, 387 U.S. 118, 120~123 (1967).

53 William N. Eskridge Jr., *Gaylaw: Challenging the Apartheid of the Closet*(Cambridge: Harvard University Press, 1999), p. 133.

54 같은 책, p. 70, citing *Immigration and Nationality Act*, Pub. L. No. 82~414, 212(a)(4), 66 Stat. 163, 182(1952)(repealed 1990).

55 다음 자료를 참고하라. American Medical Association, *House of Delegates Resolution 506: Policy Statement on Sexual Orientation Reparative(Conversion) Therapy*(April 26, 2000), http://www.ama-assn.org/meetings/public/annual00/reports/refcome/506.rtf; Board of Trustees of the American Psychiatric Association, *COPP Position Statement on Therapies Focused on Attempts to Change Sexual Orientation*(Reparative or Conversion Therapies)(May 2000), http://www.psych.org/psych_pract/copptherapyaddendum83100.cfm; American Psychological Association Council of Representatives, Resolution on Appropriate Therapeutic Responses to Sexual Orientation(August 14, 1997), http://www.apa.org/pi/sexual.html; National Committee on

Lesbian, Gay & Bisexual Issues, *National Association of Social Workers, Position Statement: "Reparative" and "Conversion" Therapies for Lesbians and Gay Men*(January 21, 2000), http://www.socialworkers.org/diversity/lgb/reparative.asp. Stephen C. Halpert lists organizations opposing conversion therapy in "If It Ain't Broke, Don't Fix It", *International Journal of Sexuality & Gender Studies* 5(January 2000): 22 n. 2.

56 미국인들이 동성애를 받아들이도록 세뇌되었다는 주장에 대해서는 다음 자료를 참고하라. Charles W. Socarides, "How America Went Gay," http://www.leaderu.com/jhs/socarides.html.에서 볼 수 있다.

57 Douglas C. Haldeman, "The Practice and Ethics of Sexual Orientation Conversion Therapy", *Journal of Consulting & Clinical Psychology* 62(April 1994): 224. David B.Cruz lists other religiously focused conversion groups in "Controlling Desires: Sexual Orientation Conversion and the Limits of Knowledge and Law", *Southern California Law Review* 72(July 1999): 1309.

58 다음 저서를 참고하라. Douglas C. Haldeman, 앞의 책., p. 224; Murphy, *Gay Science*, p. 85.

59 앨라배마주는 성교육 자료에 "동성애가 일반 대중에게 수용 가능한 생활 방식이 아니며 동성애적 행동은 주법에서 형사 범죄임을 사실적인 방식으로 그리고 공공 보건적 관점으로 강조"하도록 요구했다. Ala. Code § 16-40a-2(c)(8) (LexisNexis 2001). 애리조나주는 다음과 같은 학습 내용을 금지했다. (1) 동성애적 생활 방식의 홍보", (2) "동성애를 하나의 긍정적인 대안적 생활 방식으로 그림", (3) "동성애 성관계에 있어 일부 성행위 방식은 안전하다고 제시" Ariz. R ev. Stat. Ann. § 15-716(C)(1) to (3)(2002). 미시시피주의 주법은 교육자가 (1) 강간, 의제 강간, 부권(父權), 아동 지원, 동성애적 행동을 포함한 최근의 주법을 가르치고, (2) "결혼한 일부일처제적 관계만이 성관계를 가질 수 있는 유일한 적정 상황"임을 가르치도록 요구했다. Miss. Code Ann. § 37-13-171(1) (e), (f)(West 1999). 미시시피주에서, 소도미법은 Miss. Code Ann. § 97-29-59(West 1999)하에서 범죄이다. 다만 본 법령은 현재는 Lawrence v. Texas, 539 U.S. 558(2003) 이후로 집행 불가능하다. 북부 캘리포니아주는 (1) AIDS

에 관한 교육에 일부일처제적이고 이성애적인 결혼이 "평생 동안 성병을 피할 수 있는 최고의 수단"이라는 서술을 포함하고, (2) "동성애적 행동을 통해 전파될 수도 있는" 에이즈(AIDS)와 같은 질병에 대한 설명에 있어 "동성애적 행동에 대한 최근의 법적 지위를 포함"시킬 것을 요구한다. N.C. Gen. Stat. Ann. § 115C-81(e1)(3)(West 2000). 소도미는 북부 캘리포니아주법에서 중죄이다. N.C. Gen. Stat. Ann. § 14-177(West 2000)를 참고하라. 다만 미시시피주의 경우처럼 소도미법은 집행 불가능하다. 오클라호마주법에서, "에이즈 예방 교육"은 "특히 학생들에게······ 동성애적 행동, 문란한 성적 행동, 정맥주사마약 사용 또는 오염된 혈액 제품과의 접촉과 연관되는 것이 에이즈 바이러스와의 접촉의 일차적 원인이라고 현재 알려져 있다."라는 것을 가르쳐야 한다. Okla. Stat. Ann. tit. 70, § 11-103.3(D)(West 2005). 남부 캘리포니아주는 보건 교육 프로그램이 성병 교육의 맥락을 제외하고는 "이성애 관계 이외의 다른 성적 생활 방식"에 대해 논하는 것을 금지한다. S.C. Code Ann. § 59-32-30(A)(5)(2004). 텍사스 주는 18세 이하를 위한 교육 프로그램에서 "동성애적 행동이 수용 가능한 생활 방식이 아니며 형사 범죄라는 것을 명시"할 것을 요구한다. Tex. Health & Safety Code Ann. § 85.007(Vernon 2001). 유타 주에서, 공립 학교를 규율하는 법은 "동성애를 옹호하는 (······) 서술"을 금지한다. Utah Code Ann. § 53A-13-101(1)(c)(iii)(Supp. 2004); Utah Admin. Code r. 277-474-3(A)(2001).

60 예를 들어 애리조나주에서, 행정 명령은 주 행정 기관이 성적 지향에 근거한 차별을 하지 못하도록 한다. Ariz. Exec. Order No. 2003-22(June 21, 2003). 그러나 주의 공립 학교에서 동성애에 대해 긍정적인 설명을 하는 것은 Ariz. Rev. Stat. Ann. § 15-716(C)(1) to (3)(2002) 하에서 금지된다.

61 E. L. Pattullo, "Straight Talk About Gays", *Commentary*, December 1992, p. 22.

62 Paul Cameron and Kirk Cameron, "Do Homosexual Teachers Pose a Risk to Pupils?", *Journal of Psychology* 130(November 1996): 603.

63 Ratchford v. Gay Lib, 434 U.S. 1080, 1084(1978)(Rehnquist, J., dissenting from denial of certiorari).

64 Simon LeVay, "A Difference in Hypothalamic Structure Between Heterosexual and Homosexual Men", *Science* 253(August 1991): 1034~1037; Dean H.

Hamer et al., "A Linkage Between DNA Markers on the X Chromosome and Male Sexual Orientation", *Science* 261(July 1993): 321~326; J. A. Y. Hall and D. Kimura, "Dermatoglyphic Asymmetry and Sexual Orientation in Men", *Behavioral Neuroscience* 108(December 1994): 1023~1026.

65 J. Michael Bailey and Richard C. Pillard, "A Genetic Study of Male Sexual Orientation", *Archives of General Psychiatry* 48(December 1991): 1089~1096.

66 Simon LeVay, "A Difference in Hypothalamic Structure." For further limitations and confounding factors in the study, see Simon LeVay, *The Sexual Brain*(Cambridge: MIT Press, 1993), pp. 120~123; LeVay, *Queer Science*, pp. 143~147. For further challenges, see W. Byne and B. Parsons, "Human Sexual Orientation: The Biological Theories Reappraised", *Archives of General Psychiatry* 50(March 1993): 228~239; W. Byne, "Is Homosexuality Biologically Influenced? The Biological Evidence Challenged", *Scientific American* 270(May 1994): 50~55; W. Byne, "Science and Belief: Psychobiological Research on Sexual Orientation", *Journal of Homosexuality* 28(June 1995): 303~344.

67 예를 들어, 해블록 엘리스는 "도치된 남성"이 '여성스러운' 행동 및 정서를 선택하는 것에 대해 설명한다. Havelock Ellis, *Studies in the Psychology of Sex: Sexual Inversion*, vol. 2(London: University Press, 1897), p. 12.

68 르베이가 성적 지향을 판단하는 방법에는 의문의 여지가 있다. 르베이는 41명의 대상자 가운데 의료 기록상의 정보를 바탕으로 35명 중 19명은 '동성애자'라고 판단했다.("본 집단에는 양성애자 남성 한 명이 포함되어 있다.") LeVay, "A Difference in Hypothalamic Structure", p. 1035. 대상자 모두는 에이즈 관련 합병증으로 사망했다. 에이즈 관련 합병증으로 사망한 6명의 '이성애자' 남성 중에서 "둘은 (……) 동성애 행동을 부정했다." 같은 책, p. 1036 n. 7. 나머지 14명의 '이성애자' 환자의 기록(에이즈 관련 합병증으로 사망한 이들 중 4명)에는 성적 지향과 관련된 어떠한 정보도 없었고, "인구 중 이성애자 남성이 수적으로 훨씬 많기 때문에, 이들 대부분 또는 전부는 이성애자였을 것이라고 가정했다." 같은 책. 모든 '동성애자' 대상자들이 에이즈로 사망했기 때문에, 르베이는 HIV의 영향력이 혼란을 줄 수 있다는 문제 제기가 있을 수 있다고 예상했다. LeVay, *The*

Sexual Brain, p. 121; LeVay, *Queer Science*, p. 320 n. 43.를 참고하라. 그러나 그의 응답은 "에이즈로 사망한 게이 남성이 게이 남성의 전체 인구를 대변하지 못할 가능성은 언제나 존재한다."라고 인정하는 것에 그쳤다. *The Sexual Brain*, p. 144.

69 Michael Warner, *The Trouble with Normal*, pp. 9~10.

70 같은 책.

71 "문화적 구성이 특히 변할 수 있는 것이라는 가정에 의문의 여지가 있는 것처럼, 생물학적 또는 '핵심 본성'적 정체성을 고정시키는 것이 정체성을 사회적 개입으로부터 격리시키는 안정적인 방식이라는 가정 역시 문제가 있다는 인식이 커지고 있다. 오히려, 선천성, 후천성 논쟁의 기저를 단단히 묶고 있는 가정의 형태는 직접적인 역전의 과정 안에 있을 수 있다. 갈수록 문화의 기술 체계에서의 조작적 판타지의 발정을 촉발하는 것처럼 보이는 것은 특정한 특성이 '오직 문화적'이라는 가정이 아니라 생식기적으로 또는 생물학적으로 근거가 있다는 가정이다." Eve Kosofsky Sedgwick, *Epistemology of the Closet*(Berkeley: University of California Press, 1990), p. 43.

72 Jonathan Tolins, *The Twilight of the Golds*(New York: Samuel French, 1992). 본 연극은 리하르트 바그너(Richard Wagner)의 「니벨룽겐의 반지」 마지막 악장극인 「신들의 황혼(*Die Götterdämmerung*)」에서 이름을 땄다. 여기서 신적인 힘을 사랑과 바꾸며 세상이 끝나게 된다. 골드 일가의 딸인 수잔느는 자신이 잉태한 아이가 자신의 형제 데이비드처럼 동성애자라는 것을 알게 된다. 낙태를 할지 말지를 결정하는 동안 가족 구성원들은 수잔느의 각각의 결정이 각자에게, 특히 데이비드에게 주는 함의 때문에 고심한다.

73 예를 들어 다음 자료를 참고하라. Samuel Marcosson, "Constructive Immuta-bility", *University of Pennsylvania Journal of Constitutional Law* 3(May 2001): 646~721.

74 "불변의 양성애자에게도 선택권은 있는 것으로 여겨진다. 양성애자는 이성인 파트너를 선택함으로써 이성애 매트릭스에 맞추기를 선택할 수 있다는 것이다." Kenji Yoshino, "The Epistemic Contract of Bisexual Erasure", *Stanford Law Review* 52(January 2000): p. 406. 재닛 할리는 절대 불변성은 선택의 여지를 없애 버리기 때문에 면죄부 전략으로 작용한다고 기술하고, 절대 불변성

이론이 "소위 '반대' 성의 구성원과의 만족스러운 성적 접촉이 가능하다는 전제가 양성애자가 그렇게 하도록 강요받거나 권장받지 않아야 할 이유를 설명할 수는 없다."라는 것을 지적했다. Janet E. Halley, "Sexual Orientation and the Politics of Biology: A Critique of the Argument from Immutability", *Stanford Law Review* 46(February 1994): pp. 518~519, 528.

75 Leo Bersani, *Homos*(Cambridge: Harvard University Press, 1995), p. 57.

동성애자 패싱

1 Samuel Taylor Coleridge, *The Rime of the Ancient Mariner*, in *The Oxford Book of English Verse*, 2nd ed., ed. Arthur Quiller-Couch(New York: Oxford University Press, 1939), p. 562.

2 다음을 참고하라. John D'Emilio, *Sexual Politics, Sexual Communities: The Making of a Homosexual Minority in the United States, 1940~70*, 2nd ed.(Chicago: University of Chicago Press, 1998), pp. 1~2. 디밀리오의 책에서는 그 통설에 반대되는 주장을 하고 있다. 위의 책을 참고하라.

3 같은 책.

4 다음의 책에서 클렌디넌과 내고니는 술집에서 커밍아웃한 사람들에 대해 기술한다. Dudley Clendinen and Adam Nagourney, *Out for Good: The Struggle to Build a Gay Rights Movement in America*(New York: Simon & Schuster, 1999), p. 17. 디밀리오는 *Sexual Politics*(64쪽)에서 공산당식 비밀 조직에서 커밍아웃한 사람들에 대해 기술한다. 두버먼은 *Cures*(93~115쪽)에서 전환 치료를 받는 동안 커밍아웃한 사람들에 대해 기술한다.

5 Judy Grahn, "An Underground Bar", in *Another Mother Tongue: Gay Words, Gay Worlds* (Boston: Beacon Press, 1984), p. 32.

6 다음 책들을 참고하라. George Chauncey, *Gay New York*(New York: Basic Books, 1994); D'Emilio, *Sexual Politics*; Faderman, *Odd Girls and Twilight Lovers: A History of Lesbian Life in Twentieth-Century America*(New York: Columbia University Press, 1991).

7 위의 책, pp. 29, 287 n. 3.

8   Donald Webster Cory, *The Homosexual in America: A Subjective Approach*(New York: Greenberg, 1951).

9   매타친 협회의 설립자는 헤리 헤이(Harry Hay), 밥 헐(Bob Hull), 데일 제닝스(Dale Jennings), 척 롤랜드(Chuck Rowland)와 루디 건릭(Rudi Gernreich (R.))이다. 콘라드 스티븐스(Konrad Stevens)와 존 그루버(John Gruber) 또한 설립자로 간주되는 경우가 많다. Katz, *Gay American History*, p. 414. 역사학자인 존 디밀리오는 건릭을 R.이라고 부르는 사람 가운데 한 명이다. D'Emilio, *Sexual Politics*, p. 62.

10 다음 자료를 참고하라. Harry Hay, "The Homosexual and History······ an Invitation to Further Study", in *Radically Gay: Gay Liberation in the Words of Its Founder*, ed. Will Roscoe(Boston: Beacon Press, 1996), pp. 92, 112.

11 "형제애의 신비로운 유대감이 모든 남성을 하나로 만든다.(A mystic bond of brotherhood makes all men one.)", *One* 1(1953), p. 1, 토마스 칼라일(Thomas Carlyle)을 인용.

12 다음 자료를 참고하라. *Ladder* 1(1956), pp. 2~3.

13 "이 어둠의 자식, 나의 자식", William Shakespeare, *The Tempest*, 5.1. pp. 275~276.

14 "겨울의 한가운데서 나는 마침내 내 안에 무소불위의 여름이 도사리고 있음을 깨달았다." Albert Camus, "Return to Tipasa", in *The Myth of Sisyphus and Other Essays*, trans. Justin O'Brien(New York: Knopf, 1969), p. 202.

15 John D'Emilio, "Cycles of Change, Questions of Strategy: The Gay and Lesbian Movement After Fifty Years", in *The Politics of Gay Rights*, ed. Craig A. Rimmerman, Kenneth Wald, and Clyde Wilcox(Chicago: University of Chicago Press, 2000), pp. 31, 35.

16 Clendinen and Nagourney, *Out for Good*, p. 31.

17 Rodger Streitmatter, *Unspeakable: The Rise of the Gay and Lesbian Press in America*(Boston: Faber & Faber, 1995), p. 117.

18 Cindy Patton, foreword to *Lavender Culture*, ed. Karla Jay and Allen Young (New York: NYU Press, 1994), pp. ix, xiv.

19 D. A. Miller, *The Novel and the Police*(Berkeley: University of California Press, 1988), p. 206.

20 Bowers v. Hardwick, 478 U.S. 186(1986).

21 바워스 판결은 2003년 로렌스 대 텍사스(Lawrence v. Texas, 539 U.S. 558) 판결이 나오면서 무효화되었다. 법원들이 다양한 형태의 동성애자 보호 가능성을 배제하기 위해 바워스 판결을 어떻게 해석했는지를 보려면 다음 책을 참고하라. Joseph Landau, "Ripple Effect: Sodomy Statutes as Weapons", *New Republic*(June 23, 2003), p. 12.

22 John C. Jeffries Jr., Justice Lewis F. Powell, Jr.(New York: Fordham University Press, 1994), pp. 521~522.

23 같은 책, p. 528. 친니스가 게이인 것을 파월 대법관이 알았느냐 몰랐느냐가 몇몇 논쟁의 원인이다. 다음을 참조하라. Jeffries, *Powell*, pp. 521~522. 하드윅 재판이 마이클 모스먼(Michael Mosman)이라는 다른 로클럭에게 배당되었음에도 불구하고, 파월 대법관은 친니스에게 몇 차례나 동성애에 대한 정보를 구했다. 모스먼은 아이다호 출신의 보수적인 모르몬교도였고, 당시 결혼해서 세 자녀를 두고 있었으며, (유타 주의 모르몬교 재단에서 설립한) 브리검 영 대학교 로스쿨 졸업생이었다. 따라서 파월 대법관이 친니스에게 간 것이 친니스가 특별히 동성애에 대한 정보를 제공하는 데 도움이 될 것이라는 생각에서 한 행동인지, 아니면 모스먼이 특별히 도움이 되지 못할 것이라는 생각에서 한 행동인지는 불분명하다. 다음 자료를 참고하라. Joyce Murdoch and Deb Price, *Courting Justice: Gay Men and Lesbians v. the Supreme Court*(New York: Basic Books, 2001), pp. 272~274.

24 파월 대법관이 친니스에게 "동성애자를 한 번도 만난 적이 없다."라고 말했다고 전해진다. Murdoch and Price, *Courting Justice*, p. 273. 들리는 바로는, 파월이 하드윅 재판에 대한 컨퍼런스에서 동료에게 자신이 동성애자를 한 명도 알고 지낸 적이 없다고 말했다. 같은 책, p. 307.

25 같은 책, pp. 305~306.

26 같은 책, pp. 335~336.

27 같은 책, p. 335.

28 Eve Sedgwick, *Epistemology of the Closet*, pp. 75~76.

29 같은 책, p. 76.

30 John Jeffries, *Powell*, p. 522.

31 같은 책, p. 530. 파월 대법관은 "'그 판결에서 내가 어쩌면 실수를 했을 수도 있다고 생각한다. (……) 내 생각에 그 사건은 내 과거의 일부분일 뿐, 크게 중요한 것은 아니다.' 결정을 내린 후부터는 그 결정에 대한 생각을 '30분도 하지 않은 것 같다.'"라고 말했다. Ruth Marcus, "Powell Regrets Backing Sodomy Law", *Washington Post*(October 26, 1990), p. A3.

32 버니 맥컬러치(Bunny MacCulloch)가 1982년에 조니 펠프스를 인터뷰한 내용이며, 다음 책에서 인용함. Lillian Faderman, *Odd Girls and Twilight Lovers*, p. 118.

33 Murdoch & Price, *Courting Justice*, pp. 275, 335~337.

34 *Policy Concerning Homosexuality in the Armed Forces*, U.S. Code 10(1994), § 654.

35 다음을 참고하라. Henry Louis Gates Jr., *Figures in Black: Words, Signs, and the "Racial" Self*(New York: Oxford University Press, 1987), p. 202.

36 1986년 말까지 미국 내에서 2만 9003건의 에이즈가 질병통제예방센터(CDC)에 보고되었고, 1만 6301건의 사망이 보고되었다.(다만 모든 건이 완벽하게 보고되지는 않았다.) Center for Infectious Diseases, Centers for Disease Control, "AIDS Weekly Surveillance Report 1-United States AIDS Program", December 29, 1986, p. 5, http://www.cdc.gov/hiv/stats/surveillance86.pdf. "1986년에 (……) 《컬럼비아 저널 리뷰》는 《뉴욕 타임스》의 부고 기사 중에 단 몇 건만이 에이즈가 사망 원인이라고 적었음을 지적했다. 《마이애미 해럴드》, 《로스앤젤레스 타임스》를 비롯한 대부분의 크고 작은 신문사에서 비슷한 경향이 나타났다." Larry Gross, *Contested Closets: The Politics and Ethics of Outing*(Minneapolis: University of Minnesota Press, 1993), p. 53, 다음을 인용함. Alexis Jetter, "AIDS and the Obits", Columbia Journalism Review(July/August 1986): 14~16. 이러한 경향에서 벗어나는 눈에 띄는 예외가 샌프란시스코의 《베이 지역 리포터(Bay Area Reporter)》에서 발견되었다. 1980년대 중반, 에이즈 발병이 폭증했을 때, 이 신문에는 에이즈로 인한 부고 기사가 한 주

에 평균 열두 건씩 2~3개 면에 걸쳐 실렸다. 어느 한 주에는 서른한 건이 실리기도 했다. David Kligman, "No AIDS Obits Is Banner News for Gay Newspaper," Austin American-Statesman, August 15, 1998. 다음의 자료도 참고하라. C. Winick, "AIDS Obituaries in The New York Times", *AIDS & Public Policy Journal 11*(1996): 148~152.

37 Mark Barnes, "Toward Ghastly Death: The Censorship of AIDS Education", review of Social Acts, Social Consequences: AIDS and the Politics of Public Health, by Ronald Bayer and Policing Desire: Pornography, AIDS, and the Media, by Simon Watney, *Columbia Law Review 89*(April 1989): 698~724.

38 "에이즈의 출현으로 많은 남성 유명 인사들이 병에 걸리고 죽으면서 점점 작품 활동을 계속하기가 힘들어졌다. 그러나 미디어는 유명 인사들의 관을 영구적인 벽장으로 바꾸는 데 한몫했다." Larry Gross, *Contested Closets*, p. 53.

39 "침묵=죽음"은 다음 자료에서 설명하고 있다. Douglas Crimp and Adam Rolston, *AIDS Demo Graphics*(Seattle: Bay Press, 1990), p. 14. "우리가 여기에 있다, 우리는 퀴어다, 익숙해지라!"는 다음 자료에서 설명하고 있다. Bruce Bawer, "Notes on Stonewall", *New Republic*, June 13, 1994, pp. 24, 26.

40 수잰 영(Suzanne Young)은 카포시 육종이 "극심하게 낙인이 붙여진 질병 또한 사회적으로 소외된 집단들과 여전히 관련되어 있는 질병을 드러내는 가시적인 표시"로 작동한다고 주장한다. Suzanne Young, "Speaking of the Surface: The Texts of Kaposi's Sarcoma", in *Homosexuality and Psychoanalysis*, ed. Tim Dean and Christopher Lane(Chicago: University of Chicago Press, 2001), pp. 322, 324.

41 예를 들면 리타 조르다노(Rita Giordano)는 유명한 국방부 공무원을 아우팅한 기사가 나온 이후에 다음의 문헌을 통해 그 아우팅 논쟁을 설명한다. "Gays Bitter in Division over Outing", *Newsday*, August 9, 1991, p. 17. 아우팅의 원조인 미켈란젤로 시그노릴의 프로필은 다음 자료에 소개되어 있다. Renee Graham, "The Prince of Outing", *Boston Globe*, July 13, 1993, p. 25. 샐리 제이콥스(Sally Jacobs)는 "군대 4성 장군이나 미국 연방 대법원의 대법관, 미국 추기경"을 아우팅하는 데 성공한 사람에게 1만 달러를 주겠다고 한 역사학과 교수 등과 같이 아우팅 전술의 유행에 대해 다음 자료에서 설명한다. "'Out-

ing' Seen as Political Tool", *Boston Globe*, April 3, 1993, p. 1. 베스 앤 크라이어 (Beth Ann Krier)는 동성애자 활동가들 사이에서의 아우팅에 대해 다음 자료에서 설명한다. "Whose Sex Secret Is It?", *Los Angeles Times*, March 22, 1990, p. E1. 데이비드 툴러(David Tuller)는 언론인들을 아우팅 이슈와 씨름하게 만든 유명한 정부 공무원이나 기업 고위 인사의 성적 지향 루머에 대해 다음 자료에서 설명한다. "Uproar over Gays Booting Others Out of the Closet", *San Francisco Chronicle*(March 12, 1990), p. A9. 아우팅이 만들어 낸 열광을 예시하고 있는 주류 언론의 여러 기사들이 다음 저서에 그대로 실려 있다. Larry Gross, *Contested Closets*, pp. 219~230.

42 Larry Gross, *Contested Closets*, pp. 283~303.

43 예를 들면 미켈란젤로 시그노릴은 다음 기사에서 맬컴 포브스를 게이라고 묘사하고 있다. "The Other Side of Malcolm", *Out-Week*(April 18, 1990), p. 40, 다음 저서에서 전재됨. Larry Gross, *Contested Closets*, p. 285. 또 시그노릴은 다음 기사에서 데이비드 게펜(David Geffen)을 게이로 보았다. "Gossip Watch", *OutWeek*, December 26, 1990, p. 45, 그리고 다음 자료에서는 메르프 그리핀 (Merv Griffin)이 게이라고 했다. "Gossip Watch", *OutWeek*, July 18, 1990, p. 45, 다음 저서에서 전재됨. Larry Gross, *Contested Closets*, p. 289.

44 다음 자료를 참고하라. C. Carr, "Why Outing Must Stop", *Village Voice*, March 18, 1991, p. 37; Ayofemi Folayan, "Whose Life Is It Anyway?" *OutWeek*(May 16, 1990), reprinted in Larry Gross, *Contested Closets*, p. 248; Hunter Madsen, "Tattle Tale Traps", *OutWeek*(May 16, 1990), reprinted in Larry Gross, *Contested Closets*, p. 237.

45 예를 들어 다음 자료를 참고하라. "'Outing' Is Wrong Answer to Anti-Gay Discrimination", *USA Today*, March 30, 1992, p. 12A; Mike Royko, "Antsy Closet Crowd Should Think Twice", *Chicago Tribune*, April 2, 1990,

46 다음을 참고하라. James Cox, "'OutWeek' Magazine Goes Out of Business", *USA Today*(July 1, 1991), p. 2B.

47 프랭크 하원 의원은 이렇게 주장했다. "프라이버시의 권리는 있지만 위선의 권리는 없다. 만약에 게이나 레즈비언인 정치인이 다른 사람들을 동성애자라고 비

난한다면, 그 정치인은 프라이버시의 권리를 박탈당했다. 게이다움을 비난거리로 이용하는 동성애자 공화당원들이 있다는 점에 정말 분노했다." Dirk Johnson, "Privacy vs. the Pursuit of Gay Rights", *New York Times*(March 27, 1990), p. A21.

48 Enlisted Administrative Separations, Department of Defense Directive 1332.14, 47 Fed. Reg. 10,162, 10,178(March 9, 1982).

49 U. S. Code 10(1994), § 654(b)(1).

50 Janet E. Halley, *Don't: A Reader's Guide to the Military's Anti-Gay Policy*(Durham: Duke University Press, 1999), p. 1.

51 국방부 장관에게 보고된 1998년 보고서에서는 "(동성애 행위로 인한) 전역 건수와 비율이 1980년대 초에서 1990년대 초 사이에는 감소하는 추세를 보였고, 1994년 회계 연도에 누적 수치가 역사상 최저점을 기록했으나, 이 시점 이후부터 건수와 비율 모두 매년 증가하고 있다."라고 언급하고 있다. Office of the Under Secretary of Defense(Pers. & Readiness), Report to the Secretary of Defense: Review of the Effectiveness of the Application and Enforcement of the Department's Policy on Homosexual Conduct in the Military(1998), http://www.defenselink.mil/pubs/rpt040798.html. 1998년에 동성애로 인해 제대한 군인의 숫자는 '묻지도 말하지도 말라' 정책이 개발된 1993년에 제대한 숫자의 두 배였다. Eric Schmitt, "Close Quarters: How Is This Strategy Working? Don't Ask", *New York Times*, December 19, 1999, sec. 4, p. 1. 그러나 동성애로 인해 전역한 군인의 수는 아프가니스탄과 이라크 전쟁 이후 상당히 감소했으며, "한국 전쟁에서부터 베트남 전쟁, 페르시안 걸프전, 그리고 현재의 전쟁까지, 미국이 전쟁을 시작하기만 하면 동성애자 전역 건수는 감소했다." Servicemembers Legal Defense Network, Conduct Unbecoming: 10th Annual Report on "Don't Ask, Don't Tell"(2004), p. 1, http://www.sldn.org/binary-data/SLDN_ARTICLES/pdf_file/1411.pdf.

52 Rowland v. Mad River Local School District, 730 F.2d 444, 446~447(6th Cir. 1984).

53 이 테스트는 1968년 연방 대법원의 미커링 대 교육위원회(Pickering v. Board of Education, 391 U.S. 563))에서 처음 도입되었고, 1979년 기번 대 서부연합

학군(Givhan v. Western Line Consolidated School District, 439 U.S. 410))
등 이후 이어지는 소송들에서 수정, 보완되었다.

54 Rowland, 730 F.2d at 449.

55 같은 자료, p. 452.

56 Weaver v. Nebo School District, 29 F. Supp. 2d 1279(C. D. Utah 1998).

57 다음 자료를 참고하라. Rowland v. Mad River Local School District, 470 U.S. 1009(1985)(Brennan, J., dissenting from denial of certiorari).

58 같은 자료, p. 1016 n. 11.

59 "미국 역사에서 패싱이라는 단어의 계보학은 패싱을 인종 차이에 대한 담론, 특히 아프리카계 혈통의 비율 탓에 문화적으로나 법적으로 '니그로' 혹은 흑인으로 규정되는 개인이 가정하고 있는 허위적 '백인' 정체성과 연관시킨다." Elaine K. Ginsberg, "Introduction: The Politics of Passing", in *Passing and the Fictions of Identity*, ed. Elaine K. Ginsberg(Durham: Duke University Press, 1996), pp. 1, 2~3. 윌리엄 크래프트(William Craft)는 남북 전쟁 이전에 노예들이 백인으로 패싱하던 관행에 대해 다음의 저서에서 기술하고 있다. *Running a Thousand Miles for Freedom; or, The Escape of William and Ellen Craft from Slavery*(1860; Miami: Mnemosyne Publishing, 1969). 제리 강(Jerry Kang)은 최근 인터넷에서의 인종 패싱 현상에 대해 다음 논문에서 논하고 있다. "Cyber-Race", *Harvard Law Review* 113(March 2000): 1131~1208.

동성애자 커버링

1 Steven Seidman, *Beyond the Closet: The Transformation of Gay and Lesbian Life* (New York: Routledge, 2002), p. 6.

2 프랜치스코 발데스는 비전형적인 젠더 행동과 소수자적 성적 지향은 대중적 의식과 함께 간다고 보았다. 다음 저서를 참조하라. Francisco Valdes observes that gender-atypical behavior and minority sexual orientation are bundled in popular consciousness. See Francisco Valdes, "Queers, Sissies, Dykes, and Tomboys: Deconstructing the Conflation of 'Sex', 'Gender', and 'Sexual Orientation' in Euro-American Law and Society", *California Law Review*

83(January 1995): 51~55.

3   Andrew Sullivan, "The Politics of Homosexuality", *New Republic*(May 10, 1993), p. 34.

4   Andrew Sullivan, *Virtually Normal: An Argument About Homosexuality*(New York: Vintage Books, 1995).

5   다음 저서를 인용했다. Micheal Warner, *The Trouble with Normal*, pp. 60~61, citing David Groff, ed., *Out Facts: Just About Everything You Need to Know About Gay and Lesbian Life* (New York: Universe, 1997).

6   Micheal Warner, 앞의 책.

7   같은 책, p. 59.

8   같은 책, p. 74.

9   Bruce Bawer, "Truth in Advertising", in *Beyond Queer: Challenging Gay Left Orthodoxy*, ed. Bruce Bawer(Columbus, Ohio: Free Press, 1996), p. 43.

10 Micheal Warner, 앞의 책, p. 19.

11 Michel Foucault, *The History of Sexuality: An Introduction*, vol. 1, trans. Robert Hurley(1976; New York: Random House, 1978), p. 43.

12 웹 사이트 주소는 다음과 같다. http://www.straightacting.com.

13 Steffan v. Perry, 41 F.3d 677(D.C. Cir. 1994)(en banc); Boy Scouts of America v. Dale, 530 U.S. 640(2000).

14 Watkins v. United States Army, 875 F.2d 699(9th Cir. 1989)(en banc). 왓킨스 소송에 대한 설명을 보려면 다음 글을 참조하라. William N. Eskridge Jr., "Gaylegal Narratives", *Stanford Law Review 46*(1994): 607~646.

15 Jeffrey Schmalz, "On the Front Lines with Joseph Steffan: From Midshipman to Gay Advocate", *New York Times*(February 4, 1993), p. C1.

16 Erving Goffman, *Stigma*, p. 108.

17 Emily Dickinson, "I like to see it Lap the Miles", *The Complete Poems of Emily Dickinson*, ed. Thomas H. Johnson(1960; New York: Back Boy Books, 1976), p. 286.

18 Adrienne Rich, "A Valediction Forbidding Mourning", *The Fact of a Door-*

frame (1984; New York, W.W. Norton, 1994), pp. 136~137.

19 "사람들은 게이 남성이 다른 남성에게 자신이 게이라는 힌트를 주고 상대방 남성도 게이인지를 판단하려고 하는 시도를 대개 '헤어핀을 떨어뜨린다'고 말했다." George Chauncey, *Gay New York*, p. 289. 아미스테드 모핀(Armistead Maupin)은 이러한 관행을 보여 주면서 한 게이 남성이 다른 게이 남성에게 하는 소설 속의 대화를 그렸다. "그 사람이 헤어핀을 떨어뜨렸어?" Armistead Maupin, *Sure of You*(New York: HarperCollins, 1989), p. 109.

20 Kristin Eliasberg, "Making a Case for the Right to Be Different", *New York Times*(June 16, 2001), p. B11.

21 일본의 동성애 역사에 대한 논의는 다음 저서를 참고하라. Gary P. Leupp, *Male Colors: The Construction of Homosexuality in Tokugawa Japan*(Berkeley: University of California Press, 1995); Gregory Pflugfelder, *Cartographies of Desire*.

22 Ihara Saikaku, *The Great Mirror of Male Love*, trans. Paul Gordon Schalow (1687; Stanford: Stanford University Press, 1990), p. 53.

23 "아시아의 선구자는 1994년 8월 28일 첫 번째 동성애자 자긍심 행진을 개최한 일본이다. 이때 1500명의 참여자들이 약 400개의 동성애자 바가 있는 시부야 지역에서부터 시부야 인근까지 3마일을 행진했다." "Queer, Asian/Pacific Islander & Proud", *Pride*.01 (June 2001).

24 "World Datelines", *San Francisco Examiner*(September 16, 1997), p. B8. 재판부의 결정에 대한 논의로는 다음 논문을 참고하라. James D. Wilets, "International Human Rights and Sexual Orientation", *Hastings International and Comparative Law Review* 18 (1994): 87 nn. 391~392.

25 Richard Goldstein, "'Go the Way Your Blood Beats': An Interview with James Baldwin", in Rubenstein, *Sexual Orientation and the Law*, p. 71.

26 Bersani, Homos, p. 77, translating an interview by Jean LeBitoux, "Michel Foucault, le gai savoir", *Mec* 5 (June 1988): 35.

27 폴라 에텔브릭(Paula L. Ettelbrick)은 다음 글에서 결혼을 커버링의 비겁한 행동 중 하나로 비판한다. "Since When Is Marriage a Path to Liberation?", *Out/Look*, autumn 1989, p. 8, 일부가 다음 저서에서 재인용됨. William N.

Eskridge Jr. and Nan D. Hunter, *Sexuality, Gender, and the Law*(New York: Foundation Press, 1997), p. 818. 토머스 스토다드(Thomas B. Stoddard)는 다음 글에서 동성 결혼을 커버링의 건전한 행동 중 하나로 옹호한다. "Why Gay People Should Seek the Right to Marry", *Out/Look*, autumn 1989, p. 8. 일부가 다음 저서에서 재인용됨. Eskridge and Hunter, *Sexuality*.

28 예를 들어 로빈 샤하르는 동성 간에 언약식을 하여 동성애를 과시했다는 이유로 조지아 주 법무 장관실에서 해고되었다. 다음 사건을 참조하라. Shahar v. Bowers, 114 F.3d 1097(11th Cir. 1997).

29 Erving Goffman, *Stigma*, p. 102.

30 성적 지향에 근거한 망명 사례 중에서, 한 신청자는 "외양, 옷, 태도, 행동, 제스처, 목소리"가 "충분히 동성애자스럽지 않다."라는 이유로 망명을 거절당했다. 파디 해너(Fadi Hanna)는 "Punishing Masculinity in Gay Asylum Claims", *Yale Law Journal* 114(January 2005): 913~914에서 이 판결에 대해 논의하고 '역커버링을 하거나, 더욱 눈에 띄게 동성애자처럼 행동하는 이에게 망명이라는 보상을 하는 판사의 결정을 비판했다.

31 특별히 다르게 기술하지 않았다면, 샤하르의 소송에 관련된 사실들은 2002년 6월 11일 실시한 나와 로빈 샤하르와의 인터뷰에서 가져왔다.

32 Shahar v. Bowers, 836 F. Supp. 859(N.D. Ga. 1993); Shahar v. Bowers, 70 F.3d 1218(11th Cir. 1995).

33 Shahar v. Bowers, 78 F.3d 499(11th Cir. 1996).

34 Shahar v. Bowers, 114 F.3d 1097(11th Cir. 1997)(en banc).

35 Shahar, 836 F. Supp. at 867.

36 같은 자료, p. 867.

37 다음 자료를 참고하라. Shahar, 114 F.3d at 1116 n. 9(Tjoflat, J., concurring). 판사 트조플랫(Tjoflat)은 "이 소송의 기록은 법무 장관이 샤하르의 채용 제안을 철회한 것은 법무 장관이 샤하르가 '자신에게 덫을 놓았다'고 생각했기 때문이라는 추측을 뒷받침한다. 샤하르는 법무부에 자리를 잡자 자신의 동료 직원들 사이에서 동성애자 권리 의제를 진전시키기 위해 자신의 지위를 이용하려 했다."라는 것이다. 같은 자료, p. 1111 n. 1.

38   Romer v. Evans, 517 U.S. 620(1996).

39   연방 대법원은 콜로라도주 수정 헌법 제2조는 "적법한 주의 이익에 대한 관계
      를 파악할 수 있는 어떠한 사실적 맥락과도 동떨어진 지위 기반의 입법이다.
      이는 그 자체로 수행되는 인간 분류이고, 평등 보호 조항이 허용하지 않는 무
      언가이다."라고 적었다. 같은 자료. p. 635.

40   Shahar, 114 F.3d at 1108(McMullen v. Carson, 754 F.2d 936(11th Cir. 1985)
      인용.)

41   Shahar, 114 F.3d at 1110.

42   법원은 바우어의 이해관계를 다음과 같이 설명했다. "샤하르가 다른 여자와 공
      개적으로 '식'을 올리고 성(姓)을 바꾸는 결정을 보았을 때, 법무 장관은 샤하르
      의 행동이 어떤 종류의 논쟁적인 문제를 처리할 법무부의 능력을 방해할 수 있
      는 현실적인 가능성이라고 보았다. ……예컨대 동성 간의 결혼 증명서와 같은
      문제들……." 같은 자료, pp. 1104~1105.

43   법원은 '결혼식'이 "법무부가 동성애 소도미를 금지하는 조지아 주법을 집행하
      려는 노력을 방해한다."라는 바우어의 주장을 기술했다. 같은 자료, p. 1105.

44   Official Code of Ga. Ann. § 16-6-2(2004)(rendered unconstitutional by
      Lawrence v. Texas, 539 U.S. 558〔2003〕).

45   예컨대 고든 대 주(Gordon v. State) 소송에서, 법원은 법이 "동성애 친밀 관
      계와 이성애 친밀 관계에 동등하게 적용된다."라고 기술했다. Gordon v. State,
      360 S.E.2d 253, 254(Ga. 1987).

46   Shahar v. Bowers, 522 U.S. 1049(1998).

47   James Salzer, "Governor-Hopeful Bowers Admits Decade-Long Affair",
      Florida Times-Union, June 6, 1997, p. A1.

48   Bill Rankin, "Irony in Georgia: Bowers Wins Case, Admits Adultery", *Na-
      tional Law Journal*, June 16, 1997, p. A6.

49   조지아 주의 규정은 "기혼자가 배우자 외의 다른 사람과 자발적으로 성적 삽
      입을 행한 것"으로 정의된 혼외 성관계를 경범죄로 분류한다. Official Code of
      Ga. Ann. § 16-6-19(2004).

50   다음 자료를 참조하라. ABC News, Sex, Drugs, and Consenting Adults:

Should People Be Able to Do Whatever They Want?, May 26, 1998; transcript available at http://www.mapinc.org/drugnews/v98/n389/a07.html.

51 Shahar interview.

52 Teegarden v. Teegarden, 642 N.E.2d 1007, 1010(Ind. Ct. App. 1994).

53 Chaffin v. Frye, 45 Cal.App. 3d 39, 46~47(Cal. Ct. App. 1975).

54 Charpentier v. Charpentier, 536 A.2d 948, 950(Conn. 1988).

55 Delong v. Delong, No. WD 52726, 1998 WL 15536, at *12(Mo. Ct. App. Jan. 20, 1998), rev'd in part sub nom. J.A.D. v. F.J.D., 978 S. W. 2d 336(Mo. 1998).

56 Lundin v. Lundin, 563 So. 2d 1273, 1277(La. Ct. App. 1990).

57 같은 자료.

58 In re J. S. & C., 324 A.2d 90, 95(N.J. Super. Ct. Ch. Div. 1974), aff'd, 362 A.2d 54(N.J. Super. Ct. App. Div. 1976).

59 같은 자료, p. 97.

60 J.L.P.(H.) v. D.J.P., 643 S.W.2d 865, 872(Mo. Ct. App. 1982).

61 Marlow v. Marlow, 702 N.E.2d 733, 736(Ind. Ct. App. 1998).

62 다음을 참조하라. Dan Savage, "Sunday Lives: Role Reversal", *New York Times Magazine*, March 11, 2001, p. 104.

63 Lawrence v. Texas, 539 U.S. 558(2003).

64 Brief of Amici Curiae Mary Robinson et al. in Support of Petitioners, 2003 WL 164151(Jan. 16, 2003), Lawrence v. Texas, 539 U.S. 558(2003)(No. 02-102).

65 가장 기본적으로, 이는 "법이나 규범에서의 친동성애적 변화가 동성애나 동성애적 행동을 장려할 것이라고 주장하는 것"을 의미한다. "William N. Eskridge Jr., "No Promo Homo: The Sedimentation of Antigay Discourse and the Channeling Effect of Judicial Review", *NYU Law Review* 75(November 2001): 1327, 1329.

66 *Sir Thomas Wyatt: Selected Poems*(New York: Routledge, 2003), p. 21.

67 화이트는 "내 주변의 누군가가 새로운 슬로건인 '검은 것이 아름답다.'를 본따서 '동성애는 좋다.'고 외쳤고, 우리는 모두 웃었다."라고 썼다. White, *The Beautiful Room Is Empty*, p. 197.

68 연방 대법원은 "소도미법과 연관될 자유가 '이 나라의 역사와 전통에 깊게 뿌리박혀 있다.' 혹은 '질서 정연한 자유의 개념에 내포되어 있다.'라고 주장하는 것은 기껏해야 경박하다."라고 기술했다. Bowers v. Hardwick, 478 U.S. 186, 194 (1986).

2부

인종 커버링

1 라이샤워는 이렇게 말했다. "어떤 혹독한 비평가는 일본인을 작은 물고기 떼에 비유했다. 한 방향으로 질서 정연하게 나아가다가 누가 조약돌을 물 위로 던져야만 이 대열이 깨진다. 하지만 곧 반대 방향으로 휙 돌아서 여전히 질서 정연한 대열로 나아간다." Edwin Reischauer and Marius B. Jansen, *The Japanese Today: Change and Continuity*(1977; Cambridge: Harvard University Press, 1995), p. 136. 라이샤워는 또 "일본인은 서양인에 비해 집단으로 움직이는 경향이 훨씬 큰 것 같다.", "순응하고 사는 것에 매우 만족하는" 경우가 많다는 의견에 대해서도 논한다. 같은 책, p. 128.

2 John Donne, "A Valediction: Forbidding Mourning", in *The Complete Poetry and Selected Prose of John Donne*, ed. Charles M. Coffin(New York: Modern Library, 2001), p. 38.

3 Walt Whitman, "Song of Myself", chapter 51, *Leaves of Grass*(1855; New York: Bantam Books, 1983), p. 22.

4 M. C. Escher, Verbum, in J. L. Locker, *The Magic of M. C. Escher*(New York: Abrams, 2000), p. 136.

5 예를 들어《USA투데이》기사에서 한 아시아 남성은 자기 가족이 "언론에서 취재하고 싶어 하는 대단한 아시아인 가족 중 하나"라고 말하면서, "우리 가족 모두가 스탠퍼드 아니면 MIT에 다녔기" 때문이라고 했다. Mark Hazard Osmun, "Asian Says Whites Are Hurt by Quotas", *USA Today*(February 6, 1990), p. 2A.

6 Eric Liu, *The Accidental Asian: Notes of a Native Speaker*(New York: Random House, 1998), p. 33.

7 같은 책, p. 34.

8 리우도 같은 점을 인정했다. 그는 "다른 백인들은 자신을 '명예 백인'이라고 불렀고, 다른 아시아인들은 '바나나'라고 했다."라고 말했다. 같은 책, p. 34.

9 같은 책, p. 46.

10 Jean Shin, "The Asian American Closet", *Asian Law Journal* 11(May 2004): 1~29.

11 Paul Barrett, *The Good Black*.

12 같은 책, p. 24.

13 같은 책, p. 26.

14 같은 책, p. 25.

15 같은 책, p. 66.

16 같은 책, pp. 84~94.

17 같은 책, p. 105.

18 같은 책, p. 41.

19 같은 책, p. 6.

20 Mungin v. Katten Muchin & Zavis, 941 F. Supp. 153(1996), rev'd, 116 F.3d 1549 (D.C. Cir. 1997).

21 Paul Barrett, *The Good Black*, p. 163.

22 Eric Liu, *The Accidental Asian*, p. 35.

23 로저스 대 아메리칸항공 주식회사 재판, 527 F. Supp. 229(S.D.N.Y. 1981)에서, 뉴욕 연방 지방 법원은 콘로 스타일을 금지하는 회사 정책이 인종 차별이 아니라고 판결했다.(pp. 131~136의 논의를 참고하라.) 에르난데즈 대 뉴욕 재판 (Hernandez v. New York), 500 U. S. 352(1991)에서 대법원은 검사가 스페인어 구사 능력을 기준으로 배심원에서 제외시킨 결정이 연방 헌법의 평등보호 조항을 위반하지 않았다고 판결했다. 디마라난 대 포모나 밸리 메디컬 센터 재판 (Dimaranan v. Pomona Valley Hospital Medical Center, 775 F. Supp. 338(C.D. Cal. 1991))에서 캘리포니아 연방 지방 법원은 필리핀계 간호사들이 (필리핀 공용어인) 타갈로그어를 사용하지 못하도록 한 병원 정책이 출신 국가를 이유로 한 차별에 해당하지 않는다고 판결했다. 후에 법원은 합의에 따라 이 판결을 철회했다. 다음 자료를 참고하라. Dimaranan v. Pomona Valley Hospital Medical

Center, No. 89 4299 ER(JRX), 1993 WL 326559(C.D. Cal.March 17, 1993).

24 Rogers v. American Airlines, Inc., 527 F. Supp. 229.

25 같은 자료, p. 231.

26 Paulette Caldwell, "A Hair Piece: Perspectives on the Intersection of Race and Gender," *Duke Law Journal*(April 1991): 365, 379.

27 Rogers, 527 F. Supp. at 231.

28 같은 자료, p. 232.

29 Paulette Caldwell, "A Hair Piece", p. 379.

30 Rogers, 527 F. Supp. at 232.

31 같은 자료.

32 같은 자료, quoting Garcia v. Gloor, 618 F.2d 264, 269(5th Cir. 1980).

33 같은 자료, quoting Plaintiff's Memorandum in Opposition to Motion to Dismiss at 4~5.

34 Paulette Caldwell, 앞의 자료.

35 같은 논문, p. 382.

36 같은 논문, p. 370.

37 콜드웰은 "사람들 앞에서 땋은 머리를 주제로 발표하던…… 학생은…… 말을 하다 말고 당황해서 자기 입을 가렸다."라고 이야기했다. 왜냐하면 콜드웰이 "수업 시간마다 깔끔하게 땋은 단발을 하고 들어왔기 때문이다." 또 칼드웰은 "부지 중에 로스쿨의 수천 개 가상 질문 가운데 하나의 대상이 되었다는 점에 분개했다."라고 말했다. 같은 논문, p. 368.

38 같은 논문, p. 391.

39 같은 논문, pp. 391~392.

40 Molloy, *New Dress for Success*, p. 211.

41 같은 책, p. 234.

42 같은 책, p. 233.

43 Ariela J. Gross, "Litigating Whiteness: Trials of Racial Determination in the Nineteenth-Century South", *Yale Law Journal* 108(October 1998): 112.

44 다음 자료를 참고하라. Mike Bruton, "Eagles Radio Employee Wouldn't Go

by the Book", *Philadelphia Inquirer*(March 19, 2002), p. C1.

45 Marianne Bertrand and Sendhil Mullainathan, "Are Emily and Greg More Employable Than Lakisha and Jamal? A Field Experiment on Labor Market Discrimination", *American Economic Review* 94(September 2004): 991~1013. 이 연구 결과에 대한 언론 보도를 보려면 다음 자료 등을 참고하라. Alan B. Krueger, "Sticks and Stones Can Break Bones, but the Wrong Name Can Make a Job Hard to Find," *New York Times*(December 12, 2002), p. C2.

46 버트런드와 멀레이너선은 "백인의 이름이 적힌 이력서는 회사에서 연락을 받을 확률이 9.65퍼센트이다. 동일한 내용이지만 아프리카계 미국인의 이름이 적힌 경우에는 연락이 올 확률이 6.45퍼센트이다. 이 결과는 이름 조작으로 회사에서 연락받을 확률이 3.2퍼센트 포인트, 다른 말로 50퍼센트 차이가 난다는 것을 보여준다."라고 보고했다. Bertrand and Mullainathan, "*Emily and Greg*", pp. 997~998.

47 Garcia v. Gloor, 618 F.2d 264, 270(5th Cir. 1980).

48 Joshua A. Fishman, "Language and Ethnicity", in *Language, Ethnicity and Intergroup Relations*, ed. Howard Giles(Oxford: Pergamon Press, 1977), pp. 25~26.

49 Gutierrez v. Municipal Court of Southeast Judicial District, 838 F.2d 1031(9th Cir.), reh'g denied, 861 F.2d 1187(9th Cir. 1988), vacated as moot, 490 U.S. 1016(1989).

50 Gutierrez, 861 F.2d at 1193(Kozinski, J., dissenting from denial of rehearing en banc).

51 Isreal Zangwill, *The Melting Pot*, p. 33.

52 같은 책.

53 같은 책, pp. 148~153.

54 같은 책, p. 184.

55 같은 책.

56 같은 책, p. 185.

57 Arthur Schlesinger, *The Disuniting of America*, p. 39.

58 헌정사는 다음과 같이 적혀 있다. "시어도어 루스벨트 귀하: 위대한 공화국을 파멸시키려고 위협하는 세력에 맞서는 귀하의 고군분투에 대한 존경의 마음을

담아, 따뜻하게 받아 주신다면 이 희곡을 정중히 헌정합니다."라고 적혀 있다. Isreal Zangwill, 앞의 책.

59 Niall Ferguson, *The Pity of War*(New York: Basic Books, 1999), p. 192.

60 Stephen T. Wagner, "America's Non-English Heritage", *Society* 19(November/December 1981): 37, 41.

성별에 근거한 커버링

1 예를 들어 다음 자료들을 참조하라. Jonathan D. Glater, "Women Are Close to Being Majority of Law Students", *New York Times*, March 26, 2001, p. A1; Jane Stancill, "Women in Law Schools Find Strength in Rising Numbers", *News & Observer*(Raleigh, N.C.)(April 18, 2001), p. B1; Susan C. Thomson, "Women Are Poised to Outnumber Men in Law School", *St. Louis Post-Dispatch*(September 19, 2001), p. C1.

2 Deborah L. Rhode, *The Unfinished Agenda: Women and the Legal Profession* (Chicago: ABA Commission on Women in the Profession, 2001), p. 14. The report is available at http://www.abanet.org/ftp/pub/women/unfinishedagenda.pdf.

3 전미법무취업알선협회(National Association for Law Placement)의 한 연구는 많은 회사들이 여성 직원 비율이 낮은 이유를 '파이프라인'의 문제로 돌리고 이 비율은 전문직에 들어설수록 더 높아질 것이라고 추론한다는 것을 발견했다. Stephanie Francis Ward, "Few Women Get Partnerships", *ABA Journal E-Report*, February 6, 2004. 메사추세츠주법률가임명위원회(Massachusetts Judicial Nominating Commission) 회장도 비슷한 주장을 했다. "남자에 비해 파이프라인에 여성 비율이 높지 않습니다." Eileen McNamara, "Backtracking on the Bench", *Boston Globe*, February 6, 2005, p. B1. 데버라 로드(Deborah Rhode)는 이렇게 말했다. "여성의 과소 재현성은 문화 지체의 산물이라는 것이 가장 흔한 설명이다. 최근에는 불공평성은 더 이상은 법적이지 않은 차별적 관행의 유산이어서, 소녀들이 이를 따라잡는 것은 시간의 문제로 여겨진다. 그러나 이 파이프라인 이론은 오랫동안 새로운 진입자의 3분의 1 이상이 여성으로 구성되었던 법과 같은 분야에서 왜 아직도 여성 리더가 과소 대표되는지

를 설명하지 못한다." Deborah L. Rhode, "Keynote Address: The Difference 'Difference' Makes", *Maine Law Review 55*(2003): 17.

4   Deborah Rhode, *The Unfinished Agenda*, p. 14.

5   Terry Carter, "Paths Need Paving", *American Bar Association Journal* 86(September 2000): 34.

6   Lani Guinier, Michelle Fine, and Jane Balin, *Becoming Gentlemen: Women, Law School, and Institutional Change*(Boston: Beacon Press, 1997).

7   같은 책, pp. 37~38.

8   같은 책, p. 29.

9   같은 책, p. 68.

10 "이중 구속"에 대해서는 다음 자료들을 참고하라. Cynthia Fuchs Epstein et al., "Glass Ceilings and Open Doors: Women's Advancement in the Legal Profession", *Fordham Law Review* 64(November 1995): 352; Deborah Rhode, "The Difference 'Difference' Makes." On the "Catch-22", see Vicki Schultz, "Telling Stories About Women and Work: Judicial Interpretations of Sex Segregation in the Workplace in Title VII Cases Raising the Lack of Interest Argument", *Harvard Law Review* 103(June 1990): 1839; Joan C. Williams and Nancy Segal, "Beyond the Maternal Wall: Relief for Family Caregivers Who Are Discriminated Against on the Job", *Harvard Women's Law Journal* 26(spring 2003): 95~101. On the "tightrope", see Katharine T. Bartlett, "Only Girls Wear Barrettes: Dress and Appearance Standards, Community Norms, and Workplace Equality", *Michigan Law Review* 92(August 1994): 2552~2553; Charlotte L. Miller, "Checklist for Improving the Workplace Environment(or Dissolving the Glass Ceiling)", *Utah Bar Journal*(February 1996): 7.

11 다음을 참고하라. Gary Peller, "Notes Toward a Postmodern Nationalism", *University of Illinois Law Review*(1992): 1099; Carolyn Edgar, "Black and Blue", *Reconstruction*(1994): 16.

12 아프리카계 미국인 커뮤니티에서의 이러한 현상에 대한 논의로는 다음 자료를 참고하라. Gary Peller, "Notes Toward a Postmodern Nationalism"; Carolyn

Edgar, "Black and Blue." 아시아계 미국인 커뮤니티에서의 이 현상에 대한 논의로는 다음 자료를 참조하라. Eric Liu, *The Accidental Asian*, p. 34.

13 예를 들어 다음을 참고하라. Nancy F. Cott, *The Bonds of Womanhood*(New Haven: Yale University Press, 1977), pp. 63~100; Frances E. Olsen, "The Family and the Market: A Study of Ideology and Legal Reform", *Harvard Law Review* 96(May 1983): 1497~1578; Barbara Welter, "The Cult of True Womanhood: 1820~1860," *American Quarterly* 18(summer 1966): 151~174.

14 Alexis de Tocqueville, *Democracy in America*, ed. J. P. Mayer, trans. George Lawrence(1835; New York: Harper-Collins, 1969), p. 603.

15 Bradwell v. Illinois, 83 U.S. 130(1872).

16 같은 자료, p. 141(Bradley, J., concurring).

17 Frontiero v. Richardson, 411 U.S. 677, 684(1973).

18 예를 들어 다음 자료들을 참고하라. Susan Bixler and Nancy Nix-Rice, *The New Professional Image: From Business Casual to the Ultimate Power Look*(Avon, Mass: Adams Media Corp., 1997); Sherry Maysonave, *Casual Power: How to Power Up Your Nonverbal Communication and Dress Down for Success*(Austin: Bright Books, 1999); John T. Molloy, *New Women's Dress for Success*(New York:Warner Books, 1996); Victoria A. Seitz, *Your Executive Image: The Art of Self-Packaging for Men and Women*(Avon, Mass.: Adams Media Corp., 1992).

19 빅토리아 자이츠는 이렇게 적었다. "파스텔색은 피하세요. 파스텔색은 약하고, 너무 여성스럽고, 별로 비즈니스적으로 보이지 않습니다." Victoria Seitz, *Your Executive Image*, p. 63. 셰리 매이소나브는 이렇게 경고했다. "직장에서 예쁜 무늬, 특히 작은 꽃무늬 디자인을 입는 것은 당신이 소녀 마인드를 가지고 있거나 경쟁적인 비즈니스 환경에 있는 것을 불편해한다는 메시지를 전달합니다. Sherry Maysonave, *Casual Power*, p. 39. 수전 빅슬러와 낸시 닉스라이스는 이렇게 지시했다. "꽃무늬나 동물 또는 풍경 등의 프린트를 피하세요. "Susan Bixler and Nancy Nix-Rice, *The New Professional Image*, p. 153. 화장에 대해서, 존 몰로이는 이렇게 기술했다. "여자는 모두 립스틱을 발라야 합니다. 우리는 립스틱을 바른 여자에게 너무나 익숙하기 때문에 립스틱을 바르지 않은 여자는 기억되지 않

습니다." John Molloy, *New Women's Dress for Success*, p. 202. 매이소나브는 "캐주얼한 힘을 풍기기 위해서, 여자는 화장을 해야 합니다."라고 주장했다. Sherry Maysonave, *Casual Power*, p. 184. 빅슬러와 닉스라이스는 "화장을 해서 더 나아 보이지 않는 여자는 없습니다. 화장은 결점을 가리고 매력적인 특징을 강조하고, 부드럽고 세련돼 보이게 합니다. 일하는 여성은 누구나 매일 화장을 해야 합니다." Susan Bixler and Nancy Nix-Rice, *The New Professional Image*, p. 115.

20 셰리 매이소나브는 이렇게 썼다. "어깨 패드는 여성의 체격에 힘을 더하기 위해서 필요하지만, 스테로이드를 맞은 것 같은 어깨 패드는 안 됩니다! 1980년대의 큰 패드는 피하세요." Sherry Maysonave, *Casual Power*, p. 118. 빅토리아 자이츠는 "귀고리는 필수입니다. 여자의 얼굴을 빛나게 하니까요."라고 주장했다. 하지만 자이츠는 "달랑거리는 귀고리, 여러 개의 반지, 그리고 정신없는 팔찌는 안 됩니다."라고 경고했다. Victoria Seitz, *Your Executive Image*, p. 91. 메이소나브도 동의했다. "더 차려입든 덜 차려입든, 여자는 완벽하고 정돈된 이미지를 위해서 귀고리가 필요합니다." Sherry Maysonave, *Casual Power*, p. 127. 헤어스타일에 대해서, 수전 빅슬러와 낸시 닉스라이스는 이렇게 썼다. "헤어스타일은 메시지를 전달합니다. 너무 긴 머리는 '섹스의 여신' 또는 '소녀'라고 말합니다. 너무 짧은 머리는 얼굴이 매우 여성스러운 경우가 아니면 '남성적이다'라고 말합니다. 풍성하고 흐트러지고 띄워진 머리는 '미인 대회 참가자'라고 말합니다. 하지만 짧고 산뜻한 머리에서 어깨 길이 사이의 스타일은 '비지니스 우먼'이라고 말합니다. Susan Bixler and Nancy Nix-Rice, *The New Professional Image*, p. 108. 자이츠도 이에 동의한다. "당신의 헤어스타일은 관리하기 쉬운 보수적인 커트여야 합니다. ……이 스타일은 너무 짧거나 너무 딱 떨어지지 않아야 하고, 너무 길거나 너무 여성스럽지도 않아야 합니다." Victoria Seitz, *Your Executive Image*, p. 67.

21 Gail Evans, *Play Like a Man, Win Like a Woman: What Men Know About Success That Women Need to Learn*(New York: Broadway Books, 2000), p. 8.

22 같은 책, pp. 119~134.

23 Jean Hollands, *Same Game, Different Rules: How to Get Ahead Without Being a Bully Broad, Ice Queen, or "Ms. Understood"*(New York: McGraw-Hill, 2002), p. 13.

24 같은 책, p. 20.

25 같은 책, pp. 6~7.

26 Sylvia Ann Hewlett, *Creating a Life: Professional Women and the Quest for Children*(New York: Talk Mirimax Books, 2002), pp. 3, 50.

27 같은 책, p. 42.

28 Joan Williams, *Unbending Gender: Why Family and Work Conflict and What to Do About It*(New York: Oxford University Press, 2000), pp. 69~70.

29 같은 책, p. 69.

30 같은 책.

31 이러한 칼럼이 다음 각 기사에서 나타난다. "How to Look Like a Workaholic While Still Having a Life", *Wall Street Journal*(December 28, 1994), p. B1; "Go Mobile and Wreck Your Sense of Balance"(February 22, 1995), p. B1; "Some Top Executives Are Finding a Balance Between Job and Home"(April 23, 1997), p. B1.

32 예를 들어 첫 아이를 가진 후에, 인사 매니저 니나 타나가와(Nina Tanagawa) 는 아침에 부하 직원들보다 30분 일찍 오고 밤에 30분 늦게 가는 것으로 매니 저로서의 이미지를 유지하고자 했으며, 아이를 재운 후 보고서와 메모를 읽었 다. Arlie Russell Hochschild, *The Second Shift*, p. 80. 혹실드 역시 본인이 아이 를 가지기 전에 주변에 좋은 이미지를 쌓아 두려고 했던 일을 묘사했다. "데이 비드를 갖기 전에 나는 학생들을 모두 만났고, 모든 위원회 임무를 맡았고, 밤 낮으로 논문을 썼다. 이런 방식으로 학과의 관용을 특정한 양으로 축적해 왔다. 같은 책 p. viii. 혹실드는 다음 책에서 자녀 사진을 보여 주지 않는 여성의 선 택에 대해 논한다. *The Time Bind: When Work Becomes Home and Home Becomes Work*(New York: Henry Holt, 1997), pp. 85~88.

33 Arlie Russell Hochschild, *The Time Bind*, pp. 85~86.

34 같은 책, p. 87.

35 Epstein et al., "Glass Ceilings and Open Doors", p. 425.

36 혹실드는 *The Second Shift*에서 '어머니 정체성'에 대해 논한다, p. 92. 주택 담보 대출금 코멘트가 이 책에 언급된다. p. 107.

37 Deborah Rhode, *The Unfinished Agenda*, p. 18.

38 Lynda Gorov, "Marcia's Makeover—Oh the Injustice of It All:Women Lawyers Bemoan Clark's Softer Look", *Boston Globe*(October 12, 1994), p. 69.

39 Price Waterhouse v. Hopkins, 490 U.S. 228, 233(1989)(상대적 다수 의견).

40 같은 자료, pp. 233~234.

41 Hopkins v. Price Waterhouse, 618 F. Supp. 1109(D.D.C. 1985).

42 Price Waterhouse v. Hopkins, 490 U.S. at 234.

43 같은 자료.

44 Ann Branigar Hopkins, *So Ordered: Making Partner the Hard Way*(Amherst: University of Massachusetts Press, 1996), p. 148.

45 같은 책, p. 202.

46 Hopkins Price Waterhouse v. Hopkins, 490 U.S. at 235.

47 Ann Brahigar Hopkins, 앞의 책, p. 209.

48 같은 책, p. xiii.

49 같은 책, p.139.

50 같은 책, p. 221.

51 Hopkins v. Price Waterhouse, 618 F. Supp. at 1117.

52 Ann Brahigar Hopkins, 앞의 책, p. 236.

53 같은 책, p. 234.

54 같은 책, p. 236.

55 브레넌(Brennan) 판사의 상대적 다수 의견에는 마셜(Marshall) 판사, 블랙먼(Blackmun) 판사, 스티븐스(Stevens) 판사가 함께했다. 화이트(White) 판사와 오코너(O'Connor) 판사는 각각 보충 의견을 작성했다. Price Waterhouse v. Hopkins, 490 U.S. at 228.

56 같은 자료, p. 251.

57 Dillon v. Frank, 952 F.2d 403, 1992 WL 5436(6th Cir. Jan. 15, 1992).

58 같은 자료, p. 5.

59 같은 자료, p. 10.

60 Price Waterhouse v. Hopkins, 490 U.S. at 251.

61 니콜라스 대 아즈테카(Nichols v. Azteca) 재판에서, 한 남성 직원은 자신이 전

형적인 남성상에 부합하지 않는다는 이유로 남성 동료와 상사로부터 괴롭힘을 당했다고 주장했다. 법원은 "프라이스 워터하우스에서의 판시는 너무 여성스럽기 때문에 차별을 받은 남성에게도 동일한 힘으로 적용된다."라며 직원의 주장에 동의했다. Nichols v. Azteca Restaurant Enterprises, Inc., 256 F.3d 864(9th Cir. 2001). 이후의 재판에서, 동일한 법원은 직원에 대한 성적 지향에 근거한 성희롱이 민권법 제7장을 침해했다고 판결했다. 보충 의견은 이 소송이 "젠더 고정 관념 희롱"에 해당하고 니콜라스 레네 대 MGM 호텔(Nichols. Rene v. MGM Grand Hotel, Inc.) 소송과 매우 비슷하다고 했다. 305 F.3d 1061, 1068 (9th Cir. 2002)(en banc)(Pregerson, J., concurring).

62　Jespersen v. Harrah's Operating Co., 392 F.3d 1076(9th Cir. 2004), reh'g granted, 409 F.3d 1061(2005).

63　같은 자료, p. 1077.

64　같은 자료, p. 1078.

65　같은 자료, p. 1077.

66　같은 자료, p. 1078 n. 2.

67　Jespersen v. Harrah's Operating Co., 280 F. Supp. 2d 1189(D. Nev. 2002); Jespersen, 392 F.3d 1076.

68　Jespersen, 392 F.3d at 1084(Thomas, J., dissenting).

69　같은 자료, p. 1077.

70　같은 자료, p. 1082.

71　Price Waterhouse v. Hopkins, 490 U.S. at 235.

72　Catharine A. MacKinnon, "Reflections on Sex Equality Under Law", *Yale Law Journal* 100(March 1991): 1292 n. 50.

73　Mary Anne C. Case, "Disaggregating Gender from Sex and Sexual Orientation: The Effeminate Man in the Law and Feminist Jurisprudence", *Yale Law Journal* 105 (October 1995): 1~105.

74　Wislocki-Goin v. Mears, 831 F.2d 1374(7th Cir. 1987).

75　같은 자료.

76　위슬로키고인은 머리를 길게 늘어뜨리고 과도한 화장을 했다는 것과 더불어 먼

직 기간에 정서 장애가 있는 청소년의 소식을 듣고 울음을 터뜨렸으며, 크리스
마스 파티를 위해서 미어스(Mears) 판사가 모욕적이었다고 여긴 "산타 할아버
지에게" 편지를 썼다. 같은 자료, p. 1377.

77 Williams and Segal, "Beyond the Maternal Wall", p. 88.

78 Jennifer A. Kingson, "Women in the Law Say Path Is Limited by 'Mommy Track', *New York Times*, August 8, 1988, p. A1.

79 Mary C. Hickey, "The Dilemma of Having It All", *Washington Lawyer*, May/ June 1988, p. 59.

80 Geduldig v. Aiello, 417 U.S. 484(1974).

81 같은 자료, p. 496.

82 Dan Danielsen,"Representing Identities: Legal Treatment of Pregnancy and Homosexuality", *New England Law Review* 26(summer 1992): 1458.

83 Pregnancy Discrimination Act of 1978, U.S. Code 42(2000), § 2000e(k).

84 법원이 어머니에 대한 차별이 성차별이라고 판결한 소송은 다음과 같다. Cases in which courts have held that discrimination against mothers is sex discrimination include Santiago-Ramos v. Centennial P.R.Wireless Corp., 217 F.3d 46(1st Cir. 2000); Sheehan v. Donlen Corp., 173 F.3d 1039(7th Cir. 1999); Coble v. Hot Springs School District No. 6, 682 F.2d 721(8th Cir. 1982); Harper v. Thiokol Chemical Corp., 619 F.2d 489(5th Cir. 1980); Moore v. Alabama State University, 980 F. Supp. 426(M.D.Ala. 1997); and Trezza v. The Hartford, Inc., No. 98 Civ. 2205, 1998 WL 912101(S.D.N.Y. Dec. 30, 1998). 법원이 어머니에 대한 차별이 성차별이 아니라고 판결한 소송은 다음과 같다. Piantanida v. Wyman Center, Inc., 116 F.3d 340(8th Cir. 1997); Troupe v. May Department Store, 20 F.3d 734(7th Cir. 1994); Maganuco v. Leyden Community High School District 212, 939 F. 2d 440(7th Cir. 1991); Martinez v. NBC, Inc., 49 F. Supp. 2d 305 (S.D.N.Y. 1999); Fuller v. GTE Corp., 926 F. Supp. 653(M.D. Tenn. 1996); and McNill v. N.Y. City Department of Correction, 950 F. Supp. 564(S.D.N.Y. 1994).

민권의 종말

1   일부다처제를 축소하기 위해 점점 강도가 세지는 일련의 법들, 예컨대 영토 내
    에서 일부다처제를 금지하는 조치, 일부다처주의자가 배심원 직무를 맡거나 공
    직에 진출하는 것을 금지하는 조치, 모르몬교단의 운영 위원회를 무력화시키는
    조치 등이 의회를 통과했다. 1890년, 1000명이 넘는 일부다처주의자들이 투옥
    되었고, 모르몬교회 회장은 교회가 법을 준수할 것이며, 일부다처제를 근절하
    는 데 자신의 영향력을 사용하겠다는 성명서를 발표했다. 다음을 참고하라. See
    David L. Chambers, "Polygamy and Same-Sex Marriage", *Hofstra Law Re-
    view* 26(fall 1997): 63~65; Sarah Barringer Gordon, *The Mormon Question:
    Polygamy and Constitutional Conflict in Nineteenth-Century America*(Chapel
    Hill: University of North Carolina Press, 2002).

2   예를 들면, 소규모의 일부다처주의 가족들이 모르몬교회에서 갈라져 나와 유타
    주 남부와 애리조나주에 정착했다. 20세기 초반 이 지역들에 대한 불시 단속이
    몇 차례 이루어졌다. Martha Sonntag Bradley, *Kidnapped from That Land: The
    Government Raids on the Short Creek Polygamists*(Salt Lake City: University of
    Utah Press, 1993).

3   일부다처주의자인 톰 그린은 기소된 후 5년 징역형을 선고받았다. State v.
    Green, No. 001600036 at 2(4th Dist. Ct. Utah July 10, 2000)(memorandum
    decision). 한 신문 기사에서 보도했듯이, "일부다처제는 유타 주를 비롯한 서
    부 지역에서 공공연한 비밀이다. 이 지역에서는 3만 명 정도로 추정되는 인구
    가 복혼을 하고 있다. 다만 그린은 TV 쇼에 출연해서 자신의 라이프스타일에
    대해 말했고, 이것은 검사에게 한번 잡아 보라고 대든 것이나 마찬가지였다."
    "Brazen Polygamist Gets 5-Year Jail Term", *Chicago Tribune*, August 25, 2001,
    p. 12. 줄리 카트(Julie Cart)의 기사에서 이 기소에 대해 논의하기도 했다.
    "Polygamy Verdict Set Precedent", *Los Angeles Times*(May 20, 2001), p. A18;
    Michael Janofsky, "Conviction of a Polygamist Raises Fears Among Others",
    New York Times(May 24, 2001), p. A14.

4   Norman L. Kleeblatt, ed., *Too Jewish?*

5   Riv-Ellen Prell, *Fighting to Become Americans: Jews, Gender, and the Anxiety of Assimilation* (Boston: Beacon Press, 1999), p. 216.

6   Abraham K. Korman, *The Outsiders: Jews and Corporate America*(Lexington,Mass.: Lexington Books, 1988), pp. 38~39.

7   Phyllis Chesler, *The New Anti-Semitism: The Current Crisis and What We Must Do About It*(San Francisco: Jossey-Bass, 2003), pp. 18~19, 149~150.

8   Samuel Freedman, Jew vs. Jew: The Struggle for the Soul of American Jewry (New York: Simon & Schuster, 2000), p. 25.

9   동유럽의 시인 J. L. 고든은 유대인 커뮤니티를 향해, "자기 집 안에서는 유대인이, 밖에 나가면 보편 인간이 되라."라고 말했다. Elliott Abrams, "Judaism or Jewishness", *First Things*, June/July 1997, p. 21.

10 Alan Dershowitz, *Chutzpah*, pp. 18~19.

11 같은 책, p. 9.

12 Leslie Goffe, "Not Responsible", *Middle East*, November 1, 2001, p. 46.

13 예를 들어 다음 기사들을 참고하라. Alan Cooperman, "In U.S., Muslims Alter Their Giving: Those Observing Islamic Tenet Want to Aid Poor but Fear Persecution", *Washington Post*, December 7, 2002, p. A1; Jessica Heslam, "Arab Students Feel Pressure to Return Home or Stay Quiet", *Boston Herald*(September 30, 2001), p. 17.

14 다음 자료를 각각 참고하라. Hamilton v. Schriro, 74 F.3d 1545(8th Cir. 1996); Sherbert v. Verner, 374 U.S. 398(1963); West Virginia State Board of Education v. Barnette, 319 U.S. 624(1943).

15 Georgina Kleege, *Sight Unseen*(New Haven: Yale University Press, 1999), pp. 11~12.

16 Steven Kuusisto, *Planet of the Blind*(New York: Dial Press, 1998), pp. 23~43.

17 Cynthia Ozick, "What Helen Keller Saw", *New Yorker*, June 16 & 23, 2003, p. 196.

18 Jenny Morris, *Pride Against Prejudice: Transforming Attitudes to Disability*

(Philadelphia: New Society Publishers, 1991), p. 36.

19 Lois Keith, "Encounters with Strangers: The Public's Responses to Disabled Women and How This Affects Our Sense of Self", in *Encounters with Strangers: Feminism and Disability*, ed. Jenny Morris(London: Women's Press, 1996), p. 81.

20 Irving Kenneth Zola, *Missing Pieces*, pp. 205~206.

21 피부색과 언어에 관해서는 다음 판례들을 비교하라. McDonald v. Santa Fe Trail Transportation Co., 427 U.S. 273(1976), and Abdulrahim v. Gene B. Glick Co., 612 F. Supp. 256(N.D. Ind. 1985), with Hernandez v. New York, 500 U.S. 352(1991), and Garcia v. Gloor, 618 F.2d 264(5th Cir. 1980). 염색체와 임신에 관해서는 다음 판례들을 비교하라. Frontiero v. Richardson, 411 U.S. 677(1973), and Los Angeles Department of Water & Power v.Manhart, 435 U.S. 702(1978), with Geduldig v. Aiello, 417 U.S. 484(1974), and General Electric Co. v. Gilbert, 429 U.S. 125(1976). 연방 대법원은 1996년 로머 대 에번스(Romer v. Evans, 517 U.S. 620) 재판에서 단지 성적 지향만을 이유로 한 차별은 헌법의 평등 보호 조항을 위반한다고 보았다. 2003년 로렌스 대 텍사스(Lawrence v. Texas, 539 U.S. 558) 재판에서 연방 대법원은 동성 간의 성 관계를 범죄화한 텍사스 법령을 폐기하기도 했다. 그러나 동성 결혼은 아직 연방 대법원에서 다루고 있지 않다. 매사추세츠주가 동성 결혼을 인정하는 유일한 주다.(2015년 6월 미국 전역에서 동성 결혼이 법제화되었다. ─ 옮긴이 주) 다음 자료를 참고하라. Goodridge v. Department of Public Health, 798 N.E.2d 941(Mass. 2003). 버몬트주는 동성 간 시민 결합을 인정하고 있다. 다음 자료를 참고하라. Baker v. State, 744 A. 2d 864(Vt. 1999). 동성 결혼 금지를 유지하도록 판결한 재판들은 다음과 같다. Standhardt v. Superior Court, 77 P.3d 451(Ariz. Ct. App. 2003); Dean v. District of Columbia, 653 A.2d 307(D. C. 1995); Jones v. Hallahan, 501 S.W.2d 588(Ky. 1973); Baker v. Nelson, 191 N.W.2d 185(Minn. 1971); Storrs v. Holcomb, 645 N.Y.S.2d 286(Sup. Ct. 1996); and Singer v. Hara, 522 P.2d 1187(Wash. Ct. App. 1974).

22 *Employment Division, Department of Human Resources of Oregon v. Smith*, 494 U.S. 872, 893 (1990)(O'Connor, J., concurring in the judgment).

23 Wisconsin v. Yoder, 406 U.S. 205(1972).

24 같은 자료, pp. 207~208.

25 같은 자료, p. 220.

26 Americans with Disabilities Act of 1990, U.S. Code 42(2000), §§ 12,101–12, 213. "정당한 편의" 제공 조항은 § 12,112(b)(5)(A)에 나와 있다.

27 같은 책, § 12111(10)(A).

28 Fitzgerald v. Green Valley Area Education Agency, 589 F. Supp. 1130(S.D. Iowa 1984).

29 Linda Hamilton Krieger, "Foreword—Backlash Against the ADA: Interdisciplinary Perspectives and Implications for Social Justice Strategies", *Berkeley Journal of Employment and Labor Law* 21(2000): 3.

30 Goldman v. Weinberger, 475 U.S. 503(1986).

31 Employment Division v. Smith, 494 U.S. at 872.

32 Sutton v. United Air Lines, Inc., 527 U.S. 471(1999).

33 Jacqueline Vaughn Switzer, *Disabled Rights: American Disability Policy and the Fight for Equality*(Washington, D.C.: Georgetown University Press, 2003), pp. 156~160.

34 Sutton, 527 U.S. at 488~489.

35 Oliver Wendell Holmes Jr., *The Common Law*(1881; Mineola, N.Y.: Dover Publications, 1991), p. 1.

36 Arthur M., Jr. Schlesinger, *The Disuniting of America*, Knoxville, Tenn: Whittle Direct Books, 1991.

37 같은 책, p. 19.

38 Rogers Brubaker, "The Return of Assimilation? Changing Perspectives on Immigration and Its Sequels in France, Germany, and the United States." *Ethnic and Racial Studies* 24(July 2001): 531~548.

39 같은 책, p. 532.

40 Respectively Sherbert v. Verner, 374 U.S. 398(1963), and Wisconsin v. Yoder, 406 U.S. 205(1972).

41 Goldman, 475 U.S. at 512~513.

42 Employment Division v. Smith, 494 U.S. at 888.

43 Freeman v. State, 2003 WL 21338619(Fla. Cir. Ct. June 6, 2003).

44 다음 기사들을 참고하라. "Muslim Girl Can Wear Head Scarf to School", *Associated Press*, May 20, 2004; Curt Anderson, "Muslim Girl in Oklahoma Can Wear Head Scarf to School Under Federal Settlement", *Contra Costa Times*, May 20, 2004, p. 4.

45 2004년 2월 10일, 프랑스 국민 회의는 프랑스 공립 학교 내에서 이슬람교의 머리 스카프를 쓰거나 다른 어떤 눈에 띄는 종교적 상징을 착용하는 것을 494 대 36으로 표결하여 금지시켰다. 제정된 법률에는 다음과 같이 적혀 있다. "Dans les ecoles, les colleges et les lycees publics, le port de signes ou tenues par lesquels les eleves manifestent ostensiblement une appartenance religieuse est interdit. Le reglement interieur rappelle que la mise en oeuvre d'une procedure disciplinaire est precedee d'un dialogue avec l'eleve." Assemblee Nationale, Douzieme Legislature, Projet de Loi Encadrant, en Application du Principe de Laicite, le Port de Signes ou de Tenues Manifestant une Appartenance Religieuse dans les Ecoles, Colleges et Lycees Publics, No. 253(2004). 2003년 9월 24일, 독일 헌법재판소는 머리 스카프를 썼다는 이유로 아프가니스탄 태생의 독일 시민에게 공립 학교 교사직을 주지 않을 수는 없다고 판결했다. 또한 독일 헌법재판소는 머리 스카프 금지 여부를 독일의 16개 주가 개별적으로 결정할 수 있다고 판결했다. Kopftuch-Urteil [Head Scarf Decision], 2 BvR 1436/02(BVerfGE Sept. 24, 2003). 이어진 주별 법제화에 대해서는 다음 기사들을 참고하라. Bertrand Benoit, "Germans Wake Up to the Call of the Muezzin", *Financial Times*(November 4, 2003), p. 9; Jon Henley, "Europe Faces Up to Islam and the Veil: Muslims Claim Discrimination in Legal Battles over Religious Symbol", *Guardian*(February 4, 2004), p. 15.

46 François Bayrou, Circulaire no. 1649 du 20(Septembre, 1994), 아래에서 자료 이용 가능. http://www.assemblee-nat.fr/12/dossiers/documentslaicite/document-3.pdf.

47 이 입장에 대한 논의를 보려면 다음 자료를 참고하라. Jane Kramer, "Taking

337

the Veil: How France's Public Schools Became the Battleground in a Culture War", *New Yorker* (November 22, 2004), p. 60.

48 다음을 참고하라. Elaine Sciolino, "Ban on Head Scarves Takes Effect in a United France", *New York Times* (September 3, 2004), p. A8.

49 다음을 참고하라. "Scarf Wars: Banning the Muslim Headscarf in Schools", *Economist* (December 13, 2003), p. 47.

50 McCleskey v. Kemp, 481 U.S. 279, 339(1987)(Brennan, J., dissenting).

51 Race Relations Act, 1965, c. 73.

52 Race Relations Act, 1976, c. 74.

53 Mandla v. Dowell Lee, [1983] 2 A.C. 548.

54 같은 자료, pp. 565~566.

55 Race Relations Act 1976(Amendment) Regulations, 2003. 이 새로운 인종관계법에서는 어떤 인종, 민족 집단의 구성원들을 불리한 입장에 놓이게 하고, 적법한 목적을 달성하기 위한 비례적 수단으로 볼 수 없는 어떠한 조항, 기준, 관행도 불법적인 차별이 된다. 개정된 인종관계법은 아래 주소에서 볼 수 있다. http://www.legislation.hmso.gov.uk/si/si2003/20031626.htm.

56 Sex Discrimination Act, 1975, c. 65.

57 Price v. Civil Service Commission, [1978] 1 All E.R. 1228.

58 같은 자료, p. 1231.

59 정의의 여신의 도상학에 대해서는 다음 논문을 참고하라. Dennis E. Curtis and Judith Resnik, "Images of Justice", *Yale Law Journal* 96(July 1987), p. 1742 n. 39.

새로운 민권

1 D. W. Winnicott, "Ego Distortion in Terms of True and False Self", in *The Maturational Processes and the Facilitating Environment* (New York: International Universities Press, 1965), pp. 140~152.

2 D. W. Winnicott, "Mirror-Role of Mother and Family in Child Development", in *Playing and Reality* (1971; New York: Routledge, 1989), p. 117.

3   D. W. Winnicott, "Ego Distortion", p. 148.

4   같은 책, pp. 146~147.

5   같은 책, p. 143.

6   같은 책.

7   Carol Gilligan, *The Birth of Pleasure: A New Map of Love*(New York: Knopf, 2002), pp. 89~91, 223~225. 다른 연구에서, 길리건은 발달 과정에서 소녀의 목소리가 맞닥뜨리는 고유한 문제에 대해 연구했다. 저서 *Meeting at the Crossroads*에서, 길리건은 남성은 종종 자신들이 자율적이고 원하는 대로 자유롭게 말한다고 이야기하는 반면에, 여성은 "좋은 여성이 되고 관계를 맺기 위해서 목소리를 포기하고 자아를 단념하는 관계적 위기"에 대해 이야기한다고 기술한다. Lyn Mikel Brown and Carol Gilligan, *Meeting at the Crossroads: Women's Psychology and Girls' Development*(Cambridge: Harvard University Press, 1992), p. 2.

8   Lawrence v. Texas, 539 U.S. 558(2003).

9   Tennessee v. Lane, 541 U.S. 509(2004).

10 같은 자료, p. 533.

11 Brief of Amici Curiae Mary Robinson et al., Lawrence v. Texas, 539 U.S. 558(2003)(No. 02~102).

12 예를 들어, 대법관 스칼리아(Justice Scalia)는 (다행스럽게도) '세계 공동체'가 말하는 정의의 개념이 항상 우리 국민의 개념과 일치하는 것은 아니며 그 관행은 대법원의 판결과는 '무관하다'고 주장했다. Atkins v. Virginia, 536 U.S. 304, 347~348(2002)(Scalia, J., dissenting). 스칼리아는 비슷한 의견을 유지했다. "이 연방 대법원의 대법관들이 자신이 얼마나 계몽되었다고 생각하든지 간에, 우리 국민 간에 처음으로 고정된 합의가 있지 않은 곳에서 다른 국가들의 견해는 헌법을 통해 미국인들에게 부과될 수 없다." Thompson v. Oklahoma, 487 U.S. 815, 868~869 n. 4(1998)(Scalia, J., dissenting).

13 Lawrence, 539 U.S. at 576~577.

14 Stewart Burns, *To the Mountaintop: Martin Luther King Jr.'s Sacred Mission to Save America, 1955~1968*(New York: Harper, 2004), p. 322.

15 Malcolm X, "The Ballot or the Bullet"(speech, Cory Methodist Church, Cleveland, Ohio, April 3, 1964).

16 독일 헌법의 제2(1)조는 다음과 같이 규정한다. "누구든지 다른 사람의 권리를 침해하거나 헌법 질서 또는 도덕률에 반하지 않는 한 자기의 인격을 자유로이 실현할 권리를 가진다." Grundgesetz 〔Constitution〕〔GG〕 art. 2, para. 1(F. R.G.)(official translation of the Grundgesetz provided by the German Ministry of Foreign Affairs).

17 민권법이 고정 관념과 연관되거나 고정 관념으로 이어질 수도 있는 위험성에 대한 학계의 논평에 대해서는 다음을 참조하라. Richard Ford, *Racial Culture: A Critique*(Princeton: Princeton University Press, 2004), and Roberto J. Gonzalez, "Cultural Rights and the Immutability Requirement in Disparate Impact Doctrine", *Stanford Law Review 55*(June 2003): 2195~2227.

18 D. W. Winnicott, "Ego Distortion."

19 다음을 참조하라. Civil Rights Act of 1964, U.S. Code 42(2000), §§ 2000e–2000e–2; Americans with Disabilities Act of 1990, U.S. Code 42(2000), §§ 12,101–12,213.

20 Solomon Amendment, U.S. Code 10(2004), § 983.

21 Burt v. Rumsfeld, No. CIV.A.3-03-CV-1777(JCH), 2005 WL 273205(D. Conn. Jan. 31, 2005). 2005년 1월 31일에 판사 재닛 홀은 원고에게 법령이 직원의 자유 발화와 표현적 결사권을 침해했다는 약식 판결을 내렸다. 대법원은 동일한 법령에 이의제기를 하는 다른 소송에서 이송 명령 영장을 인정한 바 있다. Forum for Academic and Institutional Rights v. Rumsfeld, 390 F.3d 219(3d Cir. 2004), cert. granted, 125 S. Ct. 1977(2005)(No. 04-1152)을 참조하라.

22 Charles Reich, *The Sorcerer of Bolinas Reef*(New York: Random House, 1976).

맺음말

1 Philip Levine, "The Doctor of Starlight", *One for the Rose*(Pittsburgh: Carnegie-Mellon University Press, 1999), p. 57.

2 John Milton, *Paradise Lost*, book 7, lines 1256~1266.

참고 문헌

단행본

Auden, W. H. *Collected Poems: Auden.* Edited by Edward Mendelson. New York: Vintage, 1991.

Barrett, Paul M. *The Good Black: A True Story of Race in America.* New York: Penguin Books, 1999.

Bayer, Ronald. *Homosexuality and American Psychiatry.* Princeton: Princeton University Press, 1987.

Bell, Marvin. *Old Snow Just Melting: Essays and Interviews.* Ann Arbor: University of Michigan Press, 1983.

Bersani, Leo. *Homos.* Cambridge: Harvard University Press, 1995.

Bieber, Irving, Harvey J. Dain, Paul R. Dince, Marvin G. Drellich, Henry G. Grand, Ralph H. Gundlach, Malvina W. Kremer, Alfred H. Rifkin, Cornelia B. Wilbur, and Toby B. Bieber. *Homosexuality: A Psychoanalytic Study.* New York: Basic Books, 1962.

Bixler, Susan, and Nancy Nix-Rice. *The New Professional Image: From Business Casual to the Ultimate Power Look.* Avon, Mass.: Adams Media Corp., 1997.

Bradley, Martha Sonntag. *Kidnapped from That Land: The Government Raids on the Short Creek Polygamists*. Salt Lake City: University of Utah Press, 1993.

Brown, Lyn Mikel, and Carol Gilligan. *Meeting at the Crossroads: Women's Psychology and Girls' Development*. Cambridge: Harvard University Press, 1992.

Burns, Stewart. *To the Mountaintop: Martin Luther King Jr.'s Sacred Mission to Save America, 1955~1968*. New York: Harper, 2004.

Camus, Albert. *The Myth of Sisyphus and Other Essays*. Translated by Justin O'Brien. New York: Knopf, 1969.

Chauncey, George. *Gay New York*. New York: Basic Books, 1994.

Chesler, Phyllis. *The New Anti-Semitism: The Current Crisis and What We Must Do About It*. San Francisco: Jossey-Bass, 2003.

Clendinen, Dudley, and Adam Nagourney. *Out for Good: The Struggle to Build a Gay Rights Movement in America*. New York: Simon & Schuster, 1999.

Cohen, Richard. *Coming Out Straight: Understanding and Healing Homosexuality*. Winchester, Va.: Oakhill Press, 2000.

Coleridge, Samuel Taylor. *The Rime of the Ancient Mariner. In The Oxford Book of English Verse*. 2nd ed. Edited by Arthur Quiller-Couch. New York: Oxford University Press, 1939.

Committee on Nomenclature and Statistics of the American Psychiatric Association. *Diagnosis and Statistical Manual: Mental Disorders*. New York: American Psychiatric Association, 1952.

Cory, Donald Webster. *The Homosexual in America: A Subjective Approach*. New York: Greenberg, 1951.

Cott, Nancy F. *The Bonds of Womanhood*. New Haven: Yale University Press, 1977.

Craft, William. *Running a Thousand Miles for Freedom; or, The Escape of William and Ellen Craft from Slavery*. 1860. Miami: Mnemosyne Publishing, 1969.

Crèvecoeur, J. Hector St. John de (Michel Guillaume Jean de Crèvecoeur). *Letters from an American Farmer*. 1782. New York: Fox, Duffield, 1904.

Crimp, Douglas, and Adam Rolston. *AIDS Demo Graphics*. Seattle: Bay Press, 1990.

Dean, Tim, and Christopher Lane, eds. *Homosexuality and Psychoanalysis*. Chicago: University of Chicago Press, 2001.

D'Emilio, John. Sexual Politics, *Sexual Communities: The Making of a Homosexual Minority in the United States, 1940~70*. 2nd ed. Chicago: University of Chicago Press, 1998.

Dershowitz, Alan M. *Chutzpah*. Boston: Little, Brown, 1991.

Dickinson, Emily. *The Complete Poems of Emily Dickinson*. 1960. Edited by Thomas H. Johnson. New York: Back Bay Books, 1976.

Donne, John. *The Complete Poetry and Selected Prose of John Donne*. Edited by Charles M. Coffin. New York:Modern Library, 2001.

Duberman, Martin. *Cures: A Gay Man's Odyssey*. New York: Dutton Books, 1991.

Ellis, Albert. *Homosexuality: Its Causes and Cure*. New York: Lyle Stuart, 1965.

_____. *Reason and Emotion in Psychotherapy*. Secaucus, N.J.: Citadel Press, 1962.

Ellis, Havelock. *Studies in the Psychology of Sex: Sexual Inversion*. Vol. 2. London: University Press, 1897.

Eskridge, William N., Jr. *Gaylaw: Challenging the Apartheid of the Closet*. Cambridge: Harvard University Press, 1999.

Eskridge, William N., Jr., and Nan D. Hunter. *Sexuality, Gender, and the Law*. New York: Foundation Press, 1997.

Evans, Gail. *Play Like a Man, Win Like a Woman: What Men Know About Success That Women Need to Learn*. New York: Broadway Books, 2000.

Faderman, Lillian. *Odd Girls and Twilight Lovers: A History of Lesbian Life in Twentieth-Century America*. New York: Columbia University Press, 1991.

Ferguson, Niall. *The Pity of War*. New York: Basic Books, 1999.

Ford, Richard T. *Racial Culture: A Critique*. Princeton: Princeton University Press, 2004.

Foucault, Michel. *The History of Sexuality: An Introduction*. Vol. 1. 1976. Translated by Robert Hurley. New York: Random House, 1978.

Freedman, Samuel. *Jew vs. Jew: The Struggle for the Soul of American Jewry*. New York: Simon & Schuster, 2000.

Freud, Sigmund. *Analysis Terminable and Interminable*. 1937. In *The Standard Edition of the Complete Psychological Works of Sigmund Freud*. Edited and translated by James Strachey. 24 vols. London: Hogarth Press, 1953~1966. Vol. 23.

_____. *A Child Is Being Beaten*. 1919. In *Standard Edition*, vol. 17.

_____. *Civilization and Its Discontents*. 1930. In *Standard Edition*, vol. 21.

_____. *The Psychogenesis of a Case of Homosexuality in a Woman*. 1920. In *Standard Edition*, vol. 18.

_____. *Three Essays on the Theory of Sexuality*. 1905. In Standard Edition, vol. 7.

Gates, Henry Louis, Jr. *Figures in Black: Words, Signs, and the "Racial" Self*. New York: Oxford University Press, 1987.

Gilligan, Carol. *The Birth of Pleasure: A New Map of Love*. New York: Knopf, 2002.

Ginsberg, Elaine K., ed. *Passing and the Fictions of Identity*. Durham: Duke University Press, 1996.

Glazer, Nathan, and Daniel Patrick Moynihan. *Beyond the Melting Pot: The Negroes, Puerto Ricans, Jews, Italians, and Irish of New York City*. 1963. Cambridge: MIT Press, 1970.

Goffman, Erving. *Stigma: Notes on the Management of Spoiled Identity*. Englewood Cliffs, N.J.: Prentice-Hall, 1963.

Gordon, Milton. *Assimilation in American Life: The Role of Race, Religion, and National Origins*. New York: Oxford University Press, 1964.

Gordon, Sarah Barringer. *The Mormon Question: Polygamy and Constitutional Conflict in Nineteenth-Century America*. Chapel Hill: University of North Carolina Press, 2002.

Grahn, Judy. *Another Mother Tongue: Gay Words, Gay Worlds*. Boston: Beacon Press, 1984.

Gross, Larry. *Contested Closets: The Politics and Ethics of Outing*. Minneapolis: University of Minnesota Press, 1993.

Guinier, Lani, Michelle Fine, and Jane Balin. *Becoming Gentlemen: Women, Law School, and Institutional Change*. Boston: Beacon Press, 1997.

Halley, Janet E. *Don't: A Reader's Guide to the Military's Anti-Gay Policy*. Durham: Duke University Press, 1999.

Hewlett, Sylvia Ann. *Creating a Life: Professional Women and the Quest for Children*. New York: Talk Miramax Books, 2002.

Hochschild, Arlie Russell. *The Second Shift*. New York: Viking Penguin, 1989.

_____. *The Time Bind: When Work Becomes Home and Home Becomes Work*. New York: Henry Holt, 1997.

Hollands, Jean. *Same Game, Different Rules: How to Get Ahead Without Being a Bully Broad, Ice Queen, or "Ms. Understood."* New York:McGraw-Hill, 2002.

Holmes, Oliver Wendell, Jr. *The Common Law*. 1881. Mineola, N.Y.: Dover Publications, 1991.

Hopkins, Ann Branigar. *So Ordered: Making Partner the Hard Way*. Amherst: University of Massachusetts Press, 1996.

Izenberg, Gerald N. *Impossible Individuality: Romanticism, Revolution, and the Origins of Modern Selfhood*. Princeton: Princeton University Press, 1992.

Jay, Karla, and Allen Young, eds. *Lavender Culture*. New York: NYU Press, 1994.

Jeffries, John C., Jr. *Justice Lewis F. Powell, Jr*. New York: Fordham University, Press, 1994.

Johnson, Suzanne M. *The Gay Baby Boom*. New York: NYU Press, 2002.

Katz, Jonathan. *Gay American History: Lesbians and Gay Men in the U.S.A.; A Documentary*. New York: Harper & Row, 1976.

Kinsey, Alfred C., Wardell B. Pomeroy, and Clyde E. Martin. *Sexual Behavior in the Human Male*. Philadelphia: W. B. Saunders, 1948.

Kinsey, Alfred C., Wardell B. Pomeroy, Clyde E. Martin, and Paul H. Gebhard. *Sexual Behavior in the Human Female*. Philadelphia: W. B. Saunders, 1953.

Kleeblatt, Norman L., ed., *Too Jewish? Challenging Traditional Identities. New York, Jewish Museum*. New Brunswick, N.J.: Rutgers University Press, 1996.

Kleege, Georgina, *Sight Unseen*. New Haven: Yale University Press, 1999.

Korman, Abraham K. *The Outsiders: Jews and Corporate America*. Lexington, Mass.: Lexington Books, 1988.

Kronemeyer, Robert. *Overcoming Homosexuality*. New York: Macmillan Publishing, 1980.

Kuusisto, Steven. *Planet of the Blind*. New York: Dial Press, 1998.

Leupp, Gary P. *Male Colors: The Construction of Homosexuality in Tokugawa Japan*. Berkeley: University of California Press, 1995.

LeVay, Simon. *Queer Science: The Use and Abuse of Research into Homosexuality*. Cambridge: MIT Press, 1996.

_____. *The Sexual Brain*. Cambridge: MIT Press, 1993.

Levine, Philip. *One for the Rose*. Pittsburgh: Carnegie-Mellon University Press, 1999.

Lewes, Kenneth. *The Psychoanalytic Theory of Male Homosexuality*. New York: Jason Aronson, 1988.

Liu, Eric. *The Accidental Asian: Notes of a Native Speaker*. New York: Random House, 1998.

Locker, J. L. *The Magic of M. C. Escher*. New York: Abrams, 2000.

Maupin, Armistead. *Sure of You*. New York: HarperCollins, 1989.

Maysonave, Sherry. *Casual Power: How to Power Up Your Nonverbal Communication and Dress Down for Success*. Austin: Bright Books, 1999.

Miller, D. A. *The Novel and the Police*. Berkeley: University of California Press, 1988.

Molloy, John T. *New Dress for Success*. New York: Warner Books, 1988.

_____. *New Women's Dress for Success*. New York: Warner Books, 1996.

Morris, Jenny. *Pride Against Prejudice: Transforming Attitudes to Disability*. Philadelphia: New Society Publishers, 1991.

Murdoch, Joyce, and Deb Price. *Courting Justice: Gay Men and Lesbians v. the Supreme Court*. New York: Basic Books, 2001.

Murphy, Timothy. *Gay Science: The Ethics of Sexual Orientation Research.* New York: Columbia University Press, 1997.

Nicolosi, Joseph. *Reparative Therapy of Male Homosexuality.* Northvale, N. J.: Jason Aronson, 1997.

Pflugfelder, Gregory M. *Cartographies of Desire: Male-Male Sexuality in Japanese Discourse, 1600~1950.* Berkeley: University of California Press, 1999.

Posner, Richard A. *Law and Literature: A Misunderstood Relation.* Cambridge: Harvard University Press, 1998.

Prell, Riv-Ellen. *Fighting to Become Americans: Jews, Gender, and the Anxiety of Assimilation.* Boston: Beacon Press, 1999.

Rado, Sandor. *Adaptational Psychodynamics: Motivation and Control.* New York: Science House, 1969.

_____. *Psychoanalysis of Behavior: Collected Papers.* New York: Grune and Stratton, 1956.

Reich, Charles. *The Sorcerer of Bolinas Reef.* New York: Random House, 1976.

Reischauer, Edwin, and Marius B. Jansen. *The Japanese Today: Change and Continuity.* 1977. Cambridge: Harvard University Press, 1995.

Rhode, Deborah L. *The Unfinished Agenda: Women and the Legal Profession.* Chicago: ABA Commission on Women in the Profession, 2001.

Rich, Adrienne. *The Fact of a Doorframe.* 1984. New York: W.W. Norton, 1994.

Rimmerman, Craig A., Kenneth D. Wald, and Clyde Wilcox, eds. *The Politics of Gay Rights.* Chicago: University of Chicago Press, 2000.

Roscoe, Will, ed. *Radically Gay: Gay Liberation in the Words of Its Founder.* Boston: Beacon Press, 1996.

Rousseau, Jean-Jacques. *The Confessions.* 1781. Translated by J. M. Cohen. New York: Penguin Books, 1953.

Rubenstein, William B. *Cases and Materials on Sexual Orientation and the Law.* 2nd ed. St. Paul, Minn.: West Publishing Company, 1997.

Saikaku, Ihara. *The Great Mirror of Male Love.* 1687. Translated by Paul Gordon

Schalow. Stanford: Stanford University Press, 1990.

Schlesinger, Arthur M., Jr. *The Disuniting of America*. Knoxville, Tenn.: Whittle Direct Books, 1991.

Sedgwick, Eve Kosofsky. *Epistemology of the Closet*. Berkeley: University of California Press, 1990.

Seidman, Steven. *Beyond the Closet: The Transformation of Gay and Lesbian Life*. New York: Routledge, 2002.

Seitz, Victoria A. *Your Executive Image: The Art of Self-Packaging for Men and Women*. Avon, Mass.: Adams Media Corp., 1992.

Socarides, Charles W. *Homosexuality*. New York: Jason Aronson, 1978.

_____. *Homosexuality: A Freedom Too Far*. Phoenix: Adam Margrave Books, 1995.

_____. *The Overt Homosexual*. New York: Grune and Stratton, 1968.

_____. *The Preoedipal Origin and Psychoanalytic Therapy of Sexual Perversions*. Madison, Conn.: International Universities Press, 1988.

Streitmatter, Rodger. *Unspeakable: The Rise of the Gay and Lesbian Press in America*. Boston: Faber & Faber, 1995.

Sullivan, Andrew. *Virtually Normal: An Argument About Homosexuality*. New York: Vintage Books, 1995.

Switzer, Jacqueline Vaughn. *Disabled Rights: American Disability Policy and the Fight for Equality*. Washington, D.C.: Georgetown University Press, 2003.

Szasz, Thomas. *Ideology and Insanity: Essays on the Psychiatric Dehumanization of Man*. New York: Doubleday, 1970.

_____. *The Myth of Mental Illness: Foundations of a Theory of Personal Conduct*. New York: Harper & Row, 1961.

Tocqueville, Alexis de. *Democracy in America*. 1835. Edited by J. P. Mayer. Translated by George Lawrence. New York: HarperCollins, 1969.

Tolins, Jonathan. *The Twilight of the Golds*. New York: Samuel French, 1992.

Warner, Michael. *The Trouble with Normal: Sex, Politics, and the Ethics of Queer Life*.

Cambridge: Harvard University Press, 1999.

White, Edmund. *The Beautiful Room Is Empty*. 1988. New York: Vintage, 1994.

Whitman, Walt. *Leaves of Grass*. 1855. New York: Bantam Books, 1983.

Williams, Joan. *Unbending Gender: Why Family and Work Conflict and What to Do About It*. New York: Oxford University Press, 2000.

Winnicott, D. W. *The Maturational Processes and the Facilitating Environment*. New York: International Universities Press, 1965.

_____. *Playing and Reality*. 1971. New York: Routledge, 1989.

Wordsworth, William. *The Prelude*. Edited by Jonathan Wordsworth et al. New York: W. W. Norton, 1979.

Wu, Frank. *Yellow*. New York: Basic Books, 2002.

Wyatt, Thomas. *Sir Thomas Wyatt: Selected Poems*. New York: Routledge, 2003.

Zangwill, Israel. *The Melting Pot: A Drama in Four Acts*. New York: Macmillan Company, 1909.

Zola, Irving Kenneth. *Missing Pieces: A Chronicle of Living with a Disability*. Philadelphia: Temple University Press, 1982.

학술 논문

Bailey, J. Michael, and Richard C. Pillard. "A Genetic Study of Male Sexual Orientation." *Archives of General Psychiatry* 48(December 1991): 1089~1096.

Bartlett, Katharine T. "Only Girls Wear Barrettes: Dress and Appearance Standards, Community Norms, and Workplace Equality." *Michigan Law Review* 92(August 1994): 2541~2582.

Bawer, Bruce. "Truth in Advertising." In *Beyond Queer: Challenging Gay Left Orthodoxy*. Edited by Bruce Bawer. Columbus, Ohio: Free Press, 1996.

Bertrand, Marianne, and Sendhil Mullainathan. "Are Emily and Greg More Employable Than Lakisha and Jamal? A Field Experiment on Labor Market Discrimination." *American Economic Review* 94(September 2004): 991~1013.

Brubaker, Rogers. "The Return of Assimilation? Changing Perspectives on Immigration and Its Sequels in France, Germany, and the United States." *Ethnic and Racial Studies* 24 (July 2001): 531~548.

Byne, W. "Is Homosexuality Biologically Influenced? The Biological Evidence Challenged." *Scientific American* 270 (May 1994): 50555.

_____. "Science and Belief: Psychobiological Research on Sexual Orientation." *Journal of Homosexuality* 28 (June 1995): 303~344.

Byne, W., and B. Parsons. "Human Sexual Orientation: The Biological Theories Reappraised." *Archives of General Psychiatry* 50 (March 1993): 228~239.

Caldwell, Paulette. "A Hair Piece: Perspectives on the Intersection of Race and Gender." *Duke Law Journal* (April 1991): 365~396.

Cameron, Paul, and Kirk Cameron. "Do Homosexual Teachers Pose a Risk to Pupils?" *Journal of Psychology* 130 (November 1996): 603~613.

Carter, Terry. "Paths Need Paving." *American Bar Association Journal* 86 (September 2000): 34~39.

Case, Mary Anne C. "Disaggregating Gender from Sex and Sexual Orientation: The Effeminate Man in the Law and Feminist Jurisprudence." *Yale Law Journal* 105 (October 1995): 1~105.

Chambers, David L. "Polygamy and Same-Sex Marriage." *Hofstra Law Review* 26 (fall 1997): 53~83.

Cruz, David B. "Controlling Desires: Sexual Orientation Conversion and the Limits of Knowledge and Law." *Southern California Law Review* 72 (July 1999): 1297~1400.

Curtis, Dennis E., and Judith Resnik. "Images of Justice." *Yale Law Journal* 96 (July 1987): 1727~1772.

Danielsen, Dan. "Representing Identities: Legal Treatment of Pregnancy and Homosexuality." *New England Law Review* 26 (summer 1992): 1453~1508.

Drescher, Jack. "I'm Your Handyman: A History of Reparative Therapies." *Journal of Homosexuality* 36 (June 1998): 19~42.

350

Edgar, Carolyn. "Black and Blue." *Reconstruction* (1994): 13~16.

Epstein, Cynthia Fuchs, Robert Saute, Bonnie Oglensky, and Martha Gever. "Glass Ceilings and Open Doors:Women's Advancement in the Legal Profession." *Fordham Law Review* 64 (November 1995): 291~449.

Eskridge, William N., Jr. "Gaylegal Narratives." *Stanford Law Review* 46 (1994): 607~646.

_____. "No Promo Homo: The Sedimentation of Antigay Discourse and the Channeling Effect of Judicial Review," *NYU Law Review* 75 (November 2001): 1327~1411.

Fishman, Joshua A. "Language and Ethnicity." In *Language, Ethnicity and Intergroup Relations*. Edited by Howard Giles, 15-57. Oxford: Pergamon Press, 1977.

Freud, Sigmund. "A Letter from Freud." *American Journal of Psychiatry* 107 (1951): 786~787.

Gonzalez, Roberto J. "Cultural Rights and the Immutability Requirement in Disparate Impact Doctrine." *Stanford Law Review* 55 (June 2003): 2195~2227.

Gross, Ariela J. "Litigating Whiteness: Trials of Racial Determination in the Nineteenth-Century South." *Yale Law Journal* 108 (October 1998): 109~186.

Haldeman, Douglas C. "The Practice and Ethics of Sexual Orientation Conver-sion Therapy." *Journal of Consulting and Clinical Psychology* 62 (April 1994): 221~227.

Hall, J. A. Y., and D. Kimura. "Dermatoglyphic Asymmetry and Sexual Orientation in Men." *Behavioral Neuroscience* 108 (December 1994): 1203~ 1226.

Halley, Janet E. "Sexual Orientation and the Politics of Biology: A Critique of the Argument from Immutability." *Stanford Law Review* 46 (February 1994): 503~568.

Halpert, Stephen C. "If It Ain't Broke, Don't Fix It." *International Journal of Sexuality and Gender Studies* 5 (January 2000): 19~35.

Hamer, Dean H., Stella Hu, Victoria L. Magnuson, Nan Hu, and Angela M. L.

Pattatucci. "A Linkage Between DNA Markers on the X Chromosome and Male Sexual Orientation." *Science* 261(July 1993): 321~326.

Hanna, Fadi. "Punishing Masculinity in Gay Asylum Claims." *Yale Law Journal* 114(January 2005): 913~920.

Hooker, Evelyn. "The Adjustment of the Male Overt Homosexual." *Journal of Projective Techniques* 21(1957): 18~31.

_____. "Male Homosexuality in the Rorschach." *Journal of Projective Techniques* 22(1958): 278~281.

Jetter, Alexis. "AIDS and the Obits." *Columbia Journalism Review*(July/August 1986): 14~16.

Kang, Jerry. "Cyber-Race." *Harvard Law Review* 113(March 2000): 1131~1208.

Keith, Lois. "Encounters with Strangers: The Public's Responses to Disabled Women and How This Affects Our Sense of Self." In *Encounters with Strangers: Feminism and Disability*. Edited by Jenny Morris, 68~88. London: Women's Press, 1996.

Krieger, Linda Hamilton. "Foreword—Backlash Against the ADA: Interdisciplinary Perspectives and Implications for Social Justice Strategies." *Berkeley Journal of Employment and Labor Law* 21(2000): 1~18.

LeVay, Simon. "A Difference in Hypothalamic Structure Between Heterosexual and Homosexual Men." *Science* 253(August 1991): 1034~1037.

MacKinnon, Catharine A. "Reflections on Sex Equality Under Law." *Yale Law Journal* 100(March 1991): 1281~1328.

Maddox, Brenda. "The Woman Who Cracked the BBC's Glass Ceiling." *British Journalism Review* 13: 2(2002): 69~72.

Marcosson, Samuel. "Constructive Immutability." *University of Pennsylvania Journal of Constitutional Law* 3(May 2001): 646~721.

Miller, Charlotte L. "Checklist for Improving the Workplace Environment(or Dissolving the Glass Ceiling)." *Utah Bar Journal*(February 1996): 6~9.

Olsen, Frances E. "The Family and the Market: A Study of Ideology and Legal

Reform." *Harvard Law Review* 96(May 1983): 1497~1578.

Peller, Gary. "Notes Toward a Postmodern Nationalism." *University of Illinois Law Review* (1992): 1095~102.

Rhode, Deborah L. "Keynote Address: The Difference 'Difference' Makes." *Maine Law Review* 55(2003): 15~21.

Schultz, Vicki. "Telling Stories About Women and Work: Judicial Interpretations of Sex Segregation in the Workplace in Title VII Cases Raising the Lack of Interest Argument." *Harvard Law Review* 103(June 1990): 1749~1843.

Shin, Jean. "The Asian American Closet." *Asian Law Journal* 11(May 2004): 1~29.

Valdes, Francisco. "Queers, Sissies, Dykes, and Tomboys: Deconstructing the Conflation of 'Sex', 'Gender', and 'Sexual Orientation' in Euro-American Law and Society." *California Law Review* 83(January 1995): 1~377.

Wagner, Stephen T. "America's NonEnglish Heritage." *Society* 19(November/December 1981): 37~44.

Welter, Barbara. "The Cult of True Womanhood: 1820~1860." *American Quarterly* 18(summer 1966): 151~174.

Wilets, James D. "International Human Rights and Sexual Orientation." *Hastings International and Comparative Law Review* 18(1994): 1~120.

Williams, Joan C., and Nancy Segal. "Beyond the Maternal Wall: Relief for Family Caregivers Who Are Discriminated Against on the Job." *Harvard Women's Law Journal* 26(spring 2003): 77~162.

Winick, C. "AIDS Obituaries in The New York Times." *AIDS & Public Policy Journal* 11(1996): 148~152.

Yoshino, Kenji. "Assimilationist Bias in Equal Protection: The Visibility Presumption and the Case of 'Don't Ask, Don't Tell.' " *Yale Law Journal* 108(December 1998): 485~571.

_____. "Covering." *Yale Law Journal* 111(January 2002): 769~939.

_____. "The Epistemic Contract of Bisexual Erasure." *Stanford Law Review* 52(January 2000): 353~461.

_____. "Suspect Symbols: The Literary Argument for Heightened Scrutiny for Gays." *Columbia Law Review* 96(November 1996): 1753~1834.

잡지 및 신문 기사

Abrams, Elliott. "Judaism or Jewishness." *First Things*, June/July 1997.

Anderson, Curt. "Muslim Girl in Oklahoma Can Wear Head Scarf to School Under Federal Settlement." *Contra Costa Times*, May 20, 2004.

Bawer, Bruce. "Notes on Stonewall." *New Republic*, June 13, 1994.

Belluck, Pam. "Massachusetts Plans to Revisit Amendment on Gay Marriage." *New York Times*, May 10, 2005.

Benoit, Bertrand. "Germans Wake Up to the Call of the Muezzin." *Financial Times*, November 4, 2003.

"Brazen Polygamist Gets 5-Year Jail Term." *Chicago Tribune*, August 25, 2001.

Bruton, Mike. "Eagles Radio Employee Wouldn't Go by the Book." *Philadelphia Inquirer*, March 19, 2002.

Carr, C. "Why Outing Must Stop." *Village Voice*, March 18, 1991.

Cart, Julie. "Polygamy Verdict Sets Precedent." *Los Angeles Times*, May 20, 2001.

Cooperman, Alan. "In U.S., Muslims Alter Their Giving: Those Observing Islamic Tenet Want to Aid Poor but Fear Persecution." *Washington Post*, December 7, 2002.

Cox, James. "'OutWeek' Magazine Goes Out of Business." *USA Today*, July 1, 1991.

Daughters of Bilitis. *Ladder* 1(1956).

Dawson, Angela. "Kingsley No Nice Guy in 'Sexy Beast.'" *Chicago Sun-Times*, June 29, 2001.

Eliasberg, Kristin. "Making a Case for the Right to Be Different." *New York Times*, June 16, 2001.

Erlich, Reese. "A Star's Activism, On Screen and Off." *Christian Science Monitor*, December 28, 1990.

"Gay? or Eurotrash?" *Blair Magazine*, issue 3, http://www.blairmag.com/blair3/gaydar/euro.html.

Giordano, Rita. "Gays Bitter in Division over Outing." *Newsday*, August 9, 1991.

Glater, Jonathan D., "Women Are Close to Being Majority of Law Students." *New York Times*, March 26, 2001.

Goffe, Leslie. "Not Responsible." *Middle East*, November 1, 2001.

Gorov, Lynda. "Marcia's Makeover — Oh the Injustice of It All: Women Lawyers Bemoan Clark's Softer Look." *Boston Globe*, October 12, 1994.

Graham, Renée. "The Prince of Outing." *Boston Globe*, July 13, 1993.

Grove, Lloyd. "Jerry Lewis, Seriously Funny: 'Damn Yankees' Star Cuts the Comedy, Then Your Necktie." *Washington Post*, December 11, 1996.

Henley, Jon. "Europe Faces Up to Islam and the Veil: Muslims Claim Discrimination in Legal Battles over Religious Symbol." *Guardian*, February 4, 2004.

Heslam, Jessica. "Arab Students Feel Pressure to Return Home or Stay Quiet." *Boston Herald*, September 30, 2001.

Hickey, Mary C. "The Dilemma of Having It All." *Washington Lawyer*, May/June 1988.

Jacobs, Sally. "'Outing' Seen as Political Tool." *Boston Globe*, April 3, 1993.

Janofsky, Michael. "Conviction of a Polygamist Raises Fears Among Others." *New York Times*, May 24, 2001.

Johnson, Dirk. "Privacy vs. the Pursuit of Gay Rights." *New York Times*, March 27, 1990.

Jones, Charisse. "Gay-marriage Debate Still Intense a Year Later." *USA Today*, May 17, 2005.

Kingson, Jennifer A. "Women in the Law Say Path Is Limited by 'Mommy Track.'" *New York Times*, August 8, 1988.

Kirkpatrick, David D. "Cheney Daughter's Political Role Disappoints Some Gay Activists." *New York Times*, August 30, 2004.

Kligman, David. "No AIDS Obits Is Banner News for Gay Newspaper." *Austin*

American-Statesman, August 15, 1998.

Kramer, Jane. "Taking the Veil: How France's Public Schools Became the Battleground in a Culture War." *New Yorker*, November 22, 2004.

Krier, Beth Ann. "Whose Sex Secret Is It?" *Los Angeles Times*, March 22, 1990.

Krueger, Alan B. "Sticks and Stones Can Break Bones, but the Wrong Name Can Make a Job Hard to Find." *New York Times*, December 12, 2002.

Landau, Joseph. "Ripple Effect: Sodomy Statutes as Weapons." *New Republic*, June 23, 2003, p. 12.

Marcus, Ruth. "Powell Regrets Backing Sodomy Law." *Washington Post*, October 26, 1990.

Mattachine Society. *One* 1(1953).

McNamara, Eileen. "Backtracking on the Bench." *Boston Globe*, February 6, 2005.

"Muslim Girl Can Wear Head Scarf to School." *Associated Press*, May 20, 2004.

Osmun, Mark Hazard. "Asian Says Whites Are Hurt by Quotas." USA Today, February 6, 1990.

"'Outing' Is Wrong Answer to Anti-Gay Discrimination." *USA Today*, March 30, 1992.

Ozick, Cynthia. "What Helen Keller Saw." *New Yorker*, June 16 & 23, 2003.

Pattullo, E. L. "Straight Talk About Gays." *Commentary*, December 1992.

Rankin, Bill. "Irony in Georgia: Bowers Wins Case, Admits Adultery." *National Law Journal*, June 16, 1997.

Royko, Mike. "Antsy Closet Crowd Should Think Twice." *Chicago Tribune*, April 2, 1990.

Salzer, James. "Governor-Hopeful Bowers Admits Decade-Long Affair." *Florida Times-Union*, June 6, 1997.

Savage, Dan. "Sunday Lives: Role Reversal." *New York Times Sunday Magazine*, March 11, 2001.

"Scarf Wars: Banning the Muslim Headscarf in Schools." *Economist*, December 13, 2003.

Schmalz, Jeffrey. "On the Front Lines with Joseph Steffan: From Midshipman to Gay Advocate," *New York Times*, February 4, 1993.

Schmitt, Eric. "Close Quarters: How Is This Strategy Working? Don't Ask." *New York Times*, December 19, 1999.

Sciolino, Elaine. "Ban on Head Scarves Takes Effect in a United France." *New York Times*, September 3, 2004.

Shellenbarger, Sue. "Go Mobile and Wreck Your Sense of Balance." *Wall Street Journal*, February 22, 1995.

_____. "How to Look Like a Workaholic While Still Having a Life." *Wall Street Journal*, December 28, 1994.

_____. "Some Top Executives Are Finding a Balance Between Job and Home." *Wall Street Journal*, April 23, 1997.

Signorile, Michelangelo. "Gossip Watch." *OutWeek*, February 20, 1991; December 26, 1990; July 18, 1990.

_____. "The Other Side of Malcolm." *OutWeek*, April 18, 1990.

Stancill, Jane. "Women in Law Schools Find Strength in Rising Numbers." *News & Observer* (Raleigh, N.C.), April 18, 2001.

Sullivan, Andrew. "The Politics of Homosexuality." *New Republic*, May 10, 1993.

Taubeneck, Anne. "Would a Star by Any Other Name Shine as Bright?" *Chicago Tribune*, April 11, 1999.

Thomson, Susan C. "Women Are Poised to Outnumber Men in Law School." *St. Louis Post-Dispatch*, September 19, 2001.

Tuller, David. "Uproar over Gays Booting Others Out of the Closet." *San Francisco Chronicle*, March 12, 1990.

Virasami, Brian. "Coalition Criticizes Ruling Supporting Gay Marriage." *Newsday*, February 15, 2005.

Ward, Stephanie Francis. "Few Women Get Partnerships." *ABA Journal E-Report*, February 6, 2004.

"World Datelines." *San Francisco Examiner*, September 16, 1997, B8.

판례

Abdulrahim v. Gene B. Glick Co., 612 F. Supp. 256(N.D. Ind. 1985).

Able v. United States, 968 F. Supp. 850(E.D.N.Y., 1997).

Able v. United States, 155 F.3d 628(2d Cir. 1998).

Atkins v. Virginia, 536 U.S. 304(2002).

Baker v. Nelson, 191 N.W.2d 185(Minn. 1971).

Baker v. State, 744 A.2d 864(Vt. 1999).

Bolling v. Sharpe, 347 U.S. 497(1954).

Boutilier v. INS, 387 U.S. 118(1967).

Bowers v. Hardwick, 478 U.S. 186(1986).

Boy Scouts of America v. Dale, 530 U.S. 640(2000).

Bradwell v. Illinois, 83 U.S. 130(1872).

Burt v. Rumsfeld, No. CIV.A.3-03-CV-1777(JCH), 2005 WL 273205(D. Conn. Jan. 31, 2005).

Chaffin v. Frye, 45 Cal. App. 3d 39(Cal. Ct. App. 1975).

Charpentier v. Charpentier, 536 A.2d 948, 950(Conn. 1988).

Coble v. Hot Springs School District No. 6, 682 F.2d 721(8th Cir. 1982).

Dean v. District of Columbia, 653 A.2d 307(D.C. 1995).

Delong v. Delong, No. WD 52726, 1998 WL 15536, at 12(Mo. Ct. App. Jan. 20, 1998), rev'd in part sub nom. J.A.D. v. F.J.D., 978 S.W.2d 336(Mo. 1998).

Dillon v. Frank, 952 F.2d 403, 1992 WL 5436(6th Cir. Jan. 15, 1992).

Dimaranan v. Pomona Valley Hospital Medical Center, 775 F. Supp. 338(C.D. Cal. 1991), withdrawn, No. 89 4299 ER(JRX), 1993 WL 326559(C.D. Cal. March 17, 1993).

Employment Division, Department of Human Resources of Oregon v. Smith, 494 U.S. 872(1990).

Fitzgerald v. Green Valley Area Education Agency, 589 F. Supp. 1130(S.D. Iowa 1984).

Forum for Academic and Institutional Rights v. Rumsfeld, 390 F.3d 219(3d Cir. 2004), cert. granted, 125 S. Ct. 1977(2005)(No. 04–1152).

Freeman v. State, 2003 WL 21338619(Fla. Cir. Ct. June 6, 2003).

Frontiero v. Richardson, 411 U.S. 677(1973).

Fuller v. GTE Corp., 926 F. Supp. 653(M.D. Tenn. 1996).

Garcia v. Gloor, 618 F.2d 264(5th Cir. 1980).

Geduldig v. Aiello, 417 U.S. 484(1974).

General Electric Co. v. Gilbert, 429 U.S. 125(1976).

Givhan v. Western Line Consolidated School District, 439 U.S. 410(1979).

Goldman v. Weinberger, 475 U.S. 503(1986).

Goodridge v. Department of Public Health, 798 N.E.2d 941(Mass. 2003).

Gordon v. State, 360 S.E.2d 253(Ga. 1987).

Gutierrez v. Municipal Court of Southeast Judicial District, 838 F.2d 1031(9th Cir. 1988), vacated as moot, 490 U.S. 1016(1989).

Gutierrez v. Municipal Court of Southeast Judicial District, 861 F.2d 1187(9th Cir. 1988).

Hamilton v. Schriro, 74 F.3d 1545(8th Cir. 1996).

Harper v. Thiokol Chemical Corp., 619 F.2d 489(5th Cir. 1980).

Hernández v. New York, 500 U.S. 352(1991).

Hernandez-Montiel v. INS, 225 F.3d 1084(9th Cir. 2000).

Hopkins v. Price Waterhouse, 618 F. Supp. 1109(D.D.C. 1985), rev'd, 490 U.S. 228(1989).

In re J. S. & C., 324 A.2d 90(N.J. Super. Ct. Ch.Div. 1974), aff'd, 362 A.2d 54(N.J. Super. Ct. App. Div. 1976).

J.L.P.(H.) v. D.J.P., 643 S.W.2d 865, 872(Mo. Ct. App. 1982).

Jespersen v. Harrah's Operating Co., 280 F. Supp. 2d 1189(D. Nev. 2002).

Jespersen v. Harrah's Operating Co., 392 F.3d 1076(9th Cir. 2004), reh'g granted, 409 F.3d 1061(2005).

Jones v. Hallahan, 501 S.W.2d 588(Ky. 1973).

Kopftuch-Urteil [Head Scarf Decision], 2 BvR 1436/02(BVerfGE Sept. 24, 2003).

Lawrence v. Texas, 539 U.S. 558(2003).

Los Angeles Department of Water & Power v. Manhart, 435 U.S. 702(1978).

Lundin v. Lundin, 563 So. 2d 1273(La. Ct. App. 1990).

Maganuco v. Leyden Community High School District 212, 939 F.2d 440(7th Cir. 1991).

Mandla v. Dowell Lee, [1983] 2 A.C. 548.

Marlow v. Marlow, 702 N.E.2d 733(Ind. Ct. App. 1998).

Martinez v. NBC, Inc., 49 F. Supp. 2d 305(S.D.N.Y. 1999).

McCleskey v. Kemp, 481 U.S. 279(1987).

McDonald v. Santa Fe Trail Transportation Co., 427 U.S. 273(1976).

McNill v. N.Y. City Department of Correction, 950 F. Supp. 564(S.D.N.Y. 1994).

Moore v. Alabama State University, 980 F. Supp. 426(M.D. Ala. 1997).

Mungin v. Katten Muchin & Zavis, 941 F. Supp. 153(1996), rev'd, 116 F.3d 1549(D.C. Cir. 1997).

Nichols v. Azteca Restaurant Enterprises, Inc., 256 F.3d 864(9th Cir. 2001).

Piantanida v. Wyman Center, Inc., 116 F.3d 340(8th Cir. 1997).

Pickering v. Board of Education, 391 U.S. 563(1968).

Pitcherskaia v. INS, 118 F.3d 641(9th Cir. 1997).

Price v. Civil Service Commission, [1978] 1 All E.R. 1228.

Price Waterhouse v. Hopkins, 490 U.S. 228(1989).

Ratchford v. Gay Lib, 434 U.S. 1080(1978).

Rene v. MGM Grand Hotel, Inc., 305 F.3d 1061(9th Cir. 2002)(en banc).

Rogers v. American Airlines, Inc., 527 F. Supp. 229(S.D.N.Y. 1981).

Romer v. Evans, 517 U.S. 620(1996).

Rowland v. Mad River Local School District, 730 F.2d 444(6th Cir. 1984).

Rowland v. Mad River Local School District, 470 U.S. 1009(1985).

Santiago-Ramos v. Centennial P.R.Wireless Corp., 217 F.3d 46(1st Cir. 2000).

Shahar v. Bowers, 836 F. Supp. 859(N.D. Ga. 1993).

Shahar v. Bowers, 70 F.3d 1218(11th Cir. 1995).

Shahar v. Bowers, 78 F.3d 499(11th Cir. 1996).

Shahar v. Bowers, 114 F.3d 1097(11th Cir. 1997)(en banc).

Shahar v. Bowers, 522 U.S. 1049(1998).

Sheehan v. Donlen Corp., 173 F.3d 1039(7th Cir. 1999).

Sherbert v. Verner, 374 U.S. 398(1963).

Singer v. Hara, 522 P.2d 1187(Wash. Ct. App. 1974).

Standhardt v. Superior Court, 77 P.3d 451(Ariz. Ct. App. 2003).

State v. Green, No. 001600036 at 2(4th Dist. Ct. Utah July 10, 2000).

Steffan v. Perry, 41 F.3d 677(D.C. Cir. 1994)(en banc).

Storrs v. Holcomb, 645 N.Y.S.2d 286(Sup. Ct. 1996).

Sutton v. United Air Lines, Inc., 527 U.S. 471(1999).

Teegarden v. Teegarden, 642 N.E.2d 1007(Ind. Ct. App. 1994).

Tennessee v. Lane, 541 U.S. 509, 124 S.Ct. 1978(2004).

Thompson v. Oklahoma, 487 U.S. 815(1998).

Trezza v. The Hartford, Inc., No. 98 Civ. 2205, 1998 WL 912101(S.D.N.Y. Dec. 30, 1998).

Troupe v. May Department Store, 20 F.3d 734(7th Cir. 1994).

Watkins v. United States Army, 875 F.2d 699(9th Cir. 1989)(en banc).

Weaver v. Nebo School District, 29 F. Supp. 2d 1279(C.D. Utah 1998).

West Virginia State Board of Education v. Barnette, 319 U.S. 624(1943).

Wisconsin v. Yoder, 406 U.S. 205(1972).

Wislocki-Goin v. Mears, 831 F.2d 1374(7th Cir. 1987).

헌법, 법령 그리고 규정

Ala. Code § 16−40a−2(LexisNexis 2001).

Americans with Disabilities Act of 1990. U.S. Code 42(2000), §§ 12,101−12,213.

Ariz. Exec. Order No. 2003−22(June 21, 2003).

Ariz. Rev. Stat. Ann. § 15−716(2000).

Civil Rights Act of 1964, tit. VII, U.S. Code 42(2000), § 2000e et seq.

Enlisted Administrative Separations, Department of Defense Directive 1331.14.

Official Code of Ga. Ann. § 16−6−2, § 16−6−19(2004).

Grundgesetz [Constitution] [GG] art. 2, para. 1(F.R.G.).

Immigration and Nationality Act of 1952, United States Code 8(1958), § 1182.

Miss. Code Ann. § 37−13−171(West 1999).

Miss. Code Ann. § 97−29−59(West 1999).

N.C. Gen. Stat. Ann. § 14−177(West 2000).

N.C. Gen. Stat. Ann. § 115C−81(West 2000).

Okla. Stat. Ann. tit. 70, § 11−103.3(West 2005).

Policy Concerning Homosexuality in the Armed Forces, U.S. Code 10(1994), § 654.

Pregnancy Discrimination Act of 1978. U.S. Code 42(2000), § 2000e(k).

Qualification Standards for Enlistment, Appointment, and Induction, Department
    of Defense Directive 1304.26.

Race Relations Act, 1965, c. 73(Eng.).

Race Relations Act, 1976, c. 74(Eng.).

Sex Discrimination Act, 1975, c. 65[UK].

Solomon Amendment, U.S. Code 10(2004), § 983.

S.C. Code Ann. § 59−32−30(2004).

Tex. Health & Safety Code Ann. 85.007(Vernon 2001).

U.S. Constitution, amends. I, V, XIV.

Utah Code Ann. § 53A−13−101(Supp. 2004).

Utah Admin. Code r. 277−474−3(2001).

그 밖의 자료

ABC News, Sex, Drugs & Consenting Adults: Should People Be Able to Do
    Whatever They Want? May 26, 1998. Transcript available at http://www.

mapinc.org/drugnews/v98/n389/a07.html.

American Medical Association. House of Delegates Resolution 506: Policy Statement on Sexual Orientation Reparative(Conversion) Therapy(April 26, 2000), http://www.ama-assn.org/meetings/public/annual00/reports/refcome/506.rtf.

American Psychological Association Council of Representatives. Resolution on Appropriate Therapeutic Responses to Sexual Orientation(August 14, 1997).

Assembleé Nationale, Douzième Législature, Projet de Loi Encadrant, en Application du Principe de Laïcité, le Port de Signes ou de Tenues Manifestant une Appartenance Religieuse dans les Écoles, Collèges et Lycées Publics. No. 253(2004).

Bayrou, François. Circulaire no. 1649 du 20 Septembre 1994, http://www.assemblee-nat.fr/12/dossiers/documents-laicite/document-3.pdf.

Board of Trustees of the American Psychiatric Association. COPP Position Statement on Therapies Focused on Attempts to Change Sexual Orientation (Reparative or Conversion Therapies)(May 2000).

Brief of Amici Curiae Mary Robinson et al., Lawrence v. Texas, 539 U.S. 558(2003)(No. 02–102).

Center for Infectious Diseases, Centers for Disease Control, AIDS Weekly Surveillance Report,"1—United States AIDS Program,"December 29, 1986.

CNN, Larry King Weekend, July 6, 2002.

http://www.straightacting.com.

National Committee on Lesbian, Gay & Bisexual Issues, National Association of Social Workers. Position Statement: "Reparative" and "Conversion" Therapies for Lesbians and Gay Men(January 21, 2000).

Office of the Under Secretary of Defense(Pers. & Readiness). Report to the Secretary of Defense: Review of the Effectiveness of the Application and Enforcement of the Department's Policy on Homosexual Conduct in the Military(1998), http://www.defenselink.mil/pubs/rpt040798.html.

Servicemembers Legal Defense Network, Conduct Unbecoming: 10th Annual

Report on "Don't Ask, Don't Tell" (2004).

Socarides, Charles W. "How America Went Gay", available at http://www.leaderu.com/jhs/socarides.html.

X, Malcolm. "The Ballot or the Bullet." Speech, Cory Methodist Church, Cleveland, Ohio, April 3, 1964.

감사의 말

아래의 친구들과 동료들에게 감사드립니다.

브루스 애커먼, 맷 알스도르프, 이안 에이레스, 이너 보트, 보버트, 이언 캠벨, 재닛 최, 에이미 슈아, 진 코클리, 아리엘라 더블러, 엘리자베스 에멘스, 로버트 퍼거슨, 폴 페스타, 조지 피셔, 오언 피스, 캐리 프랭클린, 애덤 프리드, 모린 프리드, 애덤 헤이슬릿, 마이클 케비, 지나 김, 해럴드 고, 오린 아이젠버그, 크리스토퍼 주얼, 케네스 캐츠, 앤서니 라이트, 로버트 포스트, 톰 펄햄, 소냐 라즈민스키, 캐럴 로즈, 빌 루벤스타인, 리사 루빈, 캐서린 샤키, 레바 시글, 로버트 윈트뮤트. 랜덤 하우스 출판사의 존 카프와 제인 폰 메렌, 조너선 하오, 질리언 퀸트는 저에게 쉼 없이 도움을 주셨습니다. 에이전트인 베스티 러너는 지혜와 우정을 보내 주셨습니다. 제시카 벌만포즌, 마이크 고틀리브, 파디 해너는 훌륭하게 연구를 보조해 주셨습니다.

커버링

민권을 퍼뜨리는
우리 사회의
보이지 않는 폭력

1판 1쇄 펴냄 2017년 10월 20일
1판 3쇄 펴냄 2021년 4월 19일

지은이 켄지 요시노
옮긴이 김현경, 한빛나
감수 류민희
발행인 박근섭, 박상준
펴낸곳 (주)민음사

출판등록 1966. 5. 19. 제16-490호
주소 서울시 강남구 도산대로1길 62
강남출판문화센터 5층 (우편번호 06027)
대표전화 02-515-2000 │ 팩시밀리 02-515-2007
www.minumsa.com

한국어판 ⓒ민음사, 2017. Printed in Seoul, Korea

ISBN 978-89-374-3467-9 (93300)